なぜ子どもの将来に両親が重要なのか

The Two-Parent Privilege
How Americans Stopped Getting Married and Started Falling Behind

家族格差の経済学

Melissa S. Kearney
メリッサ・S・カーニー
鹿田昌美［訳］

慶應義塾大学出版会

The Two-Parent Privilege: How Americans Stopped Getting Married
and Started Falling Behind
By Melissa S. Kearney

はじめに

　家族の形も家庭のありかたも様々だ。それぞれが工夫をしながら、異なったやり方で家庭を運営している。すべての家族が異なり、違った個性や癖や習慣や伝統を持っている。だから家族は特別なのだ。家族をごく個人的な領域たらしめている独自の仕組みの中で、家族が（誰も傷つかずに）機能するのであれば、他人が立ち入る隙はない。

　しかし、家族の構造の違いが子どもに――ひいては社会に――異なる利益をもたらすとしたら、別問題だ。たとえば「両親がそろっている二人親の世帯は、ひとり親の世帯よりも金銭的・非金銭的リソースを子どもに提供する能力が高い」という主張は、理にかなっている。これはひとり親家庭を批判したり、非難したり、貶めたりするものではない。単純に、（1）子どもには多大な労力とリソースが必要とされ、（2）二人親家庭は概して、家庭を育むタスクに費やすリソースが多い、という2点を認識することなのだ。

米国でひとり親家庭が激増しているのは、この国における子どもの育てられ方が大きく変化していることの反映であり、子どもだけではなく社会全体にも関わる事象である。この変化と、その解釈についての議論は心地よいものではないが、たとえそうであっても、この問題を直接的に検討することを避ける（たとえ善意に引っ張られての傾向であっても）ことは、最終的に望ましくない結果を生む。

私は米国の貧困と不平等と家族構成について、四半世紀近くにわたって研究しており、こういった問題に、MITで学んだお堅い（そして心優しい）経済学者としてアプローチしている。そのような私が、手元にある圧倒的なエビデンスに基づいて、最大限の自信を持って言えることがある。それは、結婚の減少と、それに伴うひとり親家庭で育てられる子どもの割合の増加が、米国家庭に経済的な不安定をもたらし、異なる背景を持つ子どもたちの機会と成果（アウトカム）の格差を広げ、今や無視できないほどの――おそらく不可逆な――経済的・社会的な難題を与えているということだ。

近年、本書の執筆プランについて他の学者に話したときに最も多い反応は「内容については全面的に同意する――でも、本当にあなたはこれを一般に向けて発信して大丈夫なのか？」というものだ。私もその点については大いに悩んだ。ノーであり、イエスだ。「ノー」なのは、こういった問題は、学会の場で、同じデータとエビデンスを見ながら合理的かつ（おおむね）淡々と分析しながら話し合うほうが、はるかに快適であるからだ。しかし、それでも「イエス」なのは、学者がこうした傾向を認識し、妥当な政策や政府の対応について熱心に話し合っても、社会の変化は学術誌のページや識者の会議のテーブルの上では起こせないからだ。社会の変化は、一般の人々が問題に取り組み、政策立案者が事実とエビデンスを手にしているときに起こる。私は、このテーマについて長年にわたり研究し、アカデミックな場で論じてきたが、そろそろ数々のエビデンスと周辺情報を広く聴衆に伝える時期が来たと感じているのだ。

私は経済学者である前に1人の母親だ。わが子はもちろん、すべての子どもの心身の幸福《ウェルビーイング》について、心から大切に思い、深く案じている。どのような機会があれば、人々が最善の人生を送り、社会で成功できるのかを気にかけ、経済の構造が人々の生活を豊かにしたり妨げたりする仕組みについて、常に思いをめぐらせている。また、米国における格差の拡大と社会的流動性の低下を懸念している。自身の研究から確信しているのは、結婚の減少とそれに伴うひとり親家庭で育つ子どもの割合の増加は、国が直面する社会的問題の原因でもあり結果でもあるということだ。問題の本質について詳述し、エビデンスによって立証するのが本書である。問題の本質は多岐にわたり、課題は根深い。

私は、小学校教育を受けて1921年に米国にやってきたイタリア人移民の孫であり、自分のような教育や職業の機会を持たなかった女性の娘だ。3人の子どもの母親であり、わが子たちはきわめて幸運なことに、安全な地域にある良い学校に通う機会をはじめとする数多くのリソースに恵まれている。私がどこを見渡しても、経済と運が何らかの役割を果たしているし、願いと恐れを抱く親たちがいる。子どもたちの将来が、自らがコントロールできない力によって形成されるのが見える。私は「自分の生活」というレンズを通して周辺の世界を見ている。しかし、データと緻密な研究に目を向けることで、広い範囲で何がどのような理由で起きているのか、つまるところ人々の生活を良くするためにできることは何かについての答えを得ようとしている。

タイトルを見ただけで内容を推測して強い意見を抱く人がいることは、十分に織り込み済みだ。しかし本書には、簡単に切り捨てられるような、論点のすり替えや主張は1つもない。私はシングルマザーを非難していない。米国における人種差別の有害な影響を否定してはいない。誰もかれもが結婚すべきだと言うつもりはない。子どもと同居していない父親について、子どもの人生に関与しないとか、良い父親でいることに興味がないなどと一蹴するつもりはない。専業主婦の妻と稼ぎ手の夫という規範を推奨するつもりはない。そうではなくて、私がデータと精密な研究を引用しながら論じたいのは、二人親はひとり親に比べて、わが子に提供できるリソースが多い傾向にあるということだ。さらに言うと、二人親家庭であることもまた、社会の中でリソースに恵まれた階層の「特権」になりつつある。ではなぜ、これほど多くの親が、婚姻関係にない状態で子どもを育てているのか、という疑問に私は行きついた。結婚の減少の背景にはどのような要因があり、なぜ大学教育を受けた成人の婚姻率は比較的高いのか？　ひとり親か二人親かで、子どもの教育と経済的な成果にどのような影響があるのか？　その理由は？

私は、道徳や価値観の主張をする人間としてではなく、経済学者としてこれらの疑問を呈し、それに答えている。結婚と家庭というテーマを、価値観についての会話だと感じさせずに論じるのは至難の業だが、それでも、この重要課題に社会科学の観点からアプローチすることで、手に負えない文化戦争から抜け出し、問題を認めて議論し、米国の家庭の生活を改善するために皆で歩みを進めることができれば、と思う。それが私の願いであり、本書の意図である。

2022年12月　メリーランド州カレッジパークにて

目次

第3章　二人親が有利な理由は何か……49

第4章　結婚できる男性（か否か）……85

凡例

- 訳注は〔　〕に入れ、本文の中に示した。
- 原文のイタリック表記は、傍点もしくはゴチックで強調した。

第1章　目の前にある「見えない大問題」

機会の不平等の領域には明確なものもある。そうして若干は社会による是正策で対応できる。もっとも明確な事例は家族関係の範囲外に見出される。

――アーサー・オーカン『平等か効率か――現代資本主義のジレンマ』

結婚は重要なのか

数年前、学者と政策委員会の人間が集い、所得格差と経済流動性、それに関連して米国が直面する課題について話し合う2日間の小規模の会議に出席した。多くの専門職と同じく、経済学者として活動するためには、この手の会議にたびたび出席することが求められる。様々な町へと出張し、プレゼンテーションやパネルディスカッションに終日にわたって（部屋に窓がないこともしばしば）参加し、翌朝早起きして、さらに丸1日、特定のテーマに焦点を当てたセッションに参加する。自分の最新研究を共有し、発案やエビデンスについて議論し、追加の研究の計画を立て、そして（最高にうまく行けば）経済データによる現実世界のエビデンスに基づく政策指導者の決定事項をお伝えすることができる。帰宅すれば、目にした新しい結果について考え、さらに練り上げて、議論を共にした人たちにフォローアップ、という一連の流れをくり返す。

会議では、米国の雇用の減少と所得格差の広がりに特化して話し合った。米国の富裕層と貧困層の経済格差が広がっているため、米国人が上の階層に昇格して親よりも良い生活を送ること、つまりアメリカンドリームの実現が難しくなっているのだ。議論は、経済学者がこの類の内容を話すときのお決まりのトピックに集中した。大学の学位を持つ労働者と持たない労働者の賃金格差について。テクノロジーと輸出競争が特定の労働者層に不利益をもたらすこと。労働組合の代表者数の減少とCEOの報酬の増加について。私たちは、教育機関の改善の必要性について話し合い、セーフティネットを強化して税法を改革する方法について議論した。

会議後半のセッションで、私は手を挙げて、しばらく考えていた疑問を口にした。

「このすべてにおいて、家族と家庭環境の役割をどのように考えるべきでしょうか？　学校や労働市場での成果について話すのであれば、その人が育った家庭こそが成果の重要な決定要因では？」

場が静まり返った。数拍置いてから、私は引き続き、結婚と家族構造の階級格差についての統計と事実を早口で述べ、不平等や流動性について話すのであれば、こういった階級格差も話題に含めるべきではないかと提案した。大学教育を受けた大人は、大学教育を受けていない大人よりも多く結婚し、二人親家庭で子育てをする傾向があることも指摘した。このような家庭のリソース（お金はもちろん、子育てという困難な仕事に費やす時間とエネルギーも含まれる）は、贅沢なリソースを欠いた教育水準の低い大人とその子どもとの間の溝を作っている。データから、世帯によるこうした違いが子どもの人生に大きな経済的差異を生みだしていることがわかる。私たちは、これらの事実と向き合う必要があるのではないか？　私たちは事実をどう捉えるべきか、そして政策立案者は何をすべきなのか？

私が家族構成の問題を同僚に提示したのは初めてではなかったが、聴衆の数がこれまでで最も多く、その内訳も、貧困と子どもと家族を研究するおなじみの学者グループの範疇を超えていた。私の疑問は予想通りの受け止め方をされた。以前の時と同じく、一連の問いかけは無言の反応を引き起こし、皆が気まずそうに体を揺すり、この手の質問は留保したいという表情を浮かべた。数少ない言葉と消極的なジェスチャーから、私が部屋全体の合意として受け取ったメッセージは、「家族と結婚は個人的な問題であり、この種の議論の範囲外である」。同僚たちは、ひとり親家庭で生活する米国の子どもが増加していること、そのケースが教育水準の低い家庭にはるかに多いこと、ひとり親家庭の子どもは二人親の家庭の子どもに比べて、様々な理由によって成果が悪い傾向にあることについては認めるものの、政策としてどう対処すべきかについてはまったくもってわからない、という態度だった。

私の経験から言うと、政策志向の環境にいる学者たちは、家族構成や子どもの育て方について話すよりも、学校の改善や大学へのアクセスの拡大、勤労所得税額控除の増加について話すほうが、よっぽど気楽なのだ。誤解しないでほしいのだが、私はそういった問題も重要だと思っているし、いつでも話し合いたい。ただ、家族についての議論のなさがあまりにも目立ち、非生産的に感じることを指摘したかっただけなのだ。

ある経済学者の質問

その日のセッションが終わり、ホテルのロビーにいたときに、ある著名な経済学者が私に近づいてきて、子どもの人生の成功における家族構成の役割について、いくつか切り込んだ質問をした。子どものケアが行き届いていても、親が結婚していることは重要なのか？　エビデンスは、親の婚姻状況自体が子どもの社会での活躍に影響を与えることを示唆しているのか？　そこで私は、データと既存の研究から得た知識についてさらに詳しく述べた。そのすべてが、結婚している親に育てられた子どもに明確な社会的・経済的利点があると示しているように思われた。主な理由は、「親が結婚している」のであれば、それは多くの場合二人親家庭であり、二人親家庭にはひとり親家庭よりも子どもに使えるリソースが多い傾向があるからだ。その経済学者は私に、具体的な質問を次々に浴びせ、数分後、さらにとげとげしい口調でこう尋ねた。親が離婚し、父親が経済的に大いに貢献していたとしても、子どもはやはり相対的に不利な立場に置かれるのか……。

私は、早すぎるぐらいのタイミングで彼の言葉をさえぎった。

「いいですか、私は離婚した裕福な親を持つ子どもについては、さほど心配していないんです。私が気にかけているのは、リソースに限りがある、ひとり親家庭で育った子どもです。経験も機会も、高収入世帯の子どもにはるか及びませんから」。

もしかしたら彼は、わが子について考えていたのかもしれない（彼の個人的な家族関係については何も知らない）が、彼の子どもたちの人生はおおよそうまく行くだろうと思った。

その夜も翌日も、そのまた翌日も、私はグループセッションでの無言の反応と、ホテルのロビーでの1対1の会話について考え続けた。あの経済学者の質問は、単に学術的または政策的な興味から出たものではない。もしもそうなら、他の何十人もの経済学者と政策の専門家が集う議室の席で質問したはずだ。彼は個人的に質問したように思える。たとえば（私の想像だが）彼は離婚した父親であり、すべての親がそうであるように、わが子に最善を尽くしたいと思っているのかもしれない。彼は私を探し出して個人的に質問した。そのことは、多くの親がわが子に抱く心配事と、広く社会の子どもの幸福に関して公に話したい内容との間に隔たりがあることの反映なのだ。

私は、別の経済学者との別の状況での会話を思い出した。その男性は、私が家族構成が子どもの成果に重要だと述べると、否定的な反応を見せた。憤慨して、「社会的に保守的」に聞こえると指摘し、暗に私が「学問に真剣ではない」とほのめかした。私は言い返した。「あなたはいつも、お子さんのためにこんなことをしているとか、お子さんの活動に多くの時間を割いているなどと話していますよね。だったら、他人の子どももまた、両親、とりわけ父親の関与に恩恵を受ける可能性が高いという提言に、なぜ腹を立てるのですか?」

このような分断は予測できることであり、理にかなっているとさえ言える。家庭や家族の問題は本質的に個人の問題であり、個人的であるという性質上、誰とでも話せるというものではないからだ。それにほとんどの人は、他人の人生の選択に批判的な発言をすることを好まない。この不快感とためらいが、米国の子どもと家族の幸福のみならず、この国の幸福にも広範囲にわたって影響を及ぼす非常に重要なテーマに関する公の会話を妨げているように思える。

家族問題の法則

この問題について考えれば考えるほど、データと既存の研究を確かめたくなった。ここ数十年の家族構成の変化は、子どもの成果と社会に影響を与えている（または与えていない）のだろうか？　家族構成に関する比較的古い社会科学研究の多くは、原因と結果の両方において、貧困の問題に焦点を絞り込んでいる。以前の世代のように、シングルマザーになることが10代での出産と貧困に密接に関連していたのであれば、10代の出産と非婚の子育てと貧困が、互いにどのように影響し合うのかを研究するのは理にかなっていた。今問題となるのは、状況が（どのように）変化したのか、である。シングルマザーの子育てがはるかに一般的になり、これほどまでにシングルマザーの数が増えた今、家族構成についてどう考えるべきなのか？　たとえ子どもがいても結婚を見送る大人が、なぜこれほど多いのか？　この傾向は環境が異なる子どもたちにどんな影響を与えているのか？

家族や「世帯経済」という複雑な問題を研究する際に経済学者が一般的に取るアプローチは、この極めて複雑なテーマを限られた主要な特徴に分解して、傾向と動向を調べることだ。要因間の潜在的な関連性を、原因と結果の両方の観点から仮定し、データを調べて仮定が成り立つかどうかを確認する。データが当初の仮定を裏付けない場合は、理論モデルまたはフレームワークを修正する。次に、修正されたレンズを通してデータを調べる。この概念フレームワークは、実証データと実証パターンの解釈を導く。私たちは、一般的に何が起こっているのかを突き止めようとする。言い換えれば、データに基づくストーリーを伝えるために、特例や例外ではなく、パターンと法則を探すのだ。

現代の家族の経済に関する研究において重要な要因であると判明したのは、大学教育を受けた大人の子どもと受けていない大人の子どもとの間の家族構成の格差が拡大していることだ。私は「4年制大学の学位取得」という要因を、社会経済的階級の格差の指標とした。大学の学位は経済的地位を測る尺度としては不十分だが、それでも有意であり、ほぼ全国的に観察されるデータセットだ。現在米国では、大学教育を受けた成人は平均して収入が高く、概して雇用率が高い。その子どもは将来的に大学の学位を取得する確率が高く、収入が高くなる傾向にある。もちろんこれは、その人が善人か、自尊心が強いか、ユーモアのセンスがあるか、恋愛ができるか、といったことの指標にはならないし、その人の子どもの人格や行動を説明するものではない。しかし、大学の学位取得が経済的安定とウェルビーイングを予測する限り、社会経済的階級を区別する上で有用な指標となる。また、これは所得格差の要因でもあり、私が本書で語るストーリーの大きな要素にもなっている。

米国の家族格差

今日の米国に特徴的なのは、国の文化的・制度的分断を悪化させる所得格差が極めて大きいことだ。教育水準の高い人と低い人の収入格差と所得水準の高低差が広がるにつれ、経験の共有や機会平等の見込みが損なわれている。こうした別々の世界で育つ子どもたちは、人生において平等に近い機会をまったく得られていない。教育水準が高く所得の多い親のもとに生まれた子どもは、ほぼ全員がリソースが豊富な二人親家庭で育っている。資金が潤沢な学校がある安全な地域に住み、テストで高得点を取る友人に囲まれ、ほとんどが高校を卒業して大学に入学する。大学に入ると、大半が学位を取得して卒業する。言い換えれば、彼らは家庭環境の恩恵を受けて、経済的に安定した生活を手に入れるのに役立つゴールに到達する可能性が高い。対照的に、結婚していない親のもとに生まれた子どもは、ひとり親家庭に育つ確率が高く、統計的にリソースや利点が少ない傾向がある。この相関関係は、米国の不平等という社会的罠によってさらに悪化している。リソースの少ない家庭の子どもは（家に大人が2人いる世帯の子どもに比べて）低所得地域に住み、質の悪い学校に通うことが多い。他の選択肢がないのである。高校を卒業して大学に入学する確率は低く、たとえ大学に入学しても、学位を取得する可能性ははるかに低いのだ。

こうした階級格差を埋めるには、社会の多くの変化と、各種制度の大幅な改善が必要だ。不平等に関する経済的動向は、放っておけば自然に逆転するものではない。経済的・社会的条件によって階級格差が拡大しているのであれば、格差を埋めるのは、時間が経てば経つほど難しくなる。家族の構造は子どもの生活へ影響を及ぼし、世代を超えて特権と不利益を永続させる。不平等の構成分子や社会的流動性への脅威や家庭関係の範囲外の政策介入について話すほうが快適なのだが、私たちは「部屋の中のゾウ」（見て見ぬふりをしている大きなもの）について議論する必要がある。本書で光を当てようとしているのは、不平等が進む経済が家族構成の階級格差を生み、それが子どもたちへの影響を通じて、不平等を永続させ、経済的流動性を損なっている仕組みについてである。本書は社会の最も基本的な制度、つまり「家族」にスポットライトを当てる。

二人親の激減している階層

2019年に結婚している両親と暮らす米国の子どもの割合はわずか63%であり、1980年の77%より減少した。この現象は、人口全体が平等に経験したものではない。たとえば、4年制大学の学位を取得している母親を持つ子どもについては、変化がわずかだ。2019年、結婚している両親と暮らす、母親が4年制大学の学位を持つ子どもは84%であり、1980年に比べてわずか6%の減少だ。一方で、母親が高卒または短大の場合、結婚している両親と暮らす子どもの割合はわずか60%であり、1980年から大きく23%も下がっている。同様に大幅な減少が見られるのが、高校を卒業していない母親の子どもだ。このグループの子どものうち結婚している両親と暮らす子どもの割合は、1980年の80%から2019年の57%へと減少している。この傾向を示したのが図1・1である。[*1]

「結婚を子どもについての議論の中心に置くのは、時代遅れで役に立たない」と指摘する人もいるだろう。確かに結婚は、多くの点で40年前よりも流行らなくなった。米国の婚姻率は、子どものいる成人を含めて大幅に下がっている。しかし重要なのは、結婚パターンの変化が子どもの育てられ方に無関係ではないと認識することだ。データが確実に示しているのは、両親の婚姻を伴わない同居が、既婚の二人親家庭の減少を遠まわしに説明していないことだ。その場合、子どもは片方の親と暮らすケースが多い。さらに言うと、データは、この傾向が親の学歴との相関関係が非常に高いことを示している。二人親家庭の子どもの割合は、母親が高卒の場合は71%、母親が高卒資格を持っていない場合は70%だ。そして、母親が4年制大学の学位を持っている子どもが二人親家庭に住む割合は、88%と突出して高いのだ。

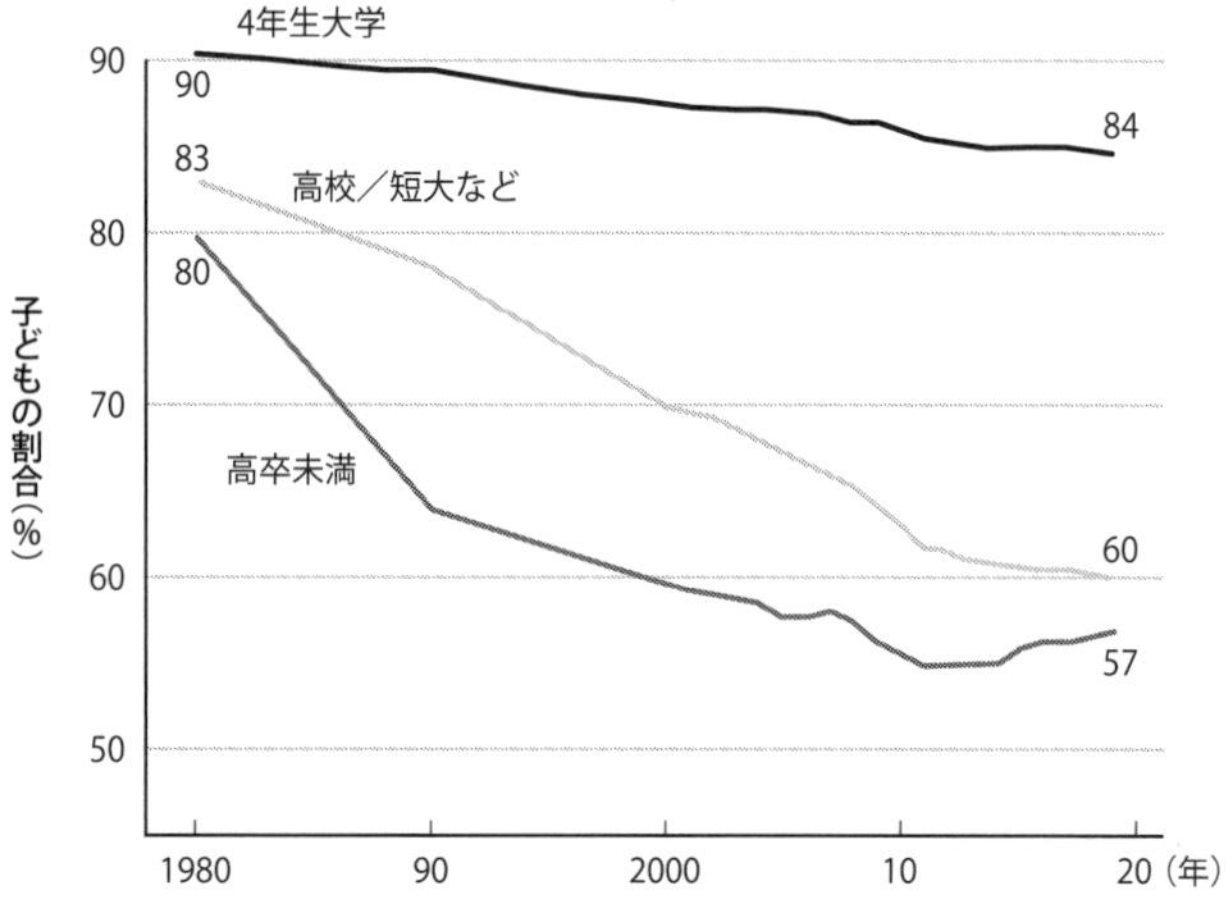

図1.1　結婚している両親と暮らす子どもの割合、母親の教育水準別

注：観察結果は、子どもの標本重みを使用して重み付けされる。

出典：1980年と1990年の米国の10年毎の国勢調査と2000～2019年全米コミュニティ調査（ACS）を用いた著者の算出。

なぜこの問題が子どもの成果にとって重要なのか？　それは、二人親ではない家庭で育つ子どもは、二人親家庭の子どもに比べて大幅に不利であるからだ。シングルマザーに育てられた子どもが、偉大な功績を残せないと言うのではない。もちろんそれは可能だし、そんな人も大勢いる。しかしシングルマザー家庭に育った子どもが、高校を卒業して大学の学位を取得し、高収入を得る大人になる確率が大幅に低いことを示す社会科学的なエビデンスが山のようにあるのだ。また、シングルマザー家庭に育った子どもはシングルの親になる確率が高く、これもまた不平等の原因が複合的であることの証拠である。二人親を欠くことで、一部の子どもが大学に進学して快適な生活を送ることが困難になるだけではなく、全体として社会的流動性が損なわれ、世代を超えて不平等が永続するのだ。

不平等を推し進める力が世帯レベルでの人口動態の変化を生みだし、世帯の変化が不平等を悪化させている。これは悪循環だ。高水準の教育やスキルのない人が、米国で経済的な安定や成功を獲得するのが、ますます困難になっているのだ。教育水準や収入が低い成人は、結婚する確率も、二人親家庭で子どもを育てる傾向も少ない。その子どもはリソースと機会が少なく、学校での成果は結婚している両親を持つ高収入家庭の生徒ほど良くない。恵まれない家庭の男子は学校で問題を起こしたり警察沙汰を起こしたりする可能性が高く、恵まれない家庭の女子は、若くして未婚の母親になる可能性が高い。こういった子どもたちが大人になると、恵まれない環境に生まれる子どもを持つ可能性が高くなる。この悪循環を断ち切ることが米国経済において急務であり、そのためには、あらゆる側面から問題に向き合う必要があるだろう。

データの背後にあるもの

本書は、公的な資料からの統計の経済学的解釈を含むデータと実証研究に比重を置いている。本書の論旨と導き出した結論は、私の専門分野である「エビデンスとデータの分析と解釈」に基づいている。経済学者としての研鑽の経験から、データとエビデンスに特定の理論的枠組みをもってアプローチし、リソースと要因と結果の因果関係という観点から思考する。本書では、この手法を採用して、結婚・出産・子育ての複雑な問題にアプローチする。

すべてのデータの背後には人物や家族があり、固有のストーリーと経験が存在することは、痛いほどわかっている。経済学は、全体的な傾向を説明したり、背後にある因果関係を特定したりするのは得意だが（本書ではまさに両方を行う）、こうした分析は、人々の実際の生活の微妙な差異（優れた点も厄介な点も）のような例外の認識については、目算が外れる可能性がある。本書を執筆しながら、1994年に「福祉から就労へ」プログラムで出会った母親たちのことを思った。あの経験をきっかけに関心を得た事柄が、アカデミックな経済学者としての私のキャリアにおいて研究テーマとなった。大学2年生を終えた夏に、私はコネチカット州ブリッジポートにある職業訓練センター「ブリッジポート・ジョブズ・ファースト」でインターンとして働いた。施設では、生活保護を受けている母親たちの訓練と職探しの支援をしていた（当時、州内の生活保護受給者のほとんど、つまり就労するにあたって克服が困難な複数の障害を抱えていない人は、生活保護受給資格を維持するために職業訓練や求職活動に参加する必要があった）。私は数学とコンピュータの授業を受け持ち、履歴書の作成を手伝った。このプログラムで働くことで、そうでなければ出会えなかった、経済的に苦しむシングルマザーたちと知り合う機会を得られ、時には心からの好意を持った。一緒にマクドナルドで昼食を取ったり、近所の質屋（銃の隣にベーグルやスナック菓子を並べて販売している）で食べ物を買い、公園のベンチで一緒に食べたりした。女性たちは身の上話をしてくれ、私は泣いたり笑ったりしながら話に聞き入った。

この時の経験から、人それぞれの人生が、政策に関する議論でしばしば想定されるよりも、はるかに複雑で予測不可能であることを肌身感覚で学んだ。センターの同僚の1人は、センターのプログラムの卒業生で、とても明るく、親切で、面白く、聡明な人だったと記憶している。大きな課題にも粘り強さとユーモアを持って立ち向かう人だった。安定した高収入の仕事で生活面はそれなりに安定していたものの、解決不可能と思われる問題をいくつか抱えていた。その夏の大きな悩みの1つが、ティーンエイジャーの息子をどうするかであった。翌年高校生になるのだが、その高校に行けば、生き残るためにギャングに入らなければならない、と彼女は確信していた。私たちは一緒に奨学金について調べたが、収穫はなかった。彼女は息子が安全に高校に通える方法を必死で探したが、居住区と限られたリソースを考えると、八方ふさがりに感じられた（実際にそうだった）。

その夏に私が教えたクラスに、2人の子どもを持つ20代前半の女性がいた。真夏頃には3人目を妊娠していることが目に見えて明らかだった。もう1人子どもを持つことを心配していたとしても、それを口には出さずに、子どもの成長を冷静に受け止めているように見えた。同じ夏、私が生まれ育ったニュージャージー州で、試験的に生活保護世帯に上限を設けているというニュース記事を読んだ。女性が生活保護に登録した時点での子どもの数に基づいて世帯の毎月の給付額に上限を設け、その後に生まれるかもしれない追加の子どものための増額をなくそうというのだ。この政策の推進力となった見解が、女性が給付金を増やすために追加の子どもを産む可能性があるというもので、これが私のキャリア初期の研究動機になった。数年後、私はMITでの学位研究の一環として、この政策を調査した。[*2] すると政策立案者の推測がデータに裏付けられていないことがわかった――世帯に上限を設ける政策によって出生率が下がったわけではなかったのだ。生活保護受給者は、子ども1人当たりの収入減をやりくりしていたのである。分析結果を書き上げた私は、3人目を妊娠していたクラスの若い女性のことを考えた。そして、ますます不寛容で厳しくなる福祉の手を借りながら、わが子を養おうと努力している他の母親たちに思いをはせた。彼女たちの生活は、誤った推測に端を発した公共政策のせいでさらに厳しくなったのだ。

ブリッジポートの経験以来、25年以上にわたって、私は数多くの研究を行ってきた。家族形成の経済学、子どものウェルビーイング、政府のセーフティーネット・プログラムの影響、経済状況と教育、結婚、子を持つことについての意思決定との関連について。「ブリッジポート・ジョブズ・ファースト」での私の夏は、米国における家族形成と、それが経済構造と不平等を反映し強化する仕組みをテーマに本書を執筆するきっかけとなった研究の旅の第一歩だった。

徹底的な取材を通じて他人のごく個人的な物語を引き出してそれを力強く美しく伝える訓練を受け、経験を積んでいる人や専門家もいるが、それは私の専門外だ。私の経済学者としてのトレーニングは、複雑な社会現象に注目し、データを使って実証できる簡潔な数学的モデルを使って表現することだ。私の仕事は、膨大な量のデータをニュアンスと正確さをもって調べ、その結果としてのエビデンスを作成し、解釈することである。本書には数式や計量経済学の仕様は含まれないが、それらを用いた分析結果について詳述する。経済用語で言うところの私の「比較優位性」に沿って、本書ではそうさせてもらっている。

私の家族の来歴

私には3人の子どもがいる。世界で何よりも、子どもたちの母親であることを愛している。しかし、子育てが大変であることは、最初に認めておきたい。時には打ちのめされてしまうほどである。子どもの親であることは、素晴らしいことであると同時に、疲れることとなのだ。望み通りの子育てができなかったり、そうすべきだと知りながら、子どもに違う対応をしてしまうことは、認めたくないほどたくさんある。

子どものことに向き合う気力がない日も多い。散らかった台所の片づけ、食事の支度、門限の時間の交渉、宿題の手伝い、この子をあっちへ車で送り、別の子をこっちに送り……子どもの父親であり、私のパートナーでもある配偶者を含め、多くのリソースがあるにもかかわらず、そうなのだ。もしも子育ての重圧を共有できるパートナーがいなかったら、請求書の支払いのあてにできる安定収入がなかったら、いったい今の何倍大変だったことか、としょっちゅう考えている。

また、私自身が幼少期に経験したようなことや、私の家族のように右肩上がりの軌跡を描くことは、現代ではほぼ不可能のように思える。私の祖父は、小学校教育と身の回りの物が入ったトランク1つを携えて、イタリアからエリス島（連邦移民事務所があった場所）に到着した。マンハッタンのロウアーイーストサイドに住居を構え、氷を売って生計を立てた（冷蔵庫が発明される前のことだ）。その後、雇用促進局を通じて得た様々な職に就き、最終的に中古車販売を手掛けた。祖父と結婚した私の祖母もイタリアからの移民で、夫妻はアパートメントに祖母の兄弟1人と姉妹5人と共に暮らし、私の母を兄弟たちと大勢のいとこたちと一緒に育てた。両親は15歳のときに街角のダンスイベントで出会い、21歳で結婚した。ニュージャージー州郊外で4人の娘を育てながら、父はバスの運転手や電気工組合の見習いなど、さまざまな仕事を経験した後、最終的に自宅で経営する印刷会社を始めた。母は3人の妹と私を育てながら、パートタイムで秘書の仕事をし、後に地元の大学に入学して小学校の教師になった。私を含む4人の子どもは、全員が学資援助、奨学金、ローンの助けを借りて大学に通った。

「運が強ければ脳みそは何でもいい」という父のお気に入りの言葉に反映されているように、米国の歴史の中で、私の家族が暮らしていた時代と場所では、人々が懸命な努力と幸運によって繁栄できた。しかし現代では、私たちが経験した中流階級のライフスタイルや上昇志向を得るのが難しくなっている。所得分布の上位と下位にこれほどの不平等な報酬をもたらす現代経済の要求と圧力があっては、わが家のような家庭が経済的向上を経験するのはほぼ不可能であろう。

私個人の身の上についてお伝えするのは、多くの読者が、私の経歴や、本書で執筆するテーマについてどのような経験をしているかについて、関心をお持ちだろうと思ったからだ。これはまた重要なポイントを示している。私自身が家族環境の産物であるのと同様に、私の家族は経済的・社会的環境の産物であるということだ。今日でも同じことが言えるが、状況は異なっている。経済状況が極めて厳しく、政策環境がそれを十分に考慮しておらず、結婚と子育てを分離するのが当たり前という社会規範なのだ。このような状況下で、米国の大学教育を受けていない人口に対するひとり親世帯の不均衡な増加は、格差拡大の反映でもあり、原因でもある。このまま放っておくと、階級の分断の溝は世代を超えて深まり、永続することになるだろう。

ただし私は、「もっとシンプルだった」時代、つまり家族構成といえば、男性の稼ぎ手と専業主婦の母親によって定義される婚姻関係にある二人親であった時代を懐かしむことにはまったく興味がないことを強調しておく。私自身の結婚はこの慣習に沿ったものではなく、そうありたいと願う気持ちもない。それでも、人にとってはうまく行く可能性があることは容易に理解できる。それぞれの結婚の形や、多様な結婚形態がどのように機能するか（結婚相手が同性か異性かを含む）は、本書のテーマではない。本書は、子どもの育ち方、特に子どもの世帯に母親と父親がいるか、もっと平たく言うと二人親と同居しているかどうかに重点を置き、こういった問題と幅広い経済動向や社会の不平等の拡大との関連性と、政策やプログラムが、良くも悪くもこれらの動向と軌跡を形成する仕組みについて、焦点を当てている。

結婚制度の役割を考える

本書は必然的に、親が結婚していることの役割と、その制度（宗教的または文化的な制度としてではなく、子育てという困難な仕事を不可能にしないための実用的かつ経済的な制度）が子どもにもたらす利益に焦点を当てている。結婚は、子どもたちに高いレベルのリソースと長期間の安定をもたらす最も信頼できる制度だ。現時点で、結婚に代わる選択肢として確実で一般的なものは、米国に存在しない。同棲は、理論上は結婚と同様のリソースをもたらす可能性があるが、データから、米国では、そういったパートナーシップは概して結婚ほど安定していないことがわかっている（データには別の解釈が考えられる。それは、人間関係は本質的に難しいものであり、結婚という制度を一枚かぶせることで、単なる同棲では得られない慣性が働くというものだ）。何度も繰り返し、実証研究が示している現実は、「子どもは強固で安定した家庭で伸びる」である。そして、「人口の大部分において結婚している二人親の家庭が崩壊したこと、つまり結婚の減少によって未婚の親から生まれる子どもが増えたことは、概して子どもに良い影響を与えない」ということだ。

結婚が一部の人にとって恐ろしい監獄になりえることに疑いの余地はない。本書が主張するのは、そのような婚姻関係を維持すべきということではない。しかし過去40年以上にわたり、米国社会は最も基本的な社会制度である「家族」の再形成という広大な実験を行ってきた。その結果得られた何世代にもわたるデータは、それが子どもたちに与える影響についてはっきりと示している。データからわかるのは、次のような不愉快な現実だ。

・二人親家庭は子どもにとって有益である。
・結婚と家族構成が階級ごとに分断しており、そのことが不平等と階級格差を悪化させている。
・二人親家庭が多い地域では上向きの社会的流動性が高い。
・これらの事実について話さないことは非生産的である。

学校にできることは限られている

子どもたちの人生の軌跡はまた、学校によって形作られる部分が大きく、この国の子どもたちの人生の軌跡を改善するには、教育施設の改善が必要であることに疑いの余地がない。しかし、それは本書のテーマではない。この国では、私たちはすでに学校に頼りすぎている。学校は、学問を教えて知識を与えると同時に、将来的に要求の多い職場で成功するのに必要な数多くの認知スキル〔学力などの学校教育等で身につく計測できる能力〕と社会的スキルを身に付けさせるという使命も担っているのだ。加えて学校の教職員は、生徒からの勉強以外または学業に直結しない内容のニーズに対応するタスクが増えている。学校はソーシャルワーカーや心理カウンセラーを雇い、家族のトラウマの兆候に気づけるように教師を訓練している。学校には、こうした類の支援がもっと必要だ。しかし現実的には、恵まれない家庭生活を補い、子どもの階級格差を縮めるために、学校にできることは限られている。子どもは各々の家庭環境を（良い悪いの両方において）学校の初日から持ち込み、それが毎日続くのだ。

本書で紹介する経済データは、米国の現在地と、家族と子どもに必要な備えを提供するという点で、どこに向かう必要があるのかについて、説得力のある物語を伝えている。言い難くても正直に話すことが求められるし、そうすることが重要だ。重要だからこそ、私がこの困難なテーマを取り上げ、家族構成についての社会科学的エビデンスを、目立たない学術誌から公の会話に持ち込もうとしているのである。

二人親家庭の崩壊をくい止める

本書で説明した課題に安易な答えはないが、実行できることはいくつかある。強く安定した家庭生活は、困難な世界で子どもが確かな足場を見つけるための基盤だ。より多くの子どもが、優位な立場を確実に得られるために、社会ができることは何だろう？　その答えは、結婚する親を増やすべきだという主張ほど単純なものではない。まず理解する必要があるのは、なぜこれほど多くの親が結婚しないのか、なぜこれほど多くの父親が子どもと一緒に住まないのか、である。その重要な要因の1つは、大学の学位を持たない人、特に男性が、経済的な成功を収めることが難しくなったのと同じ文脈の経済変化にある。こうした圧力が、人口の大部分において二人親家庭の崩壊に寄与してきた。例を挙げると、ここ数十年の製造業雇用の減少が、多くの男性が暮らす地域社会において、大卒資格を持たない労働者から伝統的に高収入だった職を奪ってしまった。全国の製造業の街で大規模な工場閉鎖が起き、大学教育を受けていない男性たちは、低賃金で不安定な職に流れるか、完全に労働力から外れてしまった。これが地域社会に影響を与え、婚姻率が下がり、未婚の母から生まれる子どもが増え、貧困家庭に暮らす子どもが増えた。こういった地域社会では、薬物やアルコールの乱用、さらにいわゆる「絶望死」が増加した。*3

経済的課題が労働市場や経済的領域から家族の領域にまで波及し、子どもと社会に深刻な影響を及ぼしているという事実は、経済的課題に取り組み、すべての人に経済的機会を拡大する政策や改革を推進する必要性を高めている。

二人親の家庭を蝕んだ経済的課題に取り組むことに加えて、現在の家族を強化する方法を編み出すことも同様に大切だ。それは、子どもの親の結婚を奨励し支援することでもあり、親同士が結婚できない／結婚すべきでない／結婚したくない場合であっても、健全で強固な家族関係を促進することでもある。政策はしばしば「次善の策」として行われる。親の結婚がうまく機能しないのであれば、政策とプログラムを通じて、生産的な共同育児と、両方の親による子どもへの健全な関与を促すべきだ。

自分のせいではないのに恵まれない家庭環境に置かれている子どもたちの経験や機会を増やし支えていくことも必要だ。この問題は新しいものではないし、結婚する人が減っている状況に特有のものでもない。しかし課題は残っている。政府と地域のプログラムの両方を通じて、どのように子どもの不利な状況を改善するかである。幸いなことに、エビデンスに基づく政策運動は大いに進歩している。

データと学問が進歩したということは、子どもの成功を助けるプログラムの種類や政策に関するアクセス可能なエビデンスが豊富に存在するということだ。政策やプログラムを立案する人は、成功できるエビデンスを用いて、政策やプログラムを実施・拡大するべきだ。大人がどんな選択をしようとも、どんな障害に直面しようとも、子どもたちはリソース不足や不安定な家庭生活に苦しんだまま放置されるべきではない。

私は社会科学者として、二人親の家族構成が一般的に子どもに有利であることを確信している。そして、ひとり親家庭の増加が子どもとこの国の不平等に影響を与えることを見逃すわけにはいかない。家族構成を、議論すべきではない／意義深い解決方法のない／手に負えない問題だと片付けて、あきらめるわけにはいかない。子どもたちのために、さまざまなやり方でこの課題に真っ向から取り組む必要があると考えている。

本書のロードマップ

本書は、家族の話と家族が経済的重要性を持つエビデンスを、収入格差と社会的流動性の低下に関する政策議論の中心に据える内容である。出典と主張は、幅広い文献から引用している。各章の概要と論旨について、以下に短く記しておく。

第2章から第4章までは、米国における子どもの家族構成の変化について述べ、その重要性の理由と背景を説明する。第2章では、家族構成の違いが子どもの世帯間の所得格差を悪化させている仕組みについて述べる。第3章では、結婚が子どもの経済的幸福と人生の軌跡にとって非常に重要な制度である理由を説明する。私は結婚を、2人の個人がリソースを合算し、世帯を維持して子どもを育てる責任を共有するための長期契約だと説明する。この章では、リソースが多い取り決めのほうが子どもにとって良い結果につながることを示す理論とエビデンスについて述べる。ただし結婚によって得られるリソースは、各パートナーが何を提供できるかに大きく左右される。結婚が減少している理由は、頼りになるパートナーまたは経済的貢献者である男性が減ったからだとしたら、課題の少なくとも一部は経済的なものだ。第4章ではこの問題を直接的に取り上げ、大学教育を受けていない男性の経済的苦境と婚姻率の低下との関連性について説明する。

第5章と第6章では子育ての問題にさらに直接的に焦点を当てる。第5章では、子育てにおける主な投資――子どもに関する支出、子どもと過ごす時間、子どもとの感情的な関わり――が、とりわけ親の教育水準と婚姻状況に関連して、親のリソースの大小によってどのように異なるかについて説明する。シングルマザーの家庭はリソースが少ない傾向にあるため、そのような環境で育つ子どもが親から受け取る投資は少ない傾向にある。この章では、観察されるパターンについてのさまざまな説明を検討し、子育ての階級格差の説明に最もふさわしいのはリソースの潤沢さであり、高収入、配偶者や同居者との共同子育て、またはその両方によって、高収入で高学歴かつ結婚している親は、子どもにお金と時間と感情的なエネルギーをかけやすくなると結論づけている。第6章では、男子の成績が、特に親からのインプットの影響を受けやすいことを示すエビデンスについて論じる。シングルマザー家庭で育つことで、女子より男子のほうが不利になりやすい傾向がある。また若い男性は、女子や若い女性に後れを取りやすく、たとえば大学を卒業する可能性が低くなっている。男子がつまずいて後れを取れば取るほど、夫や父親として信頼できる経済的な支え手である大人になる準備が不十分になる。これが悪循環を生みだす。

第7章では出生率について取り上げ、第4章の婚姻率の議論を補足する。シングルマザー家庭は、全体的に出産が減少しているにもかかわらず増加しており、これが特に顕著なのは、非婚出産率が一般的に高い10代以下の女性である。出産の傾向からは、他のすべての条件が同じであれば、子どもたちは過去よりも有利な状況で生まれていてもおかしくない。しかし未婚の母による出産の割合は過去40年間で着実に増加しており、そこに問題がある。ひとり親と暮らす子どもの割合が上昇していることは、出産パターンの変化ではなく、結婚の減少を反映している。

最後の第8章では、本書で説明する課題に対処し、米国の子どもたちの家庭環境を改善するために何ができるかについての提案をまとめている。

社会的にも経済的にも、米国は岐路に立たされている。グローバル経済の様々な力が経済的成功の基準を引き上げている一方で、何百万もの子どもが恵まれない家庭環境で育っている。ひとり親家庭で育った子どもの相対的な不利と、家族構造における階級格差に対処するために、専心して対策を講じなければ、何百万もの子どもが人としての潜在能力を発揮できず、階級格差は拡大し、社会的流動性は低下し、わが国の社会的結束はさらに損なわれるだろう。この結果は、影響を受ける子どもたちだけでなく、わが国にとっても悲劇である。家庭生活が極めて重要であり、分岐する家族構造が階級格差拡大の主因であるという現実に立ち向かわなければ、この国の子どもたちの生活を有意義に改善することはできないし、高学歴で高収入の家庭に生まれた子どもとそうでない子どもとの間の大きく拡大しつつある不平等に対処することもできないだろう。

第2章　母親だけの世帯——40年間のデータ

本書のアプローチ

現代の家族は、数十年前とも、さらにその数十年前とも様相が違っている。世帯構成が多種多様であるため、分類して説明する方法も多岐にわたる。ひとり親と二人親。結婚と同棲。同性の親と異性の親。実子と養子。一世代と複数世代。リストはまだ続く。私は時々、レフ・トルストイの『アンナ・カレーニナ』の最初の一節を思い出す。「幸せな家族は皆一様であり、不幸な家族の不幸せの形はそれぞれに違う」。彼の意見には賛成するが、実際には、すべての家族は、幸せでも不幸せでも、小さくても大きくても、結婚していても結婚していなくても、それぞれが独特である。

夫と私は独特のやり方で一緒に子育てをしている。他の誰とも似ていない。もちろん互いの両親とも違うし、私たちと同じく結婚して3人の子どもがいてフルタイムの共働きのカップルであっても、やり方は異なる。結婚しているカップルは、それぞれのやり方で責任と喜びと子育ての負担を共有している——収入のどの程度を誰が生活費に入れるのか、誰がどの家事を担うのか、誰が子どもを車で送迎し、寝かしつけるのか、誰が厳しくしつける役で、誰が娯楽と養育に比重を置くのか。同じことは結婚していない親にも言える。未婚の母は、子どもの父親と一切有意義な関わりを持たずに、最初からあらゆることを1人で、親戚や友人の助けも借りながらこなしてきたかもしれない。出産前の医師の診察に1人で行き、チャイルドシートの取り付け方を調べ、学校の初日に子どもを連れて行き、ついにはわが子に車の運転を教える。結婚していないカップルであれば、子どもの人生の一部または大半を婚姻状態で過ごした後、その後に離婚して別居し、積極的に共同で子育てしている場合もあれば、そうでない場合もある。未婚の親で、真剣な関係を築いたり同居したりという経験が一度もないのに、常に共同で子どもを養うために尽力している人もいる。状況の具体例は無数にあるのだ。

少ない変数に基づいて家族をわずか数種類にグループ分けし、特定の家族構成が意味するところについて一般的な結論を導き出すのは困難だ。その限界を十分に認識したうえで、本書ではこのデータ主導のアプローチを採用している。少ない変数を使って子どものいる家族構成が米国でどのように変化したかを説明し、その変化が子どもの生活にどんな意味を持つ傾向にあるかについて、一般的な結論を導き出している。

基本的な事実

米国人の多くは、二人親家庭が以前のように当たり前ではなくなったのを漠然と認識しているが、私はここで、その有様について、いくつかの事実を明らかにしておきたいと思う。この全体的な傾向について人々が抱きがちな考えの1つが、「親同士の結婚が減っているのは、一緒に子どもを持ち、献身的なパートナーとして暮らすことを選んだが、婚姻関係を結んでいないだけ」というものだ。これは一般的なケースではない。今日、未婚の親のほとんどは、「結婚しているも同然」の関係にはない。両親が結婚していない子どもは、両親と一緒に暮らすよりも、母親とだけ暮らす可能性がはるかに高い。近年、家に母親しかいない家庭で育つ米国人の子どもがますます増えているのだ。

この傾向について人々が抱くかもしれない2つ目の（誤った）考えは、経済的に成功した女性、つまり自力で大金を稼いでおり、配偶者の助けを必要としない女性が、この傾向を牽引しているというものだ。実際のところ、シングルマザーは大学教育を受けておらず、高収入でもないケースが圧倒的に多い。もちろん、シングルマザーとその家族が、経済的に非常に安定していて、リソースが豊富な場合もある。しかし社会全体で見れば、家庭に2人目の親がいない状態で子どもを育てる母は、容易にわかること（家族を経済的に支える必要がありながら主な養育者でもある）から、目に見えにくいこと（疲れたり病気になったりしたときに代わりをしてくれる人がいない、子どもが寝た後にその日の出来事を話し合える人がいない）まで、さまざまな困難に直面している。

経済的な観点から語られるストーリーは、二人親よりもひとり親の子育てのほうが難しいというシンプルな事実（ただし、これも概してほぼ真実である）よりも、さらに複雑で奥が深い。米国の親、さらに一般的には成人の婚姻率の低下が最も顕著なのは、最近の経済の変化によって不利な立場に置かれたグループ、つまり4年制大学の学位を持たない成人である。結婚を見送る人が多いのは、経済的に成功している、大学教育を受けた親ではない。むしろ、ひとり親家庭（統計的にはほとんどが母親だけの家庭）の増加は、経済的安定が弱まったグループで起きている。そして一般的にひとり親家庭は、経済的に恵まれた立場には紐づけられない。

大学教育を受けた成人の収入はここ数十年で増加しており、このグループ同士は引き続き結婚してその状態を維持している。そして子どもは、大卒同士の両親からの豊富なリソースを享受することができる。一方で、大卒でない人たちは、収入が停滞するにつれ、結婚が過去の世代よりも価値あるものだとは思わなくなり、世帯を別にする傾向が強まっている。その結果、子どもはどちらか一方の親だけの家庭で暮らす家庭になる可能性が高くなった。また、パートナーがいない母親と暮らす子どもは、高卒の母親を持つ子どもが4年制大学卒の母親を持つ子どもの2倍以上であるため、子どもの家族構成には今や相当な「大卒格差」が生じている。

米国の世帯間の家族構成の相違を理解することは、統計的な作業としては簡単ではない。現在、研究者が利用できる人口統計データは豊富にあるが、それらのデータ（ほとんどの場合、調査する質問に応じて、さまざまなソースから取得する）をフィルタリングし、並べ替え、比較する作業は困難になりがちだ。時間の経過に伴う成果を追跡しようとすると、さらに手ごわくなる。データセットと定義は、世界の状況とそれが意味するものとともに変化するからだ。

過去数十年間の米国における子どものいる家庭のストーリーを語るにあたり、私は入手可能なデータに示されたいくつかのパターンを引き合いに出している。その際にほぼ毎回頼りにしているのは、数千（時には数百万）の米国世帯に関する情報を含む全国的なデータセットだ。パターンの1つは、異なる教育水準や人種・民族の母親から生まれた子どもの家族構成についての、変化の変遷について。

もう1つは、婚姻関係に代わる生活形態の広がりの程度であり、離婚と非婚の出産を対比させ、それらがこの傾向に果たす役割にも言及する。それぞれのテーマに関するデータから、米国の子どもの家族構成について、広く綿密に網羅された統計的な構図が見えてくる。

以下に、データが示す重要な事実について、いくつか記しておく。

・現在、米国に住む5人に1人以上の子どもが、パートナーのいない母親、つまり結婚も同居もしていない母親と暮らしている。こうした家庭の大多数に、祖父母や親戚など他の大人は不在である。

・過去40年間で、家族構成における「大卒格差」が明らかになった。現在、4年制大学卒の母親を持つ子どもの12%が、パートナーのいない母親と暮らしている。母親が大学卒でない子どもの実に29%、そして母親が高卒未満の子どもの30%は、家庭に2人目の親がいない状態で暮らしている。

・この「大卒格差」は、白人家庭、黒人家庭、ヒスパニック家庭に見られる。アジア系は例外で、すべての教育グループにおいて、両親がいる家庭の割合が一様に高い。

・パートナーをもたない母親の世帯の増加は、離婚率や未婚同棲カップルの増加ではなく、結婚したことのない母親の割合の増加によって引き起こされている。

・米国の子どもは、世界的に見ても、母親のみと生活を共にする傾向にある。

・ここ数十年の家族構成における「大卒格差」の拡大は、所得格差を拡大させてきた。そのことが、労働市場の変化のみに起因する以上の世帯収入格差の拡大につながっている。

5人に1人以上がシングルマザー家庭

図2・1は、1980年から2019年のさまざまな家族構成の世帯に暮らす子どもの割合の推移を示している。グラフから、結婚している両親と暮らす子どもの割合が着実かつ大幅に減りつつあることが見て取れる。現在、結婚している両親と暮らす米国の子どもはわずか63%であり、1980年の77%から減少している。

子どもの居住状況に関するこれらの統計は、どこから入手したのか？　統計は、1980年と1990年の米国10年ごとの国勢調査と、米国連邦政府が実施する最大規模の世帯調査である2000〜2019年の全米コミュニティ調査の公開サンプルの集計に基づいている。これらのサンプルには、1780万人の子どもと970万人の母親を合わせた記録が含まれている。国勢調査では、これらの公的利用サンプルの観察結果のための統計的重みも提供されているので、研究者は、統計を全国レベルで正確な方法で集計することができる。10年ごとの国勢調査は、アメリカ合衆国の居住者数を決定するために、米国国勢調査局によって10年ごとに実施される。これは米国憲法で義務付けられている。全米コミュニティ調査（ACS）は2000年に開始され、毎年実施されている。10年ごとの国勢調査とACSはどちらも世帯レベルの調査で、世帯に住む人々の基本的な人口統計情報（年齢、人種、性別、婚姻状況、世帯主との関係など）、世帯内の成人の経済データ（就労状況、職業、産業、収入など）、その他の個人特性（移住、障害、退役軍人としての地位など）に関するデータを収集する。米国の人間がどこに誰と住んでいるかに関する最も包括的なデータソースである。

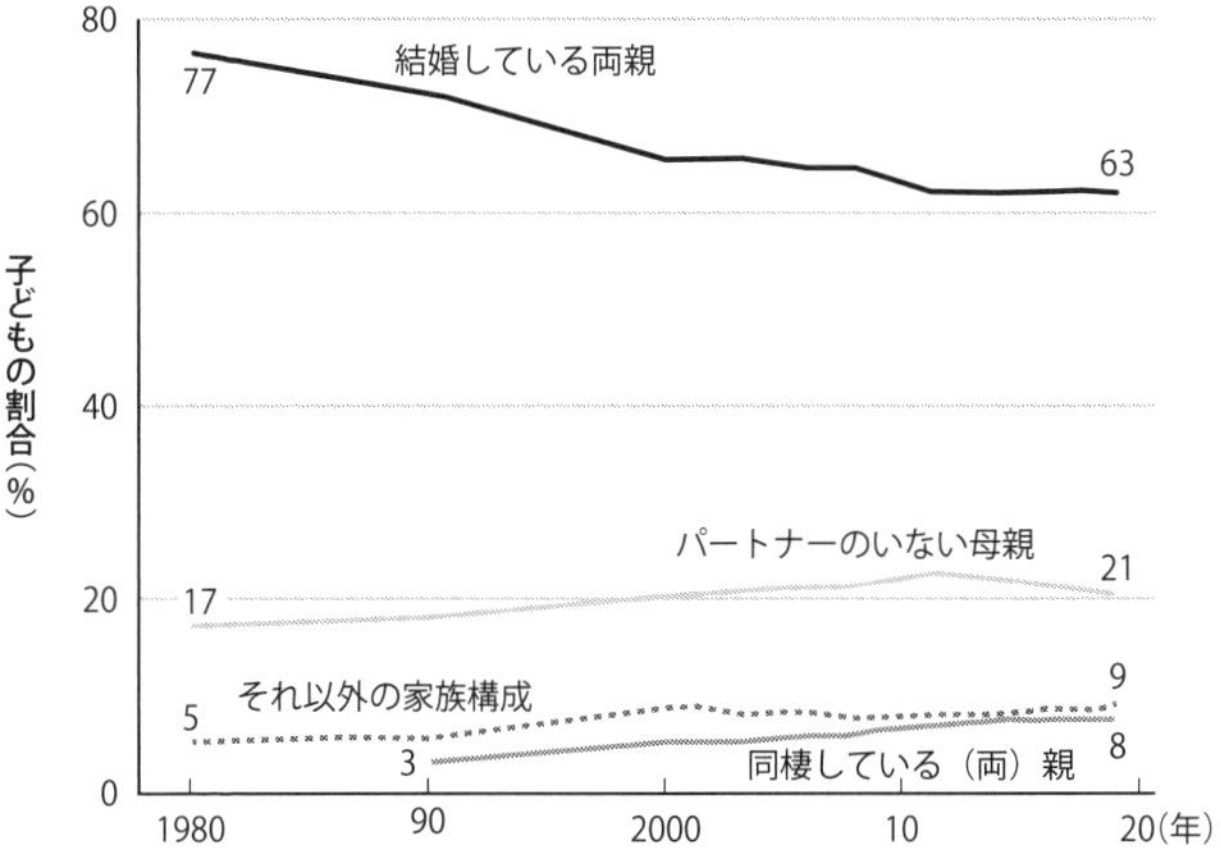

図2.1　結婚している両親、パートナーのいない母親、同棲している両親、それ以外の家族形態の世帯に暮らす子どもの割合

注意：観察結果は子どもの標本重み付けに基づいて加重されている。1980年の国勢調査では、同棲している母親は「パートナーがいない」と記録されている。

出典：1980年と1990年の米国10年ごとの国勢調査と2000〜2019年の米国国勢調査の全米コミュニティ調査を使用した著者の計算。

データからわかるのが、結婚している両親と同居しない子どもの大半はひとり親世帯に暮らし、ほぼ全員が母親と同居しているということだ。全体的に見ると、米国の21％の子どもが、結婚も同棲もしていない母親と暮らしている。それに比べて、結婚していない両親または実親と結婚していないパートナーと暮らす子どもはわずか8％である。パートナー関係にない父親と暮らす子どもは4・8％であり、4・3％の子どもが、親をひとりも含まない世帯で暮らしている。[*1]

　子どもと世帯内の親との関係をより正確に把握するためには、米国国勢調査局が実施した別の全国代表調査である「2018年所得および社会保障受給調査（SIPP）」を参照する必要がある。SIPPは、世帯構成、収入、雇用、福祉などの政府プログラムへの参加の動向に関する包括的な情報を収集する縦断的調査（参加者を長期間にわたって追跡する調査、ここでは数年にわたる）である。2018年のSIPPでは、1万4000人以上の子どものデータがまとめられた。これらのデータから、結婚した大人と暮らす子どものうち、10人中9人が実の親2人と暮らしていることがわかる。未婚の同棲している大人と暮らす子どものうち、2人の実の親と暮らす子どもの割合は、半分から4分の3の間である。言い換えれば、実の親だが結婚していない両親と暮らす子どもの割合は、私たちが考えていたよりも少ないということだ。

すべての親は子どもの幸せを望む

私の友人たちに本書の中心的な主張、つまり「結婚が衰退し、それが米国の不平等の原因になっている」という話をすると、米国の親は「ヨーロッパ的なライフスタイル」を採用しているだけだ、と反論されることがしばしばある。長期にわたる献身的な同棲関係を持ちながら子育てをし、レッテルに縛られないだけで、それ以外は変わらない、と言うのである。実際のところ、これは真実ではない。米国では未婚の親の同棲率がかなり低いことに加え、米国での同棲は他の国に比べてかなり脆弱な取り決めなのだ。[*2] 米国の成人の同棲は、西ヨーロッパの同棲カップルの同棲よりも不安定で、期間も短い傾向がある。米国の子どもは、他の西欧諸国の子どもに比べて、15歳までに2人か3人、親のパートナーが変わることを経験する可能性がはるかに高いのだ。[*3]

これらの統計から、米国の親が「わが子の最善」を望んでいないと誤解されるべきではない。私は、米国を含むあらゆる国のほぼすべての親は、子を持つことに最善の希望と意図を持って取り組んでいると信じている。ただし、子育てや家庭内の人間関係の課題に関しては特に、善意と最善の計画に現実的な限界があるのも事実だ。これを踏まえてデータからわかるのは、制度としての結婚が、こういった課題を乗り越えるための制度的支援になっているということだ。

1998年、著名なプリンストン大学の社会学者サラ・マクラナハンと同僚たちは、「脆弱な家庭と子どもの幸福度調査（FFCWS）」と呼ばれる研究を開始した。未婚の親を対象とした研究としては、最も野心的で影響力のあるものだ（私は学部生の時にマクラナハン教授の「貧困の社会学」の授業を履修した。このテーマに関する彼女の学識と客観性は、他の多くの家族研究者と同様に、私の研究と思考にインスピレーションと情報を与えてくれた）。[*4]この画期的な研究では、米国の20の大都市に住む約5000人の母子を対象に、子育ての節目におけるデータを収集した――出産直後、入院中、その後20年以上にわたって定期的に。FFCWSサンプルのおよそ4分の3のカップルが、子どもの誕生の時点で未婚だった。未婚の両親は、わが子が誕生した直後のアンケートでは、互いの人間関係の将来について楽観視していた。未婚の母の74％と未婚の父の90％が、もう片方の親と結婚する確率は50％以上だと信じていた。[*5]しかし子どもが5歳の誕生日を迎える頃には、まだ関係が続いている未婚の両親はわずか3分の1だった。さらに、新しいパートナーができたり次の子どもが生まれたりすることが多く、不安定さと家族の複雑さが高いレベルに達していた。3分の1の父親は、実質的に子どもの生活から姿を消していた。[*6]

ここで注目すべきなのは、母親だけの世帯に他の大人、たとえば子どもの祖父母や叔母が住んでいる場合もある一方で、大半はそうではないことだ。パートナーのいない母親と住む子どもの67％は、母親以外の大人と同居していないのだ。それ以外の世帯には他の大人（通常は「拡大家族」）が含まれる。パートナーがいない母親の子どもの5人に1人は、母方の祖父母も一緒に住んでいる。3％は母方の兄弟姉妹も同居している（母方の祖父母は同居していない）。8％はそれ以外の大人が同居している。[*7]当然ながら、これらの家庭が、母親と子どもたちに第二の親のリソースと同等の存在がいる形で構成されていると想定すべきではない。母親は家にいる他の大人（複数のこともある）の世話までしているケースも多い。繰り返すが、家族は複雑であり、こういった大まかな説明では不十分なのだ。

家族構成と教育水準

過去40年間、大学教育を受けた母親の子どものうち、結婚している両親と住む子どもの割合はあまり変わっていない。１９８０年に、90％の大卒の子どもが結婚している両親と同居していたが、２０１９年には84％と堅調に推移している。対照的に、母親が高卒または短大（4年制大学の学位を持たない）の場合、２０１９年に結婚している両親と暮らす子どもはわずか60％で、１９８０年の83％から大きく減少している。現在は、中等教育〔小学校と大学の間の教育〕を受けたグループが最も多く、子どもたちの状況は、今日の米国の人口レベルで起きていることと密接に関わっている。同様の減少は、高卒未満の母親を持つ子どもたちにも見られる。〔このグループで〕結婚している両親と暮らす子どもは60％に満たず、１９８０年の80％から減少している。

米国のような大国では、人口の傾向が地域や都市部と農村部で異なる傾向を示すことがある。しかし今回のケースではそうではない。減少は、国中のあらゆる地域で顕著な対称性を示している。4年制大学を卒業していない母親の子どものうち、結婚している両親と同居する子どもの割合は、1980年には国内の4つの主要地域（南部、西部、北東部、中西部）すべてで約80％だった。現在この割合は、4地域のうち3地域で60％かそれ以下、西部ではわずかに高く65％だ。都市部と農村部での割合は共に60％である。

これと一致して、母親が短大に行かなかったり4大卒の学位を持っていなかったりする場合、子どもはひとり親の家庭で育つ割合が増加している。1980年代の比較的安定した時期の後、1990年から2010年の間に、その割合は50％近くにまで（10％ポイント以上）増加したのだ。2010年以降はおおむね横ばいで推移しており、安定化の兆しを示しているようだ。高校を卒業していない母親を持つ子どもについては、早い段階での増加が見られる。パートナーのいない母親と暮らす子どもの割合は、1980年代に20％から30％へと50％上昇し、それ以降はおおむね横ばい傾向にある。一方、大学教育を受けた母親の子どもの間では、相応の増加は見られない。パートナーのいない母親と暮らす子どもの割合は、40年間全体で10％から12％の間で推移している。この傾向を示したのが図2・2である。

人種・民族ごとのデータ

米国ではずいぶん前から、人種や民族グループによる子どもの家族構成に違いが見られ、そうした差異は今も続いている。一方で、家族構成の「大卒格差」は人種・民族グループの内部で生じている。

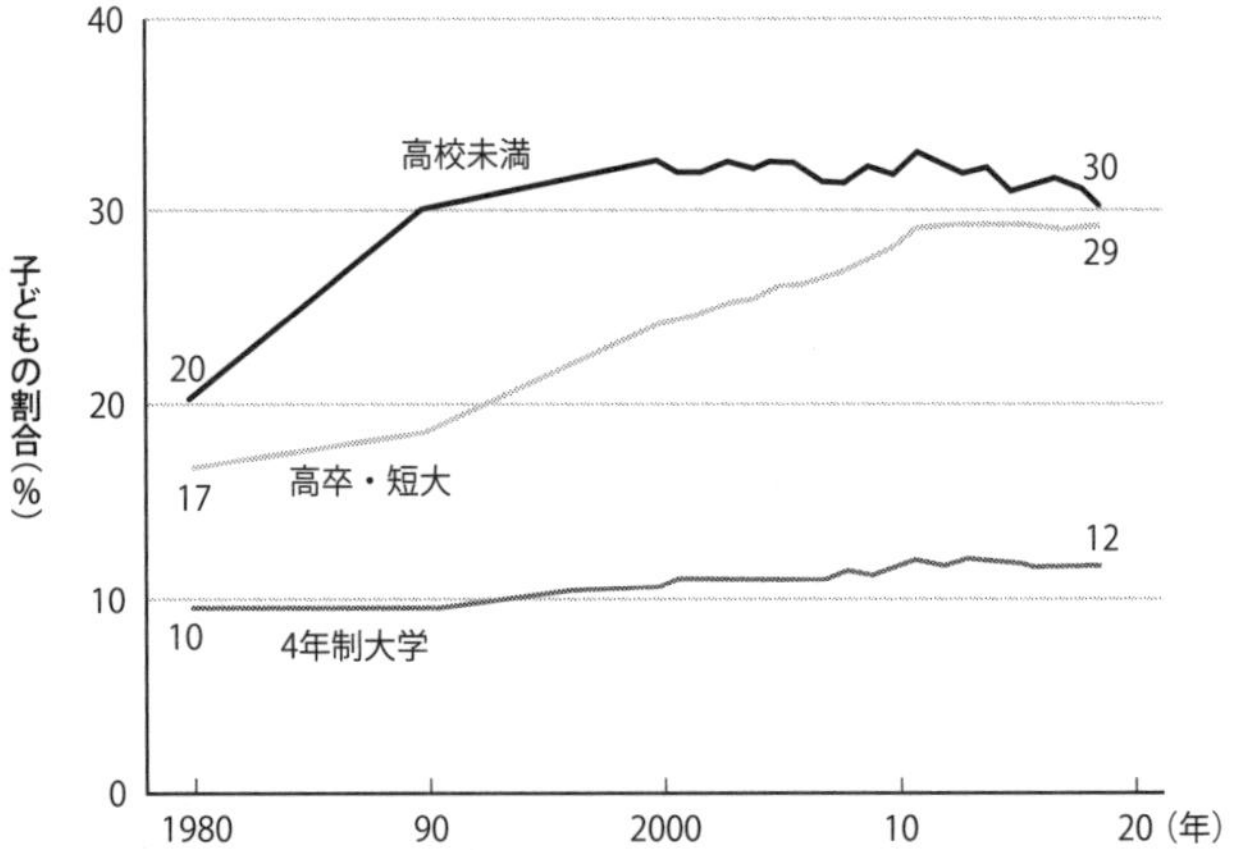

図2.2　パートナーのいない母親の世帯の子どもの割合、母親の教育水準別

注：観察結果は、子どもの標本重みに基づいて重み付けされている。
出典：1980年と1990年の米国10年ごとの国勢調査と2000～2019年の米国国勢調査の全米コミュニティ調査を使用した著者の計算。

本書は、4つの主要な人種・民族グループ別に集計できる経済データを使用している。つまりヒスパニック以外の白人、ヒスパニック以外の黒人、ヒスパニック以外のアジア系、ヒスパニックである。説明を容易にするために、各グループを、白人、黒人、アジア系、ヒスパニックと呼ぶことにする。特に明記しない限り、互いに排他的な4つのグループ（「白人、黒人、アジア系」は非ヒスパニックとする）を想定して読んでいただきたい。米国社会では、子どものおよそ55％が白人、13％が黒人、6％がアジア系、23％がヒスパニックだ。残念ながら、この図式からは、他の人種や民族グループ（ネイティブ・アメリカンや太平洋諸島民、多人種または多民族を自認する人々など）が除外されている。そういったグループは、研究対象とする40年間の人口に占める十分な割合を占めていないため、信頼できる統計が存在しない。それゆえに私は、こういった他グループの子どもの全国的な傾向を示すことができない。

白人とアジア系の子どもは、ヒスパニックや黒人の子どもと比べると、結婚している両親と暮らす割合が非常に高い。2019年に、白人の子どもの77%、アジア系の子どもの88%が結婚している両親と一緒に住んでいる。ヒスパニックの子どもは62%だ。黒人の子どもはわずか38%しか結婚した両親と同居していないが、これは過去40年間の下降傾向を反映して、歴史的にみて低い割合になっている。本書では、1980年以降の子どもの家族構造の変化に焦点を当てている。[*8] ただし、家族構造における人種間の大きな格差は20世紀後半以前にも存在し、1960年代と1970年代に拡大したことは注目に値する。

人種や民族グループによって親の婚姻率が異なるため、ほぼ一様に「大卒格差」が存在することが、ますます際立って感じられる。白人の母親の子どものうち、結婚している両親と同居する割合は、母親が大卒の場合は88%、高卒の場合は69%、高卒未満の場合は60%だ。ヒスパニックの母親の子どもは、結婚している両親と同居する割合は、大卒の母親の場合は76%で、それ以外の学歴グループは共に59%である。黒人の母親の子どもは、母親が大卒の場合に結婚している両親と同居する割合が60%であり、母親が大卒でない場合の30%の2倍である。アジア系の子どもにも、結婚している両親の「大卒格差」は存在するが、比較的小さい。結婚している両親と暮らすアジア系の子どもの割合は、大卒の母親の場合は92%、高卒と高卒未満はそれぞれ79%と83%だ。4グループすべてにおいて、「大卒格差」は1980年より2019年のほうがはるかに顕著だ。この違いは、図2・3の上部パ

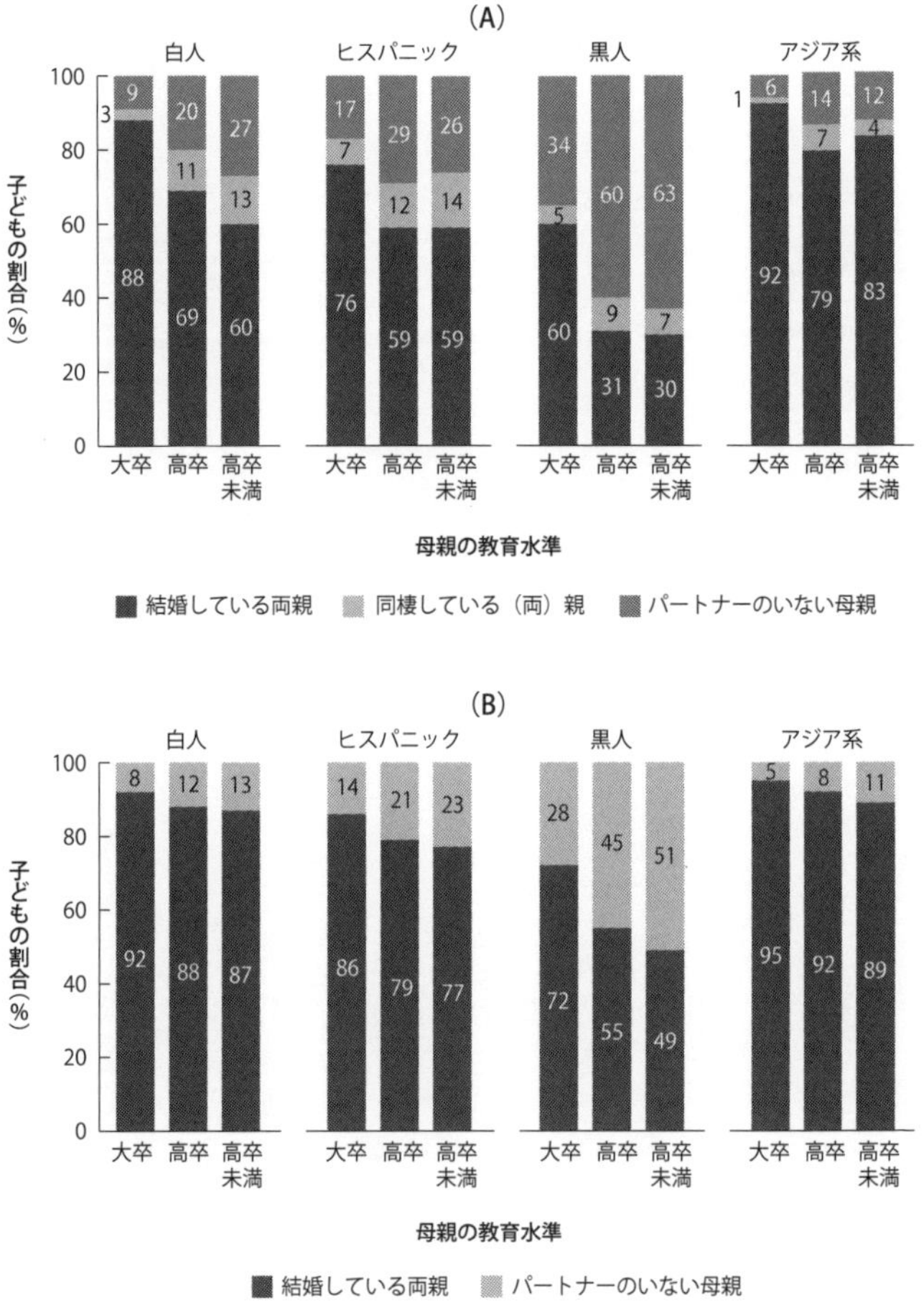

図2.3　母親の人種と教育水準別の子どもの家族構成（2019年と1980年）

注：集計には母親と同居している0～18歳のすべての子どもが含まれており、子どもも重みにより重み付けされている。1980年の国勢調査では同居している親は特定できなかった。（A）は2019年、（B）は1980年。

出典：2019年米国国勢調査の全米コミュニティ調査を使用した著者の計算。

ネルと下部パネルを比較すると見て取れる。

未婚での出産の増加

過去40年間にパートナーを持たない母親と同居する子どもの割合が増えたのは、この時期に婚外子が急増した結果である。今日の米国の成人は、以前の数世代に比べて、結婚という制度の外で子どもを持ち、子育てをする傾向がはるかに高くなっている。２０１９年には、米国のほぼ半数の赤ちゃんが未婚の母親のもとに生まれている。これは未婚の母親による出産がわずか５％だった１９６０年に比べると劇的な増加だ。この割合は１９８０年までに18％に増え、その後も増え続けている。[*9] 婚姻関係外で生まれた子どもの割合が劇的に増加したことが、結婚している両親と暮らす子どもの割合の減少の原動力となっている。

近年において、パートナーのいない母親は、結婚してから離婚するよりも、一度も結婚しないほうが多い。この調査結果には、逆だった過去数十年との顕著な変化も反映されている。１９８０年には、パートナーのいない母親が（通常は子どもの父親と）結婚歴があるほうが、はるかに一般的だった。パートナーのいない母親の64％が離婚しており、一度も結婚したことがないのはわずか22％だったのだ。そして過去40年間で状況は変化し、今日では結婚歴のないパートナーのいない母親が増えている。２０１９年には、パートナーのいない母親の52％が一度も結婚したことがないのに対し、離婚した人は39％だった（残りの割合は、結婚しているが夫が不在［６％］または死別［３％］）。

二次的な「大卒格差」は、パートナーのいない母親の状況の違いにも見られる。４年制大学を卒業

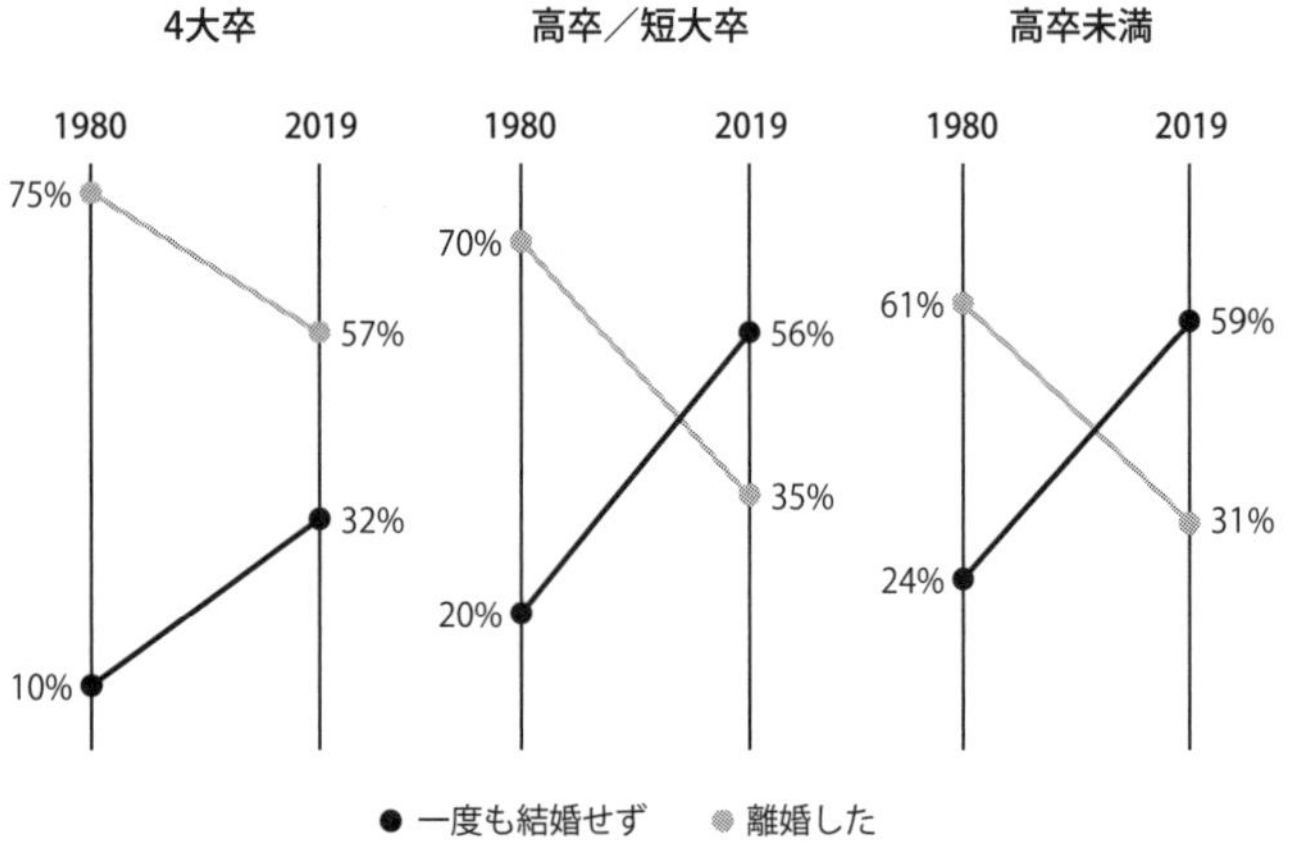

図2.4　1980年と2019年の間のパートナーのいない母親の結婚状況の変化、母親の教育水準別

注：標本は、子どもの数に関係なく、パートナーのいない母親1人につき1つの観察に限定される。観察は、母親の個別の標本重みを使用して重み付けされる。
出典：1980年の米国10年ごとの国勢調査と2019年の米国国勢調査の全米コミュニティ調査を使用した著者の計算。

したパートナーのいない母親は、結婚歴がないよりも、離婚したか配偶者が不在である可能性が高い。これは、4年制大学を卒業していない母親には当てはまらない。2019年には、大学教育を受けたパートナーのいない母親のうち、一度も結婚したことがない人は32％だった。これは、10％だった1980年と比べると大きな増加だが、図2・4に示すように、他の2つの学歴グループと比べるとまだはるかに低い割合だ。結婚歴のない母親は、パートナーのいない高卒の母親が57％、パートナーのいない高卒未満の母親が59％である。

また、パートナーのいない母親の状況には人種・民族グループによる大きな違いがある。黒人とヒスパニックのパートナーのいない母親は、一度も結婚していない割合が高く、それぞれ70％と54％だ。これに対して白人の母親は38％、アジア系の母親は32％である。また、人種・民族グループの内部でパートナーのいない母親の婚姻状況の「大卒格差」が見られる。４つすべての人種・民族グループにおいて、パートナーのいない大卒の母親は、どこかの時点で結婚する割合が、大卒未満の同じ条件の母親に比べて高いのだ。

この格差は重要なのか？　実際のところ、未婚と既婚は何が違うのだろう？　パートナーのいない母親、特に大学を卒業していない母親が「未婚」を選ぶ割合が高いことは、子どもの生活環境の変化の原因であるだけではなく、子どものリソースにも影響する。第一に、両親が以前結婚していた子どもは、子ども時代のある時点で両親の家庭での時間とリソースの恩恵を受ける可能性が高くなる。第二に、両親が以前結婚していた子どもは、出生時に親が未婚だった子どもに比べて、現在も父親と関わっている可能性が高くなる。[*10] 第三に、パートナーのいない離婚した母親の子どもは、養育費収入がある世帯で暮らす可能性が高くなる。２０１８年のＳＩＰＰ調査では、離婚した母親の子どもの養育費収入がある世帯で暮らす割合は40％であるのに対し、未婚の母親では19％だった。この結果は、すべての教育水準の母親に当てはまる。[*11]

子どもの養育費について補足する。養育費を受け取っている結婚していない母親の割合は、離婚した母親も結婚歴がない母親も共に、１００％にはほど遠い。家族政策の世界では、養育費の割り当てと遵守が完全には行われていないことはよく知られている。２０１６年に米国国勢調査局がこのテーマについて行った特別なデータ収集作業により、養育権を持つ親の約50％が、離婚の前年に養育費の合意または非公式な合意を結んでいたことが明らかになった。そのうち約70％が未払い分の一部を受け取り、全額を受け取ったのはわずか44％だった。米国国勢調査局の報告によると、２０１５年には養育権を持つ親に３３７億ドルの養育費が支払われ、そのうちの60％が全額を支払われ、年間平均３４４７ドルが養育権を持つ親１人当たりに支払われた。[*12]

米国以外ではどうなっている？

米国の子どもは、他の国の子どもに比べて、ひとり親と暮らす割合がはるかに高い。ピュー研究所は２０１９年に、１３０ヵ国と地域におけるひとり親だけで他の大人と暮らしていない子どもの割合を報告する調査を発表した。ピュー研究所は、国をまたいだ比較を可能にする方法論を用いて、米国の18歳未満の子どもの23％がひとり親と暮らし、他に大人はいないと推定した。これは、ひとり親と暮らす世界中の子どもの割合（７％）の３倍以上だ。カナダではこの割合は15％、メキシコでは７％である。ひとり親家庭で暮らす子どもの割合はアジア諸国で特に低いことから、強い文化的規範が、米国で民族的にアジア系のひとり親家庭の割合が低い理由の説明になる可能性が高まっている。

ひとり親家庭で暮らす子どもの割合を各国で比較するだけでなく、米国以外の国、特に教育水準がおおむね同程度である高所得の国で、学歴別に同様のパターンがあるかどうかを検討するのも興味深い。この問題を調査できるデータソースの１つが、ＯＥＣＤ諸国の子どもの生活状況に関するデータセットだ。ＯＥＣＤは、米国、カナダ、英国、オーストラリア、そしてヨーロッパと南北アメリカのさまざまな国を含む、市場経済に基づく38の民主主義国で構成されている。これらの国の多くでは、米国の子どもたちと同様に、母親が高学歴であれば子どもが両親と暮らすことが多い傾向が見られる。

ＯＥＣＤのデータでは、母親を高学歴、中学歴、低学歴の３つの教育グループに分類している。欧州連合諸国では、平均して、高学歴の母親の子どもの79％が夫婦の両親と暮らしているのに対し、中学歴グループでは70％、低学歴グループでは62％だ。また、同棲の場合の教育水準の勾配は逆転している。高学歴の母親の同棲率は最も低く、教育グループ全体の割合はそれぞれ11％、14％、18％となっている。米国の子どもと同様に、大学教育を受けた母親を持つヨーロッパの子どもは、シングルマザーと暮らす可能性が最も低く、10％であるのに対し、学歴の低い母親を持つ子どもではそれぞれ16％と20％である。米国のシングルマザー世帯の割合が比較的高いことと、高所得の国全体で教育水準の差が類似していることは、米国の家族形成の傾向の潜在的な要因について何を示唆し、何を示唆しないかという点で注目に値する。これについては、後ほど詳しく説明する。

ルクセンブルク所得研究（50ヵ国以上の世帯についての国を代表するデータセット）を参照すると、シングルマザーの世界的発生率と、それが１９８０年代からどのように変化したかについて詳しく知ることができる。[*13] ルクセンブルクの数字によると、80年代後半の米国でのシングルマザーの割合は、高・中・低学歴グループの分類で、それぞれ13％、19％、30％だった。２０１１年から２０１５年までに、この数字は増加して拡散し、高学歴グループから低学歴グループまでの母親の、それぞれ16％、31％、32％となっている。英国での１９８０年代後半のシングルマザーの割合は、高・中・低学歴グループでそれぞれ10％、16％、14％だったが、２０１１年から２０１５年の間に、英国のシングルマザーの割合は増加し、12％、28％、34％に広がった。言い換えれば、高学歴の女性を除くすべての女性の間でシングルマザーの割合が劇的に増加したということだ。同様のパターンは、ノルウェー、スペイン、フランスなど他の国でも見られる。

これらの国際比較はそれ自体が興味深いが、もう1つ注目に値するのが、米国における両親がいる家庭の減少の原因について示唆していることだ。シングルマザーの増加は米国の政策決定、つまり生活保護などのセーフティネット・プログラムがひとり親の家庭構造を促進するためという見解もあるが、米国のデータを他の国の同等のデータと比較すると、この主張が間違っていることがわかる。シングルマザー家庭の発生率は、フランスやスウェーデンなど、より手厚いセーフティネット・プログラムを提供する他の多くの国よりも、米国の方が高いのだ。さらに、家族構造に対する教育水準の著しい格差、つまり高学歴の母親の婚姻率が圧倒的に高いことは、米国以外の国でも見られる現象だ。このことは、高学歴者と低学歴者との世帯構造の相違が、広範な経済的・社会的変化を反映している可能性が高いことを示唆している。これは他の高所得の国でも見られる変化であり、たとえば、グローバル労働市場の力によって、教育水準の低い労働者が不利な立場に追い込まれ、大学教育を受けていない成人、特に男性の経済的安定が損なわれているのだ。この見解については、第4章で詳しく説明する。

大卒格差が世帯所得の格差を拡大

大学教育を受けた労働者は、過去40年間にわたって、収入が減退することなく増え続け、その間に続々と結婚して、夫婦として子どもを育ててきた。同時期に、教育水準の中間に位置する人々の所得は、停滞または、わずかにしか向上しておらず、他の成人を伴わずに世帯を形成する傾向が増え続けている。労働市場の傾向（収入の相違）と人口動態の傾向（世帯形成の相違）の組み合わせは、世帯における不平等が、所得格差の上昇のみから生じるものよりも、さらに大きいことを意味する。

図2・5は、1980年と2019年の中間層の世帯の所得の変化を、母親の教育水準と家族構成別に示したものだ。パネル（A）は、両親がいる家庭の世帯所得の中央値の変動を示している。このような家庭で母親が大学教育を受けている場合の世帯所得の中央値は、この期間に59％増加した。比較すると、母親が高卒で両親がいる家庭の世帯所得の中央値は8％しか増加せず、高卒未満の母親の場合は14％減少した。家族構成が一定であるにもかかわらず格差があることは、所得格差の拡大を反映しており、このことは公共政策とメディアから大きな注目を集めている。

中央のパネル（B）は、パートナーのいない母親の世帯所得の中央値の変動を表している。大卒でパートナーのいない母親の世帯所得は60％増加しており、これは女性を含む大卒の労働者の増加と同程度の増加だ。このことは、女性を含む大卒の労働者の所得が大きく増加している事実を示している。高卒でパートナーのいない母親の世帯所得の増加はもっと少なく、19％である。高卒未満でパートナーのいない母親の世帯所得は24％増加し、1万7797ドルから2万2000ドルに上昇している。この増加は、福祉改革、勤労所得税額控除の拡大、1990年代の堅調な労働市場に伴うシングルマザーの就業率の上昇を反映している。それでも、このコホートの所得水準は大学教育を受けた母親の所得よりはるかに低く、最近ではさらに低下している。これもまた、大学の学位取得者とそうではない者の間の収入格差の拡大を反映している。

家族構成の条件を取り除いてすべての世帯を合わせると、大学教育を受けていない母親の世帯所得

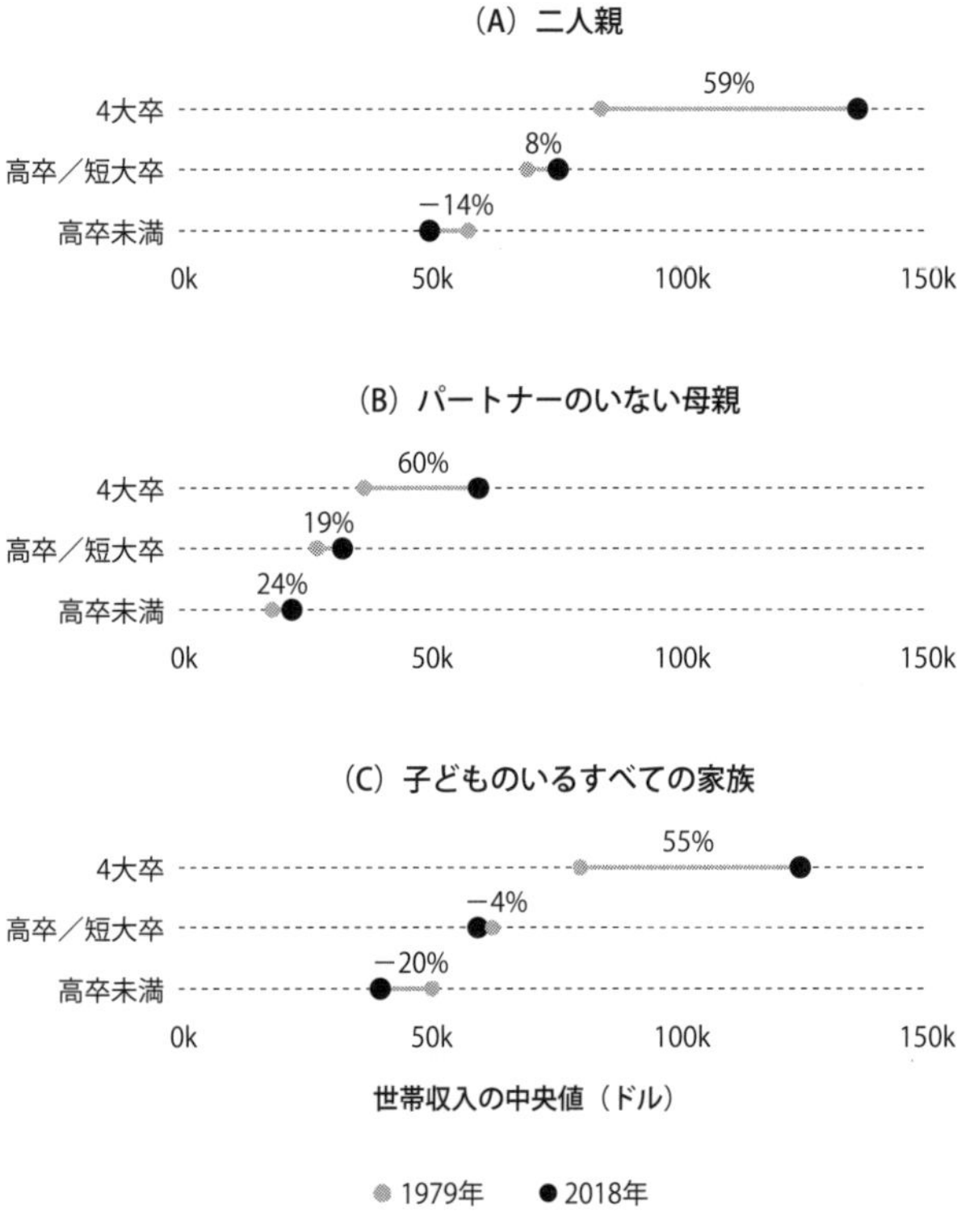

図2.5　1980年と2019年の間の、子どもを持つ家族の世帯所得の中央値の変動、母親の教育水準と家族構成別

注：標本は18歳未満の子どもを持つ母親に限定されている。母親1人につき1つの観測値があり、母親の個別重みによって重み付けされている。

出典：1980年の国勢調査と2019年の米国国勢調査の全米コミュニティ調査を使用した著者の計算。前年の収入が反映されている。収入はすべて2018年の米ドルで報告されている。

は純減していない。この減少は、図2・5の下のパネルに示されている。高卒の母親の世帯所得は4％減少し、高卒未満の母親では20％減少した。なぜだろう？　これらの学歴グループの母親の所得増加が、配偶者やパートナー（つまり別の潜在的な稼ぎ手）が世帯にいない可能性の増加によって相殺されたためだ。二人親の世帯の割合が減少したこと（高卒の母親では81％から67％に、高卒未満の母親では79％から66％に減少）が、大卒ではない母親の世帯所得の中央値の減少につながったのだ。この数字は、家族構成における「大卒格差」が世帯所得の不平等の拡大に大きく寄与していることを示している。

まとめ

結婚している両親と同居する米国の子どもの割合が過去40年間に激減しているが、献身的な未婚の二人親と暮らす子どもの割合の増加には匹敵するものではない。むしろ、母親とだけ暮らす子どもの方がはるかに多い。こうした変化は、4年制大学の学位を持たない母親の子どもに特に顕著である。大学教育を受けた母親を持つ子どものほとんどは、これまでのように結婚している二人親の家庭で育てられている。

さらに、パートナーのいない母親は、概して、2人目の親の不在を他の成人との同居によって埋めることができていない。それでも、1人で子どもを育てる母親は、おそらく自分自身のリソースと家族や友人のネットワークの助けによって、家庭内の他の大人の不在を補うことは可能だ。この章で論じた事実と数字は、米国の子どもの家族構造に劇的な変化があったこと、これらの変化が教育水準の異なるグループ間で一様に起こったわけではないことを明確に示している。次からの章では、これらの変化がなぜ重要なのか、どのような要因がそうさせているのか、影響を受けた子どもについて、変化を逆転させる、または悪影響を軽減するために何ができるのかについて論じる。次章では、家族構造と子どものリソースの関係に焦点を当てる。

第3章　二人親が有利な理由は何か

「片方の親だけで、全部を1人でやっているから」。
——カルティエ・ケアリー（11歳）。寄付を募って、紙オムツその他の消耗品をシングルマザーのために購入した理由をきかれて。[*1]

結婚が子どもの成果に影響を及ぼす？

結婚がなぜ子どもの成果に影響を及ぼすのか？　という疑問については、多くの議論ができるだろう。両親が互いを愛し、困難や意見の相違に直面したときに共同で問題解決をはかる姿を見せることが、子どもにどんな意味を持つのか。親が子どもの手本となり、子どもが成人後に恋愛や人間関係に何を期待するようになるのか。

もちろん、夫婦間の緊張に満ちた家庭で暮らすことが、子どもにどのような意味を持つのかについて話すこともできる。片方または両方の親が不機嫌だったり、虐待したりすることさえある。しかし、私はこういった件について何か目新しいことを言うつもりはない。経済学者として結婚というテーマを扱う上での専門分野ではないからだ。そういった問題の重要性についてはもちろん認識しているし、私生活でも、おそらく同年代の女性の多くと同じように、友人とこういった話題について多くの会話を重ねてきている。しかし経済学者としての私は、制度としての結婚に焦点を当てている。つまり、2人の人間がリソースを結合して共有する長期契約だ。結婚と愛、結婚と幸福についての本を探している人にとって、これはお目当ての本ではない。本書で扱うのは、結婚とリソースについてだ。さあ、その話をしましょう！

二人親の持つリソース

経済的な観点からシンプルに言うと、結婚とは、2人の個人がリソースを共有し、子育て（該当する場合）などの家庭の責任を共有するという長期契約だ。2人は1人よりも大きい。第2章で見たように、親同士の結婚が減少する直接的な結果は、両親がいる家庭で育てられる子どもの数が少なくなることだ。この変化が問題の核心であり、親同士の結婚の減少が子どもに影響を与える理由の鍵である。2人でリソースを共有すれば、1人で持つよりも多くのリソースが蓄積される。子どもを育てるには、お金、時間、感情的なエネルギーなど、多くのリソースが必要なのは、すべての親が認めるところだ。最も基本的なレベルでは、結婚しているカップルに育てられた子どもは、2人の大人のリソースに安定して継続的にアクセスできる。結婚していない親と暮らす子どもは、概して、子ども時代

（リソースが非常に重要になる時期）にアクセスできるリソースが比較的少ない。

結婚をこのようにモデル化すると、少なくとも平均的には、結婚制度が子どもに利益をもたらすことを否定するのは愚かなことに思える。逆にひとり親の家庭で育った子どもが概して相対的に不利になる理由は簡単に見て取れる。バージニア州ハンプトン在住の11歳のカルティエ・ケアリーは、シングルマザーのためのチャリティ・プロジェクトについて、２０２０年のインタビューで「ワシントンポスト」紙に次のように語っている。

「片方の親だけで、全部を１人でやっているから」。

バラク・オバマ大統領も、家族を１人で養うシングルマザーに求められる高潔な努力について同様の見解を示している。２００８年の演説で次のように述べたのだ。

「私たちは、１人で子どもを育てているすべての母親を助ける必要がある。子どもを学校に送り、仕事に行き、午後に迎えに行き、別のシフトをこなし、夕食を取り、ランチを用意し、請求書を支払い、家を修繕し、その他、二人親がやるべきことをすべてこなす母親を。

多くの女性が果敢に働いている。しかし支援が必要だ。彼女たちにはもう１人の親が必要だ。子どもにはもう１人の親が必要だ。それが子どもたちの基盤を頑丈に保つ。そのことが、私たちの国の基盤を頑丈に保つのだ[*2]」。

両親が同居している家庭はリソース面で有利、という一般的な見方は、データによって裏付けられている。明瞭な例を挙げると、２０１９年の米国国勢調査の公式統計から、シングルマザーが世帯主の家庭は、結婚している夫婦が世帯主の家庭よりも貧困に陥る可能性が５倍高く、シングルファーザーが世帯主の家庭は、貧困に陥る可能性がほぼ2倍高い。配偶者のいない女性世帯主の家庭では、貧困に陥る割合は全体で22・2%、配偶者のいない男性世帯主の家庭では11・5%だった。結婚している夫婦の家庭では4・0%である。[*3] この食い違いの一部には、貧困層の成人は高所得の成人よりもひとり親になる可能性が高いという事実が反映されている。しかし、計算はおおむね単純だ。家庭に収入をもたらす大人が2人いれば、家族が貧困になる可能性が低くなるのだ。

二人親家庭のリソース面での優位性は、所得だけにとどまらない。親の時間というリソースについて考えてみよう。データから、同居していない父親は、平均して同居の父親よりも子どもと過ごす時間が少ないことがわかっている。もちろん、同居していない父親の多くは、子どもに経済的な支援を提供し、一緒に時間を過ごしている。同様に、シングルマザーの多くは経済的に安定しており、子どもに物質的に豊かな家庭を提供できている。しかし、ここで話しているのはあくまで「平均」である。そして一般的に、膨大なデータから、両親がいる家庭の子どもは、ひとり親の家庭の子どもよりも高収入の家庭に住み、両親と過ごす時間が多いことがわかっている。リソース面で有利なために、子どもも人生で成功するための機会をより多く得ることができるのだ。

二人親とひとり親の効果を測る

この章では、結婚している母親と結婚していない母親のもとで育った子ども、または二人親家庭とひとり親家庭で育った子どもの将来の違いについてのデータを吟味し、家庭にひとり親ではなくふたりの親がいることの因果効果についてデータが示唆していることに目を向ける。およそどの程度が、子どもの家庭の特徴による因果効果なのか、研究者からは見えないその他の家庭の特徴なのかを正確に断定するのは不可能だが、さまざまな研究が次々に明らかにしているのは、結婚している親がいる家庭では、幼少期の子どもが多くのリソースという形で恩恵を受ける傾向があり、リソースの増加は、より良い機会やより高い教育達成などの成果につながるということだ。次に、親同士の結婚のメリットは文脈によって異なるという議論に移る。具体的には、家庭に第二の親のような存在がいることによる子どもへの潜在的な利益は、母親自身のリソースの程度と、第二の親のような存在が家庭にもたらすもの、そしてどのような成果を望むか（貧困から抜け出すという基本的な目標なのか、大学を卒業するという高度な目標なのか）によって異なる。ここで、多くの読者がすでに次のような疑問を持つはずだ。

「しかし、第二の親が実際に子どもに害を及ぼす場合はどうなる？　または、貢献できる収入がない場合は？」

これは考慮すべき重要な問題であり、この点についても議論する。

データから、結婚している母親と結婚していない母親のもとで育った子どもの成果には、たとえ結婚している母親とそうではない母親が同じ年齢で同じ教育水準であったとしても、かなりの差があることがわかっている。多少の差は、母親の年齢や教育、または調査対象の子どもの成果の内容によって変動する可能性がある。しかし全体的には、パートナーのいない母親が、同居していない父親その他の親族や、政府や地域のプログラムなどからの子育て支援を受けているにもかかわらず、母親のみの家庭で育った子どもは、二人親家庭で育った子どもに比べて相対的に不利であるという傾向が一貫して見られる。すべてではないが、子どもの成果の差は、統計的に見て結婚している両親がいる家庭の所得が高いという事実にも起因している。これは重要なポイントだ。なぜなら政策立案者がシングルマザー家庭の所得を増やすという措置によって差を埋められることを意味するからだ。しかしこれは、政策立案者が政府の支援を大幅に拡大し、ひとり親家庭と二人親家庭の間の所得格差を縮小したとしても、子どもたちの経験と成果には依然として大きな違いが残るであろうことも意味している。

結婚はタスクの専門化を可能にする

経済学的アプローチから結婚について考えるとき、「2人で家事と子どもの世話の責任を共有すると、全体が部分の合計よりも大きくなる」ことを重要視する。基本的に、2人が協力して働いたほうが、2人が別々に働くよりも、家庭と子どものことが多くできるのだ。基本的な発想としては、生産と製造における組立ラインの秀逸さに照らし合わせて考えることができる。製造会社が何らかの製品、たとえば自転車を作るとしよう。1人の作業員が1台の自転車の製造を受け持つと、かなりの時間がかかる。各工程、各部品についての組み立てをすべて学ぶ必要があるからだ。しかし代わりに作業員が組立ライン方式で作業をし、各々が自転車製造の一工程を受け持つようにすれば、各作業員は1つまたは一連のタスクに熟達し、自転車製造プロセスが効率的になる。そして、多くの自転車を短い時間で生産することができる。

同じ考え方が、大人が2人いる家庭に当てはまることは想像に難くない。2人でタスクを専門化することで、家事と育児の全体的なオペレーションをより良く行うのだ。経済学者は、結婚を「比較優位」に基づく専門化が可能な例だと見る。この「結婚における専門化」という概念は、ノーベル賞を受賞した経済学者ゲーリー・ベッカーによって初めて提唱された。ベッカーは1960年代に、結婚によって夫は労働市場の仕事に、妻は家庭での生産と子育てに専門化できると仮定した。[*4] 女性の労働市場における機会の変化と社会規範の進化により、今日では、専門化はかつてのように、市場労働、家庭での生産、育児の面でジェンダーによって明確に分かれてはいない。しかし、結婚における専門化の概念は、今でも多くのカップルに当てはまる。配偶者が各自、比較的得意なタスクに集中することで、効率的に時間を使うことができるのだ。

例の1つとして、私の結婚生活では、夫も私も外で働いていて、家事と育児の責任を分担している。そして、全体のタスクの中でそれぞれが専門分野を持っている。たとえば、私は計画と整理整頓が得意だ。だから通常は、子どもたちの予定やアクティビティを管理して、食事の計画と食料品の買い物を担当している。夫と子どもたちは私に何かがどこにあるのかを頻繁にたずねるので、家の中で私が最も「比較優位」なことは、モノの場所を教えてあげられることだと思う時もある。一方、夫は車と家のメンテナンス、健康保険その他の請求書の管理を担当している。また、子どもたちに字の読み方を教えることも率先して行っている。何年もやっているうちに、私たちはどちらも専門分野のタスクをさらに効率的にこなせるようになった。健康保険の問題に対処するのに夫が要する時間は、私よりもはるかに短い。同様に、私は夫が費やすであろう時間の4分の1の時間で、毎週の買い物リストを作成し、スーパーの売り場で品物を探すことができる（スーパーで男性が電話で「どれを買えばいい？」と確認したり、「あれがないから、代わりに何を買えばいい？」と具体的に質問したりしているのをしょっちゅう目にするので、カップルの間ではこのような分担が一般的であるように思う）。もしも私がパートナーのいない母親だったり、彼がパートナーのいない父親だったりしたら、2人でこなす作業を私1人（または彼1人）の時間内で個別にこなさなければならない。するとどちらも、こまごまとしたタスクに集中することも、スキルアップすることもできないだろう。

経済学者は、この専門化と取り決めについて、洗練された数式を使って説明しているが、私が思うに、この考え方のベースは、ほとんどの読者にとって直感的で馴染み深いものだろう。ポイントは、結婚している両親が行う専門化は、ひとり親世帯と比べて、二人親の世帯の相対的なリソースをさらに増加させるということだ。

家族構成と子どもの成果についての研究

家族構成と子どもの成果に関する研究は膨大にあり、通常は母親の婚姻状況の違い、つまり結婚している母親の子どもと結婚していない母親の子どもの経験の違いを中心に行われている。この焦点の当て方は、大規模なデータセットと調査では、家族構成を非常に小さな一連の（結婚に基づく）カテゴリーに分類する傾向があるという事実の反映でもある。ひとり親世帯と二人親世帯の違いをテーマにする本では、母親の婚姻状況と家庭内の親の人数の間には極めて強い重なりがあることを指摘しておくことが重要だ。同棲が一般的になったため、以前ほどは母親の婚姻状況が家庭内に父親的な存在がいるかどうかを予測するものではなくなった。しかし第2章で見たように、母親の婚姻状況と家庭内の親の人数の間には、依然として極めて強い統計的な関連がある。このことは、私が紹介する研究の多くがひとり親世帯ではなくシングルマザーを中心に構成されている理由を説明するものだ。

米国の貧困を研究する学者たちは、アメリカにおけるシングルマザー（通常は婚姻状況によって定義される）と貧困との実証された関連性について、広範囲にわたって執筆してきた。その筆頭が、比類なき社会学者サラ・マクラナハン（彼女の研究については第2章で「脆弱な家庭と子どもの幸福度調査（FFCWS）」に関連して言及した）だ。マクラナハンが1986年に経済学者で社会福祉学者のアーウィン・ガーフィンケルと共著した著書『シングルマザーとその子どもたち：新たなアメリカのジレンマ』[*5]は、悩ましい社会問題の実証研究における画期的かつ初期の金字塔として、1960年から1980年にかけてのシングルマザー世帯の増加が、同時に起こった子どもの貧困の増加の一因であった、という説得力のある記述的事例をデータを通じて示している。

マクラナハンとガーフィンケルは、シングルマザーが世帯主である割合が、白人家庭では1960年の約5％から1980年には10％以上に増加し、黒人家庭では1960年の約20％から1980年には45％以上に増加したことを見出した。この1986年の書籍の結論は不快なものだった。シングルマザーが世帯主の家庭の子どもは、明らかに不利な立場にあるというのだ。不利な立場は、一度も結婚していない女性に育てられた子どもと離婚した女性に育てられた子どものどちらにおいても明らかだった。記述的に言えば、離婚すると子どもの状況が悪くなる傾向があり、その主な理由は、離婚後に世帯収入が急激に減少し、家庭の収入の低さが子どもの状況の悪化につながることだった。

マクラナハンは、続編となる1994年の社会学者ゲーリー・サンデファーとの共著『ひとり親のもとで育つ』で、複数の大規模で全国的な代表的データソースから再びデータを集め、家族構造と子どもの将来との関連をさらに深く掘り下げている。[*6] 研究から、ひとり親の家庭で育った白人と黒人の子どもは、結婚している両親のいる家庭で育った子どもに比べて、10代で母親になる・高校を中退する・加えて／または20代前半に学校に通わず仕事もしていない可能性が高いことが示されている。

家族構成の因果効果

マクラナハンの1994年の著書が発表されて以来、他の学者たちも、子どもの成果を形成する家族構成の役割について研究し、執筆してきた。最近の研究の多くは、子どもの成果と家族構成の相関関係から家族構成の**因果効果**を切り離すことに焦点を当てている。研究者は、家族構成による成果の違いが——因果関係の意味で——他の関連要因または因子群ではなく、家族構成または両親の婚姻状態にどの程度起因するかの特定に取り組んできた。たとえば、結婚していない母親は結婚している母親よりも、10代で子どもを産み始める確率が統計的に高いことが示されている。しかし、彼女の子どもの人生に影響を及ぼす不利な状況の主な一因、つまり原因となるのは、非常に若くして子どもを持ったことなのだろうか、それとも彼女の家庭にパートナーがいないことなのだろうか？　現在、学者たちの研究の多くは、統計的アプローチを用いて、家族構造の影響からこのタイプの交絡因子のそれぞれの役割を解析する試みに重点を置いている。

社会科学者が所与の要因の因果関係を特定するための黄金律の研究手法が**ランダム化比較試験**（RCT）である。RCTでは、一部の人が政策改革または介入を受け、それ以外の人は受けないようにランダムな割り当てによって設定される。この手法により、研究者は2つのグループの結果を比較して、政策または介入による差異であることを浮き彫りにできるのだ。明らかに、これは家族構造が子どもの将来に与える影響を調べるには実行可能な手法ではない。研究のために、子どもを二人親やひとり親と暮らすようにランダムに割り当てることは決してできないからだ。実際には、「ランダムに匹敵する」状況を作り出すこと、つまり研究対象の1つの要因のみに状況が影響を受け、複数の要因が同時に影響するのではない複数の家族を見つけることは困難だ。たとえば、親の1人が亡くなると、子どもには片方の親しか残らなくなり、場合によってはランダムとみなされるかもしれないが、親の死は、子どもから2人目の親のリソースを奪う以上の影響を与えるのは明らかだ。これは多くの面で子どもに（残された親にも）影響を与えるトラウマ的な出来事であり、中には研究者には計り知れない、または観察できない部分も含まれている。

手法にこうした制約があるため、社会科学者が、家庭に親が1人いる場合と2人いる場合の違いが、子どもの成果の違いにつながると断定するのは、（教育水準や雇用への執着、性格特性など、結婚して婚姻を継続するタイプの親についての関連要因とは対照的に）非常に難しい。研究者がこうした課題への対処するための有望なアプローチの1つが、縦断的データセットのデータを用いることだ。同じ子どもと家族を長期間追跡し、家族構成の変化前と変化後の子どもの成果を比較して、子どもの家族構成の変化と成果をより直接的に結び付ける。もう1つのアプローチは、縦断的データを用いた「兄弟姉妹の比較」であり、同じ家族内で、ひとり親家庭または二人親家庭で過ごした年数がより長いか短いか、あるいは子ども時代の異なる時期をひとり親家庭または二人親の家庭で過ごした兄弟姉妹の成果を比較する。兄弟姉妹の比較の利点は、観察されない根本的な違いも多いとはいえ、同じ母親を持ち、遺伝子プールが重複しているため、結果を形作る多くの重要な特性が、統計分析の用語で言うと「一定に保たれる」ことだ。

効果を生むメカニズム

また、家族構造によって結果に違いが生じる正確なメカニズムを特定するという課題もある。研究対象の結果に違いを生み出すものを「媒介要因」と呼ぶ。二人親家庭では、ひとり親の家庭と比較して多くのことが異なる。二番目の親がいるということは、通常、収入レベルが高く、高収入に関連した利点として、より安全な地域の住居、より良い学校、より健康的な食事、充実したアクティビティや旅行などをお金で買うことができることを意味する。また、2人目の親がいるということは、基本的な世話（幼い子どもに食事を与え服を着せるなど）、教育時間（子どもに読み聞かせをしたり宿題を手伝ったりするなど）、移動時間（スポーツの練習や音楽のレッスンに車で送迎するなど）、または余暇や楽しみを共に過ごす時間など、子どもに時間を割いてくれる別の大人がいることを意味する。

二人親が家庭にいると子どもの成果が良くなる理由を特定できたとして――たとえば、親が1人の場合よりも収入が多い、二人親は総じて子どもの教育や見守りに多くの時間を費やせるなど――それは、家族構成が重要だという意味ではない。むしろ、結婚している両親や二人親がいる家庭の子どもが、人生において教育的、経済的、社会的に良い成果を収める傾向があるのは、二人親の家庭の方が子どもに何かを容易に提供できるから、という意味だ。

違いを生み出すメカニズムを理解することが極めて重要であるのは、1つには、問題解決や格差縮小の方向性を左右するからだ。たとえば、家族構成による成果の格差が統計的に所得の違いで説明できるなら、シングルマザー家庭への所得補助を増やすことで、こうした家庭の子どもの相対的な不利を軽減できる。格差が統計的に父親の関与や親と過ごす時間の違いで説明できる場合、非同居の父親の子どもの生活への関与を増やす（もちろん前向きな方法で）か、他の大人のロールモデルやメンターが前向きに関わる時間を促進することが、成果の格差縮小の一助になる可能性がある。

最新の研究（その多くは高度な統計手法を取り入れている）では、シングルマザー家庭で育った子どもは、目に見える人口統計的特徴（たとえば、家族の居住地や母親の教育水準）を統計的に考慮した後でも、教育修了レベルや成人後の収入レベルが低い傾向があることが引き続き示されている。この格差のメカニズムを特定する試みにおいて、エビデンスが示すのは、幼少期の世帯収入は成果の格差の重要な要因であるが、唯一の要因ではないことだ。この研究文献の全体の内容が膨大すぎるので、分量が多く、まとめるのは難しい。しかし、次のパラグラフの要約が最良かと思われる。包括的な文献レビューを提供するつもりはないので、研究者はがっかりするだろうが、読者のほとんどには安心できる内容になるだろうと思う。

複数の社会科学者が、長期間にわたって調査対象者を追跡する縦断的データを使い、収入動態に関するパネル調査（ＰＳＩＤ）から、子どもの幼少期から成人期までの成果を追跡している。ＰＳＩＤは世界で最も長く続いている縦断的世帯調査で、1968年に、米国の5000世帯に住む1万8000人以上を全国代表のサンプルとして開始された。調査実施者は、ミシガン大学の研究者の指揮の下、このサンプルとその子どもに関する詳細な情報として、雇用、所得、富、支出、健康、結婚、出産、子どもの発達、教育、その他多数のトピックに関するデータを収集している。

このデータを用いた、2014年に発表された研究では、おそらくほとんどの人の直感に沿った結果が得られている。それは、シングルマザーの家庭で育った子どもは、両親の婚姻関係が継続している家庭で育った子どもよりも、幼少期の世帯所得が低いということだ。この傾向は、子どもの性別、人種、出生順位、最初の出産時の母親の年齢、母親の教育水準を、研究者が統計的に調整した後でも変わらなかった。また、子どもの誕生後に母親が結婚した子どもや、出産時に結婚していたがその後離婚した子どもと比べて、結婚経験のない母親の子どもの方が幼少期の収入不足が大きくなった。

同じ研究で、子どもが年齢を重ねて成人した時の成果を見ると、結婚したことのない母親の子どもは、結婚を継続している親の子どもよりも成人後の収入が大幅に低いことが示されている（これも人口統計的特性を調整）。子どもの頃に婚姻関係が変わった母親（未婚から既婚、または既婚から離婚）の子どもについても、人口統計的特性に基づくわずかな違いはあるものの、成人後の収入が低くなっていた。この研究が示すのは、子どもの頃の経済的リソースが少ないことが、結婚したことのない母親と結婚を継続している親の子どもの成人後の教育および収入の格差の多くを統計的に説明できるということだ。ただし、子どもの頃の収入の差は、統計的に、離婚した母親と結婚を継続している親の子どもの成果の格差を説明していない。おそらく結婚の解消が世帯収入の減少以外に子どもに悪影響を及ぼしていると考えられる。[*7]

離婚が与える影響

離婚が子どもの成果にどのような影響を与えるかという疑問に対して、離婚が子どもの幸福に与える影響を研究してきた学者たちは、一般的に、両親の離婚を経験した子どもは、両親が一緒にいる子どもに比べて、感情的および行動上の問題を示すことが多いことを見出している。MITの経済学者ジョナサン・グルーバーによる2004年の研究では、無責離婚法（一方の配偶者がもう一方の配偶者の同意なしに結婚を終わらせることを認める州法で、1970年代に一般的になり、米国での離婚件数の相当の増加につながった）を中心とした研究を設計することで、因果関係を特定した。[*8] 60年代、70年、80年と90年の米国国勢調査（つまり法律の施行前と施行後）のデータを用いて、グルーバーは、この法改正によって離婚が増え、子どもの成果の悪化という影響があったことを見出した。つまり、親の離婚率が上昇した結果、無責離婚法が施行されていない地域に住む類似の環境にある子どもと比較して、子どもの教育水準と収入レベルが低く、婚姻関係の変動（結婚と離別の両方）が大きくなったのだ。グルーバーの分析結果は、離婚が子どもの長期的な成果に悪影響を及ぼすことと一致している（ただし、明確にしておくと、法律によって可能になった離婚の増加が子どもに悪影響を及ぼしたという調査結果は、あらゆることを考慮しても、無責離婚法が社会的に有益ではない、または望ましくないことを意味するわけではない。有害な結婚を容易に終わらせられる大人へのメリットがあった可能性が高い）。[*9] 他の研究では、両親の離婚は、子どもがその後に貧困に陥る可能性と因果関係があることを示している。[*10] 離婚後の世帯収入の減少が、離婚が概して子どもにとって不利な点の1つであることは明らかだ。

家族構成の様々な効果

家族構成をもっと一般的に見る縦断的研究に戻ろう。マクロ経済学の専門誌に掲載された2022年の研究論文では、やはりPSIDのデータを用い、子どもの教育達成を形作る上で、家族構成が時間の経過とともに重要になると述べている。[*11] この研究は、子どもが片方の親と暮らすか両親と暮らすかは、世帯所得を含む他の多くの個人要因と家族要因を統計的に制御した後でも、大学卒業の重要な予測因子であると示している。研究はさらに、他の変数を一定に保ったまま、1995年から2005年の間に28歳になった個人と比較して、2006年から2015年の間に28歳になった個人の方が、二人親かひとり親の予測力が（統計的な意味で）高いことも示している。大学卒業率を決定する上で幼少期の環境が持つ重要性は非常に大きく、研究者らが実施した政策シミュレーションでは、ひとり親家庭への大学進学前の補助投資が、授業料補助や現金給付などの代替介入よりも、大学卒業率や生涯収入に大きな影響を与えることが示唆された。

2009年に経済学者チームが実施した研究では、1997年の全国青少年縦断調査（NLSY）が用いられた。12歳から16歳の約9000人を長期にわたって追跡した、全国規模の詳細な縦断調査である。[*12] 研究では、家族構成が変化する前と後の子どもの成果を比較し、同じ年齢で異なる家族構成を経験した兄弟姉妹間の成果を比較して、家族構成と子どもの若年成人期の成果との関係を分離した。NLSYの研究からわかったのは、実の両親が家にいない状態で育つと、教育達成度が低くなり、若年成人期に未婚の親になったり投獄されたりする割合が高くなることだ。とりわけ、若い黒人男性の雇用と投獄について、シングルマザーのもとで育ったことに強い影響があった（この痛々しい問題については、第6章でさらに詳しく説明する。第6章では、父親が家にいないことが本質的に異なる影響を男子の成果に及ぼすことに関する最近のエビデンスを紹介する）。これらの統計分析から、シングルマザー家庭、特に未婚の母親が世帯主である家庭の所得が低いことが、家族構成と若年成人期の成果の間に観察される関連の一部（すべてではない）を説明することがわかる。所得は重要な媒介因子ではあるが唯一の媒介因子ではないという結論は、マクラナハンとサンデファーが1994年の研究で見出したことや、私が独自の研究で見出したことと一致している。

父親が子どもの家にいないことは、明らかに子どもの成果に直接的に影響する。それは単に親の収入を失うからだけではない。父親による非金銭的な関与が子どもの成果に良い影響を与えるという研究結果があるのだ。初期のNLSY（1979年コホート）のデータを用いた2006年の研究では、子どもの人種や民族、母親の学歴や初産年齢などの個人的特徴を考慮した後でも、シングルマザー家庭の子どもは両親がいる家庭の子どもよりも〔金銭に関わらない〕行動成果が悪いことが判明した。[*13] 研究では、父親の関与のレベルが低いことが、格差の一部を統計的に説明できると結論付けている。同じ研究で、シングルマザー家庭の子どもとそれ以外の同様の環境の子どもの行動成果の格差は、別居中の父親の関与が高いほど小さくなった。父親が家にいないことの因果関係に関する学術研究の2013年の包括的なレビューでは、父親の不在は、特に喧嘩やいじめなど、外向きの破壊的、有害、または問題行動と定義される外向的行動の増加によって、子どもの社会的・感情的発達に負の因果関係があると結論づけられた[*14]（繰り返しになるが、父親が子どもの成果、特に男子に及ぼす重要性については、後の章で再び取り上げる）。

多くの研究で、因果関係を分離するために統計的な調整が行われている。しかし、異なる家族構造の子どもに見られるさまざまな違いに因果関係の解釈を割り当てることについては、依然として慎重になる必要がある。前に述べたように、家族構造と親同士の関係性はランダムに割り当てられるわけではない。つまり、安易に研究ができる設計ではないのだ。たとえ研究者が、データで観察できる交絡因子の可能性があるあらゆることを統計的に考慮する措置を講じたとしても、ひとり親について観察されていない何か、研究者がデータで確認できない何かがあり、それがたとえ結婚していたとしても子育てに不向きな原因となり、子どもの成果が両親が結婚している子どもよりも劣ってしまう可能性が依然としてある。しかしある時点で（研究の蓄積を考えると、その時点はもう過ぎていると私は考える）、「エビデンスに十分な重みがあるため、たとえシングルと結婚している親との間に観察できない違いがいくつかあったとしても、データが示すことは歴然としている」という最も合理的な結論を導きだすことができる。つまり、家庭に第二の親がおり、その第二の親がもたらす追加のリソース（お金、時間など）を持つことは、概して子どもの成果にプラスに働くということだ。

二人親とひとり親の効果の差

本書の冒頭で、ある会議での出来事を書いた。私は、大勢の経済学者と政策学者が集う会場で、所得格差と社会的流動性についての話の中で、家族構造における階級格差という話題を取り上げ、グループミーティングの終了後に、ホテルのロビーで、探りを入れる経済学者と一対一で話したのだ。その日の夜から数日間、私は会話を振り返り、彼の質問を退けるのが早すぎたことに気が付いた。あのとき私は、「高収入の親の離婚や未婚の子どもの育ちについては心配していない——私が気にかけているのは、低収入のひとり親家庭で育つ子どもだ」と言った。確かに、これは私が最も気がかりな問題だ。しかし、高いレベルのリソースを持つ人にとって、家族構成はやはり重要なのか、あるいは、どのように重要なのか、という点も気になる。もしも、パートナーのいない母親が十分な教育を受けており、十分なリソースを持っている場合、その子どもは、同等だが結婚している女性の子どもと同じくらい出来が良いのだろうか？　私は、シングルマザーと貧困の関連性についての研究論文を数えきれないほど読んでおり、そのうちのいくつかを本書で紹介した。しかし、先ほどの経済学者との会話の後に気づいたのは、多くのリソースを持ち貧困に陥る危険のない母親が、結婚せずに出産したりパートナーのいない母親として子育てをすることについて、データが何を語るのかを実際によくわかっていないということだった。確かに、結婚せずに子どもを持つことは、高校卒業資格のない19歳の女性と、大学に通った25歳の女性、または大学を卒業した35歳の女性とでは、意味合いが異なる。結婚のメリット、もっと正確に言えば、家庭に第二の親がいる子どものメリットは、母親の状況によって異なるのではないだろうか？

私は、頻繁に共同研究を行っているウェルズリー大学の経済学教授フィル・レヴァインに電話をかけ、さまざまなタイプの母親に結婚がもたらす「異質な」（経済学用語で「異なる」または「多様な」）メリットに関する研究を何か知らないかと尋ねた。私たちは予測のつく影響について話し合い、このテーマに関する既存の研究を探したが、私たちの疑問に直接答えてくれる研究は見つからなかった。そこで、経済学者の友人が会合でやりそうなことを実行した。1つのモデル（つまり、仮説関係を反映する数式）を書き、次に、それらの関係を推定し、入手可能であろうデータを用いて疑問を調査するための大まかな手順を作ったのだ。

私たちはまずシンプルな仮説を立てた。結婚による（子どもにとっての）利益は、（1）母親の個人的なリソースと、（2）パートナー／父親が家庭にもたらす追加的なリソース、（3）パートナーの追加的のリソースに対するリターンに依存するというものだ。私たちは「リソース」という用語を使って、親の収入、富、時間、感情的エネルギーなど、広く子育て関連のリソースを指した。私たちの仮説の三番目、つまりリソースに対するリターンは、入力《インプット》を出力《アウトプット》に変える「生産関数」の考え方に沿っている。子育てを自動車工場の説明と同じ用語で考えることに慣れない人には、奇妙な概念に感じるかもしれない。次のように考えてみよう。あなたは子どもと一緒に時間を過ごし、子どもに本を読み聞かせ、本を買ってあげ、教育体験や充実した活動にお金を払う。そういった、子どもに注ぐ時間とお金とエネルギーが、リソースの入力《インプット》だ。そして、お子さんの成果（教育水準や最終的な収入など）は、出力《アウトプット》、つまり成果である。この関係における「生産関数」（ここでは子どもの発達プロセス）は、すべての入力《インプット》を取りこんで、最終的に成果を生み出す。入力《インプット》の内容と関わり方の違いにより、「異質な結婚プレミアム」、つまり結婚した両親を持つことによるさまざまなレベルの利益が生み出される。私たちは「子どもの結婚プレミアム」という用語を、結婚している両親から生まれた子どもとシングルマザーから生まれた子どもの成果の違いを簡潔に表すために使用した。[*15]

子どもの結婚プレミアム

例を挙げると、一部の女性にとって、パートナーの追加的な貢献は、特定の結果を変えるのに十分ではない。貢献度が低すぎるのだ。10代の母親が子どもの父親と結婚したとしても、低いリソースを合算しただけでは、子どもを貧困から守ったり、高校を卒業させたりするのに十分ではないかもしれない。対照的に、専門職に就く女性は、自分のリソースだけで子どもを貧困から守ったり、高校を卒業させることができたりする可能性が高くなる。収入が限られている女性と高収入の女性の両方にとって、配偶者が家に加わっても、子どもが貧困に陥ったり高校を卒業したりする確率にさほど影響はない。つまり、「子どもの結婚プレミアム」は低い。対照的に、並のリソースを持つ母親と並の（しかしプラスの）収入がある男性との結婚は、子どもの人生に大きな違いをもたらすのに十分なリソースの増加をもたらす可能性がある。つまり、「子どもの結婚プレミアム」が高くなるのだ。

この考えを検証するために、レヴァインと私はＰＳＩＤ（前述の全国的代表縦断データセット）から子どもと家族に関するデータを使用した。出生時の母親の婚姻状況に基づいて子どもを分類したところ、これが子どもが幼少期に経験する家族構成をかなり正確に予測するものであることが判明した。データから、結婚している両親のもとに生まれた子どもの75％は、14歳の時点で依然として結婚している両親と暮らしていた。シングルマザーのもとに生まれた子どもの65％は14歳の時点で依然として母親だけと暮らしていた。データから明らかになったのは、結婚していない母親は、結婚している母親が第一子を出産した年齢よりも若く、教育水準が低く、世帯収入が低いことだった。また、結婚していない母親が第一子を出産した平均年齢は23・7歳であるのに対し、結婚している母親は29・8歳だった。結婚していない母親の平均教育年数は12・8年であるのに対し、既婚の母親は14・6年だった。母親が第一子を出産時の世帯収入の中央値は、結婚している母親がしていない母親の2倍であり、7万3255ドルと3万1329ドルだった（2013年のドル換算）。

データはまた、幼少期の世帯収入に劇的な格差があることも示している。結婚していない母親から生まれた子どもの幼少期の家族収入の平均は3万5430ドルであるのに対し、結婚している母親のほうはは8万2454ドル（これも2013年のドル換算）。また、シングルマザーから生まれた子どもは、人生のかなり長い期間を貧困の中で過ごしており、36・4％が児童期に貧困を経験しているのに対し、結婚している母親から生まれた子どもは8・6％だった。[*16]

次に、結婚している母親と結婚していない母親の子どもについて、次の4つの成果に注目した。（1）25歳までに貧困から抜け出す、（2）20歳までに高校を卒業する、（3）25歳までに世帯収入が貧困ラインの400％以上になる（高収入を示す）、（4）25歳までに大学を卒業する、ことである。私たちは、高校を卒業し、貧困から抜け出すことを「基礎的な成果」と呼ぶことにした。おしなべて大半の人が達成する基本的な成果である。そして対照的に、大学を卒業し、高収入を得ることを「高度な成果」と呼んだ。これは、比較的達成が難しく、大人になって達成できる子どもは少ない。このラベル付けによって、達成しやすい成果と達成しにくい成果を簡単に区別できるようになった（今思えば、「容易な成果」と「難しい成果」でよかったかもしれない）。

異なる「結婚プレミアム」

私たちは、「結婚プレミアム」は、「基礎的な成果」と「高度な成果」で異なるパターンになると予想した。私たちが提案した「結婚プレミアム」を左右する主な3つの要因を思い出してほしい。（1）母親自身のリソースのレベル、（2）結婚している場合に父親が家庭にもたらすリソース、（3）これらのリソースのリターン（つまり、家庭内のリソースが子どもの成果にどのように変換されるか）である。ロジックとしては、「基礎的な成果」については、結婚のメリットが中程度のリソースを持つ母親にとって最大になる。貧困から抜け出して子どもが高校を卒業する、といった基礎的なマイルストーンの閾値を超えるのに、母親はそれほど多くのリソースを必要としない。高卒の若いシングルマザーは、ハードルを自力でクリアするのに十分なリソースを持っていないかもしれないが、似たような状況にある配偶者が家にいれば、子どもが高校を卒業し、若い成人として貧困を回避するのに十分な賃金を稼げるようになるには足りるかもしれない。一方、年齢が高く大学教育を受けたシングルマザーは、十分な資金を自分で確保して子どもを育て、高校を卒業させて貧困を回避できる可能性が高い。「基礎的な成果」に関しては、最もリソースの高い母親にとって、大きな「結婚プレミアム」はないだろう。

「高度な成果」に関しては、比較的リソースに恵まれた母親にとって、結婚の見返りはおそらく最大になる。大学修了という「高度な成果」について考えてみよう。低所得世帯の子どもの大学修了率はかなり低いが、家族収入とともに上昇する。[*17] 若く教育水準の低い母親とそのパートナーは、たとえ合算しても、高確率で子どもが大学を卒業する可能性を得るだけのリソースには届かないかもしれない。一般的に、子どもが大学を卒業し、若年成人として高収入を得るという高い成果を生み出す可能性の高い環境と機会を作り出すには、十分なリソースを持つ二人親のリソースを組み合わせる必要がある。つまり、大学修了という成果の格差は、リソース力の高い母親の子どもの間で最も大きくなることを意味する。若くて教育水準の低い母親から生まれた子どもの大多数は、親が結婚しているかどうかに関係なく、大学を卒業できないからだ。

データのパターンはこれらの予測と一致している。高校を卒業し、25歳で貧困から抜け出すという「基礎的な成果」については、「結婚プレミアム」（結婚している母親と結婚していない母親から生まれた子どもの成果の差）が最も小さいのは、最も若くて教育水準の低い母親と、最も年上で教育水準の高い母親である。言い換えれば、結婚によって得られる潜在的なリソースの利益は、「子どもが高校を卒業する、貧困を回避する、高校を修了する確率を大幅に高める」には、低い側では十分ではなく、高い側では不要なのだ。結婚プレミアムは、母親の年齢と学歴分布の真ん中で最大になる。20代前半から半ばの母親と高卒の母親の場合、結婚が、この2つの成果の最大の差に関連しているのだ。

25歳の時点で大学を卒業し高収入を得ているという「高度な成果」についての「結婚プレミアム」は、母親の年齢と教育水準が上がるにつれて、着実に増加すると判明した。これは私たちのモデルの予測とも一致している。達成困難な成果を得ることに関しては、母親の年齢と教育水準が上がるにつれて、結婚との関連付けが大きくなるのだ。結婚している両親の存在は、社会での最大限に重要な節目の多くに直結するルートなのだ。

世帯所得以外にもあるプレミアム

このパターンを示したのが表３・１「子どもの学歴、子どもの出生時の母親の婚姻状況と教育水準別」である[*18]（データに他の調整を行っていない未加工の数字である）。「結婚プレミアム」（母親の婚姻状況に基づく、20歳までに高校卒業資格を持つ子どもの割合の差）は、高校卒業資格を持つ母親の子どもと短大の母親の子どもとの間で最大で、それぞれ９・３％ポイントと７・７％ポイントである。差が最も小さいのは、高校卒業資格を持たない母親の子どもと大学卒業資格を持つ母親の子どもだ。差が小さい理由は、１つには、高校中退者の子どもは、両親が結婚している子どもであっても高校未修了率が高いため。もう１つには、大学教育を受けた母親の子どもは、母親が未婚であっても高校未修了率が非常に低いためだ。たとえば、大学教育を受けた未婚の母親の子どものうち、88・８％が20歳までに高校卒業資格を取得している。これは、高校卒業資格がない既婚の母親の子どものうち、20歳までに高校卒業資格を取得している子どもの割合である73・６％よりも高い数字だ。この比較は、結婚の有無にかかわらず、母親自身の教育水準が、子どもの学歴を予測する上でいかに重要であるかを浮き彫りにしている。

結婚していない母親と結婚している母親の子どもの大学修了率を、母親の教育水準別に見ると、高校修了率とはまったくパターンが異なっているのがわかる。高校卒業資格のない母親の子どものうち、母親の婚姻状況に関係なく大学を卒業する子どもは非常に少なく、結婚している母親の子どものうち25歳までに大学卒業資格を持つ子どもはわずか７・４％、結婚していない母親の子どもは４・９％である。どちらの割合も非常に低く、「結婚プレミアム」が非常に低いことを意味する。しかし、大学

表 3.1　子どもの学歴、子どもの出生時の母親の婚姻状況と教育水準別

母親の教育水準	結婚している母親	結婚していない母親	差（「結婚プレミアム」）
20歳までに高校卒業資格を持つ子どものパーセンテージ			
高卒未満	73.6	67.9	5.6
高卒	87.7	78.5	9.3
短大	90.7	82.9	7.7
4年制大学卒	93.0	88.0	4.2
25歳までに4年制大学の学位を持つ子どものパーセンテージ			
高卒未満	7.4	4.9	2.5
高卒	18.0	4.8	13.2
短大卒	31.1	13.8	17.3
4年制大学卒	57.0	28.6	28.4

注：PSIDで1960年から1989年の間に生まれた子どもについて。各データは、成果が観察された年の子どもの個人レベルのPSID標本重みによって重み付けされる。

の学位を持つ母親の子どものうち、結婚している母親の子どもの57・0％、結婚していない母親の子どもの28・6％が25歳までに大学の学位を取得している。28・4％ポイントという大きな差が見られるのだ。

表3・1に報告されている数字は、条件付けなしの差、つまり出生時の「母親の婚姻状況」と「母親の教育水準」という2つの変数のみで集計された差異であり、他の相関要因は考慮されていない。私たちの学術研究では、子どもの年齢、人種、民族、出生年を調整した後に、2つの「基礎的な成果」と2つの「高度な成果」について、母親の婚姻状況による成果の差異を報告している。条件付けなしの差異に基づく上記のパターン

は、調整された差異についてのさらに詳細な成果にも見られる。その分析からさらに明らかになったのは、出生時の世帯所得は成果の差異の原因の一部にすぎないことだ。世帯所得を（人口統計的要因に加えて）統計的に調整しても、成果にはかなりの差が残る。世帯所得が5万ドルの両親がいる家庭で生まれた子どもは、同じ収入を得ているひとり親家庭に生まれた子どもよりも、平均的に成果が良いのだ。

「世帯所得は、ひとり親家庭と親が結婚している家庭の子どもの成果の違いに寄与する重要な要因ではあるが、唯一の要因ではない」という結果は、上記で引用した研究など複数の研究結果と一致している。子どもが、親が結婚している家庭で暮らすことで恩恵を受けるメカニズムは、収入以外にもさまざまに存在する可能性があるのだ。たとえば、二人親家庭では、親が子育てに費やす時間とエネルギーが多いかもしれない。さらに、低所得とひとり親家庭であることは、子どもの発達に直接悪影響を及ぼす他のストレス要因（不安定な居住環境、母親のストレス、子育てに前向きではない、など）と関連付けられることが多い。第5章と第6章では、こういった問題をさらに深く掘り下げる。

プレミアムが大きいのはどの階層か

この議論から得られる重要なポイントは、子どものためのいわゆる「結婚プレミアム」は、リソースの状況に大きく左右されるということだ。子どもの観点から、「結婚による利益」が最大なのは、成果の内容にもよるが、年齢がやや高く、教育水準の中間または上位層にいる母親である。第2章で見たように、ここ数十年でシングルマザーによる出産と子育てが最も増加したのは、この人口統計的グループ、つまり高卒または短大の女性である。

状況によって影響が異なるという点に関連して、社会学者クリスティーナ・クロスによる2020年の研究では、PSIDデータを用いて、黒人、白人、ヒスパニックの子どもの家族構成と学歴の差異の関係について調べている。[*19] クロスは、子ども時代の長期を血のつながった両親がいない家庭で過ごすことと高校を卒業する可能性との間の負の相関関係は、黒人の子どもよりも白人とヒスパニックの子どもの方が強いと記している。また、その差異の一部は、人種や民族グループ間の母親の学歴とシングルマザーの年齢の違いによって統計的に説明できるという。この解釈は、私が先に説明したモデルの結果と一致する。「結婚プレミアム」の大きさは、母親の特徴と、二番目の親が家庭にもたらすリソースのレベルに依存するのだ。

このような情報から、重要な点がひとつ浮かび上がる。この課題に対処するための浅はかな結論は、「単純に、結婚する親が増えるべき」となりそうなのだ。そうかもしれないし、違うかもしれない。その答えを残酷なまでに左右するのは、なぜ、この数十年これほど多くの親が結婚しない選択をしているのか、である。結婚の減少と未婚の出産の増加が、男性（および父親）の経済的地位の低下を反映している限り、ここ数十年の父親が家庭にもたらすリソースは、以前の数十年よりも少ないはずだ。第4章の議論の前提として、問題の少なくとも一部はそこにある。冷酷な言葉を使うと、「大学教育を受けていない男性の経済的魅力が低下した」のだ。この低下は根本的な問題の一部だ。つまり、婚姻率を上げる魔法の杖を振ったとしても、世帯のリソースにおける階級格差は残る。もちろん、ほとんどの人は、そもそも魔法の杖を振ろうとは思わない。理想は、結婚減少の根本的な原因に対処し、結婚を選択する親を増やし、結婚（つまり、リソースをプールして、家事と子育ての責任を共有する長期契約）が子どもたちに利益をもたらすようにすることだ。

様々な家族形態の効果

リソースに重点が置かれていることから、当然の疑問がいくつか浮かび上がる。

・第一に、カップルは、子どもに制度にまつわる恩恵をもたらすために、正式に結婚している必要があるのか？
・第二に、再婚やステップファミリー（夫婦の一方あるいは双方が、子どもを連れて再婚したときに誕生する家族）はどうなのか？
・第三に、結婚の恩恵はパートナーの性別によって決まるのか、また、異性間の結婚と同性間の結婚はリソースの観点から同等なのか？
・第四に、結婚している親の減少は父親のリソースの減少の結果であるのか？

最初の質問について、2人の成人が長期にわたるパートナーシップと、子どもを育てて世話をするという共通のコミットメントを維持している場合、この取り決めと、成人が法的・宗教的に婚姻関係を結んでいることとの間にリソースの格差はないと考えられる。結婚の子どもへの有益な効果が、取り決めによる有利なリソースから得られる限り、結婚の事実は無関係だ。しかし実際のところ米国では今日まで、結婚に代わる、長期のパートナーシップとコミットメントを特徴とする制度は存在していない。米国における同棲によるパートナーシップは、結婚ほどは安定していない。この比較的不安定な状況は、世帯のリソース、子ども時代の経験、子どもの成果について、親が結婚している世帯と結婚していない世帯の間に格差が存在する理由を説明するのに役立つ。

別の言い方をすれば、結婚していない母親全員が、子どもの父親と長期にわたる献身的な関係にあり、結婚している夫婦のように家庭のためにリソースを出し合って子育ての責任を共有していれば、結婚している世帯としていない世帯との間で、世帯のリソースと子どもの成果にこれほど大きな差は見られなかっただろう。結婚している人としていない人との間に根本的な違いがある場合（つまり、データでは観察できない理由で結婚するタイプの人のほうが良い親である場合）、子どもの成果に少しの差が見られるかもしれない。しかし、ひとり親家庭と両親が結婚している家庭の子どもの成果の違いの大きさを考えると、目に見えるさまざまな特性と要因を（統計的に）調整したとしても、この差をすべて、結婚している親が「より良い親」であるという理由に集約するのは無理がある。それよりも、結婚している親が子どものために使えるリソース（お金とそれ以外の）が余分にあることが、格差の理由である可能性が高いのだ。

再婚とステップファミリーの問題は、議論の焦点が**リソース**から**関係性**へと移る。私がこの本を書く動機となった主な社会問題は、１９８０年以降、米国人口の大部分で母親のみの世帯が劇的に増加していることだった。母親のみの家庭と両親が結婚している家庭の子どもの間に存在する世帯のリソースと子どもの成果の格差が、広く文書化されていたのだ。「親同士の関係性が異なると子どもはどうなるか」という疑問は、本書で主に扱う課題から少しずれている。とはいえ、子どもが実の両親と一緒に暮らすと、より良い成果が得られやすいという社会科学的なエビデンスは存在する。たとえば、全国の大規模なサンプルデータを用いた研究では、世帯収入その他の関連する特性を調整した後でも、継母は実の母親ほど継子の健康に投資していないことが示されている。[*20]

別の大規模調査からは、両親の離婚後に母親が継父と結婚した経験を持つ青少年は、実の両親が結婚生活を続けていた青少年よりも行動面の成果が悪く、否定的な感情が強いことがわかった。[*21] そういった経験はまた、不安定さと移行という、一般的に子どもにとって難しいとされる状況を引き起こす。2005年に『子どもの未来』誌に掲載された社会学者のポール・アマトの論文は、ステップファミリーの子どもは、実の両親が結婚生活を続けていた子どもに比べて、ひとり親家庭の子どもと同程度の社会的・行動上の問題を示す傾向があることが、複数の研究において一貫して示されていると結論付けている。[*22]

同性婚による子育て

同性による子育てパートナーシップについて言えば、子どもへの結婚の有益な効果が、取り決めのリソースの利点のみから得られる限り、親の性別は無関係である。子どもは、同性の大人2人と比べて、男性と女性に育てられた方がよく育つと主張する人もいる。しかし、私の知る限りでは、結婚した同性の両親に育てられた子どもが、同じような境遇にある結婚した異性の両親に育てられた子どもと異なる成果をもたらすという実証研究的証拠はない。米国社会学会が最高裁判所に提出した

2013年の法廷助言者意見書のために社会学者チームが作成したこのテーマに関する研究概要では、社会経済的地位と家族の安定性の尺度を考慮に入れれば、同性の両親の家庭で暮らす米国の子どもは、異性の両親の家庭で暮らす子どもと、さまざまな幸福の尺度で同等の暮らしをしていることが社会科学の研究から示されている、と結論づけている。[*23]

「父親」がもたらす効果

この章の議論では、結婚を、第二の親とりわけ父親のリソースを家庭に持ち込む制度であると枠付けをしている。私が先に説明したモデルでは、結婚が子どもにもたらす潜在的な利益（レヴァインと私が名付けた「子どもの結婚プレミアム」）は状況によって異なることを強調している。具体的には、母親自身のリソースと、子どもの父親が家族にもたらすリソース次第であるのだ。父親が家庭にもたらすプラスのリソース（お金その他）を持たない場合、結婚による世帯の利益はない。逆に、父親が世帯に暴力や混乱やストレスを持ち込む場合、結婚によって得られる利益は、高い確率でマイナスになるだろう。

親が罪を犯して投獄されたケースを考えてみよう。投獄は明らかに片方の親（または父親）の不在の極端な形だが、「家庭にもう1人の親がいることが、そうでない場合よりも悪い場合があるのか」という疑問との関連がある。経済学者による最近の2つの研究に、親の投獄が子どもの成果に及ぼす因果効果が記されている。[*24]これらの論文では、犯罪で有罪判決を受けた親が刑務所に送られた場合を、送られなかった場合と比較して、子どもの成果に何が起こるかという問題に言及している。論文では共に、被告人には、犯罪者を刑務所に送る傾向が異なる裁判官がランダムに割り当てられるという事実を統計的に利用して、刑事有罪判決を条件とした投獄の因果効果を特定している。

研究の1つ（経済学の分野で最も権威のある学術誌に2021年に発表）は、オハイオ州の30年間の行政データを用いたもの、もう1つの研究（こちらも非常に権威のある経済学誌に2021年に発表）は、コロンビア国のデータを用いている。どちらの論文も、犯罪で起訴された親の投獄は、子どもの成果を総合的に有益であると結論付けている。オハイオ州のエビデンスは、親の投獄が子どもの学業成績にも10代での出産にも因果関係（プラスまたはマイナス）を及ぼさないことを示している。ただし、投獄された親の子どもは――有罪判決を受けた犯罪者を裁判官が投獄するランダム性によって――25歳までに犯罪行為に関わる可能性が大幅に低いことが明らかなのだ。研究者らは、この結果に至った複数の潜在的なメカニズムを考慮し、このエビデンスが抑止効果を示していると指摘している。コロンビアのデータを用いた研究では、犯罪歴のある父親が刑務所に送られると（ここでも被告は特定の裁判官にランダムに割り当てられた）、子どもの教育達成度が上がることが判明した。研究者はこの結果が、「暴力的な親や悪いロールモデルを家庭から排除すると、子どもにとってより安全な環境を作り出すことができる」という以前の研究結果との一致が見られると指摘している。また、親が刑務所に入れられると、子どもは子どものケアに比較的良いリソースを持つ別の養育者（祖父母など）に預けられる可能性があるとも述べている。

親の投獄に関する研究は、重要ではあるものの、父親が犯罪で有罪判決を受けたという非常に特殊なケースにおいて、父親の不在がもたらす因果関係を明らかにするものなので、一般的に親の不在が子どもに与える影響についての総括的な結論を導くために使われるべきではない。ただし、結婚や二人親家庭や共同養育のメリットを検討する際に、親の状況や子育てのリソースを考慮することの重要性を強調していることは確かだ。この先の章では、父親が子どもにとって良い親になれるよう支援することを目的とした、現在進行中の父親育成の取り組みについて論じる。こういった取り組みには、刑務所に収監された男性が直面する課題に具体的に働きかけるものもある。

まとめ

この章で取り上げたデータとエビデンスは、結婚している母親と結婚していない母親の子どもには、高学歴の母親の子どもも含めて、成果に明確な格差があることを示している。しかし、この格差を埋めるために何ができるのだろう？　結婚していない親の婚姻率を上げることは、場合によっては子どもに有益かもしれないが、すべてに当てはまるわけではない。母親が結婚していない理由が、子どもをもうけた男性が子どもの養育に有意義なプラスのリソースを提供しないことであれば、子どもの成果から観察できる結婚格差は、子どもが親の結婚から得るものにとても近い数字にはならないだろう。

ここに疑問が生じる。米国では、生まれた子どもの40%近くが、家庭にプラスのリソース（純額）をもたらさない男性の子どもであるというのは、本当なのだろうか？　大学教育を受けていない母親が産む子どものおよそ70%が、家庭環境に貢献できるプラスのリソースを持たない男性の子どもであるのは本当なのか？　これらの質問の答えが「はい」に近いとしたら、それは、ひとり親が社会問題ではないことを意味するものではない。むしろ、社会問題が子どもの育て方の問題をはるかに超えて、なぜこれほど多くの男性が結婚相手や責任ある父親にふさわしくないのかという問題にまで及んでいることを示唆している。次の章では、なぜ大学教育を受けていない成人の婚姻率がこれほど低下したのかという疑問を掘り下げる。

第4章　結婚できる男性（か否か）

「言っておくよ。もっと勤務時間が増えたら、まず自分の家を買うから」。ニック・ソボトカがガールフレンドのエイミーに、労働組合の職の勤務時間を増やさなければ、娘と一緒に住める家が買えないと説明する（現在は両親の地下室に住んでいる）。

ドラマ『THE WIRE／ザ・ワイヤー』（シーズン2、第3話「ホットショット」）

減少する結婚

なぜ、米国で両親がいる家庭で育つ子どもの割合が減少しているのか。これを理解するには、結婚する成人が減っている理由を知ることが必要だ。そして結婚する成人が減っている理由を知るためには、現時点で統計的に結婚する可能性が低いのは誰なのかという議論から始めることが有益だ。この質問に対する統計的な答えははっきりしている。大学教育を受けていない成人の婚姻率は、男女ともに、大学教育を受けた成人の婚姻率と比べて急落しているのだ。こうした社会的・人口統計的な変化を推し進めているのが、経済的要因だ。大半の米国人の経済的安定を蝕んできたのと同じ力が、結婚の減少、非婚姻による出産の増加、二人親ではない家庭で育つ子どもの割合の増加といった、社会不安にも寄与しているということだ。こうした経済的要因と社会的要因は互いを強化する関係性にあり、どちらも不平等を反映し、不平等拡大の駆動力になっている。

簡単に出会える時代になったことを考えると、婚姻率が下がっているのは、意外でもある。出会い系アプリの急増は、個人のパートナー候補のプール（以前は学校、職場、教会、バーなど、現実世界で出会った人々だけで構成されていた）を拡大しただけでなく、個人がパートナー関係に関心があることが、より宣言しやすく、外部から見通せる環境を生みだした。１９９８年の甘い恋愛映画『ユー・ガット・メール』で、トム・ハンクスとメグ・ライアンは電子メールを通じて偶然恋に落ちるが、この愛らしくも大胆な設定は、この20年の間にもっと意図的な環境へと進化した。今やユーザーは、結婚するか否かを含め、長期的なパートナーシップへの関心を共有できるかによって、未来のパートナー候補を選り分けることができる。この数十年で出会いが容易になったので、婚姻率の上昇を予想してもおかしくはない。しかし、他の力のほうが勝っていたのだ。

米国の成人の婚姻率は過去最低となっている。２０２０年に、30〜50歳の成人のうち、結婚している男性は60％、女性は63％だ。１９８０年には、それぞれ79％と76％だったので、男性は24％、女性は17％の減少だ。さらに10年さかのぼると、もっと劇的な減少が浮き彫りになる。1970年の婚姻率は男性の87％、女性の83％だったのだ。結婚している成人の割合の減少は、次の2つの傾向を反映している。現在結婚する成人が減っていること、結婚する人の晩婚化が進んでいることだ（注目すべきは、この減少が離婚率の増加によるものではないことだ。実際に結婚したカップルが離婚する確率は、1980年代よりも低くなっている）。

私の仕事や研究について誰かに話すと、この人口動態の傾向についての仮説を立ちどころに提示されることが多い。よく言われるのは、「若者は結婚する代わりに教育やキャリアに投資することを選んでいる」。つまり、「やり手」の若者が独身でいる選択をすることで、柔軟性が増し、仕事の機会を求めて活発に動き回ったり、長時間働いたりしているというのだ（私は、カクテルパーティーや裏庭での集まりでこうした意見が何気なく飛び交うと、ファクトチェックをしたくてたまらなくなることがある。ちなみに夫はしばしば、私が、こうした社会経済の傾向についての会話をしばらくやり過ごしてから、教授らしく「実は研究データが占めるのは……」と口を挟むまでを見守っている）。確かに、こうした論調には、実際の傾向が部分的には反映されている。大学教育を受けた成人は、経済的な機会を求めて活発に動き回り、長時間働いているのだ。ただし彼らは、大学教育を受けていない人よりも独身でいる可能性は低い。女性については、過去数十年間の傾向から逆転している。全体的に、大卒の男性と女性はどちらも、それ以外の学歴の人よりも結婚する可能性が高くなっているのだ。

結婚パターンを変えた「革命」

私が述べた結婚パターンの変化は、すべて１９６０年代と１９７０年代に起こったカウンターカルチャー革命の後に起こった。重大な分岐点となった数十年間の社会運動は、女性を伝統的な性別役割から解放し、教育や職業に対する女性の野心を新たなレベルに押し上げ、結婚、出産、家族生活に大きな影響を与えた。著名な経済史家であるハーバード大学のクラウディア・ゴールディン教授は、この数十年間を、「女性、特に大学教育を受けた女性が、生涯にわたる労働力への関与を断続的ではなく長期的なものと認識し始め、仕事を夫の収入を補う手段ではなく職業上のアイデンティティの一部と認識し始めた時期」と述べている。[*1] この数十年間で、既婚女性の労働力参加は劇的に増加し、大学教育を受けた女性は学位を取得するために結婚と出産を遅らせた。

社会における女性の役割に革命を起こしたこの時期は、非常に多くの女性にチャンスを与え、私もその1人だった。女性がキャリアと家族の両方を同時に築くことが期待できる時代に育ったのは、家族のなかで私が初めてだった。私は子どもの頃から学校が大好きで、自信を持って大学に進学して仕事に就くことを目指していた。１９９０年代半ばに大学で将来の夫と出会い、その後、大学院の学位を取得するために別々の都市に住み、私が博士号を取得した後に結婚して家庭を築いた。一方で祖母は、私がこれほど多くの教育を受ける選択をしたことに困惑していた。祖母の時代は、社会経済的現実も異なっていた。祖母はイタリア系移民の娘としてニューヨークで育ち、8年生で学校教育を終え、20歳で私の祖父と結婚した。夫が家に持ち帰るお金を補うために裁縫師として働きながら、きょうだいとその子どもたちと一緒に、アパートメントで子育てをした（当時のニューヨークに住んでいた多くのイタリア移民の典型的な生活様式の記録は、現在ニューヨークのロウワー・イーストサイドにあるテネメント博物館で見ることができる)[*2]。

私の世代と祖母の世代に挟まれた母の世代は、その中間に位置する社会規範と期待の中で育てられた。母は高校を卒業し、18歳で秘書として働き始めた。21歳で高校時代の恋人と結婚し、25歳で第一子(私)を授かった。母はその後20年間、夫と共に4人の娘を育て、主婦として、PTAでボランティアとして、パートタイムの秘書として働いた。43歳になった母は、娘たちが16歳、14歳、12歳、8歳のときに地元の公立大学に入学し、教師になるための道を歩み始めた。先に家族を持ち、パートタイムで仕事をして、娘たちは十分に育ったと判断して初めて、大学に進学して教師としてのキャリアを追求したのだ。対照的に、私と妹たちは、1990年代以降に大学を卒業した女性、つまりクラウディア・ゴールディンが「キャリアも家庭も」と名付けた女性グループに当てはまる。大学に行き、仕事に就き、30代で家族を持つと同時にキャリアを研鑽した。異なる世代グループによる社会性の変化は進化を続けている。私はよく、わが子たちが結婚や出産に関してどのような選択をするだろうと考える。わが子たちが住む世界は、私が育った頃とは違う。私の両親が住む世界が、その親たちとの世界と違ったのと同じだ。それは今後も変化を続け、人々の選択や生き方に影響を与えていくだろう。私たちは、自分たちの時代と自分たちが育った経済的・社会的環境の産物なのだ。

60年代と70年代の変化の後、80年代と90年代には、様々なグループに異なる影響を与える経済的・社会的勢力が出現した。所得格差は拡大した。4年制大学の学位を持つ米国人は素晴らしい成果を得たが、それ以外はそうでもなかった。婚姻率はさらに落ち込んだが、そのほとんどは大学の学位を持

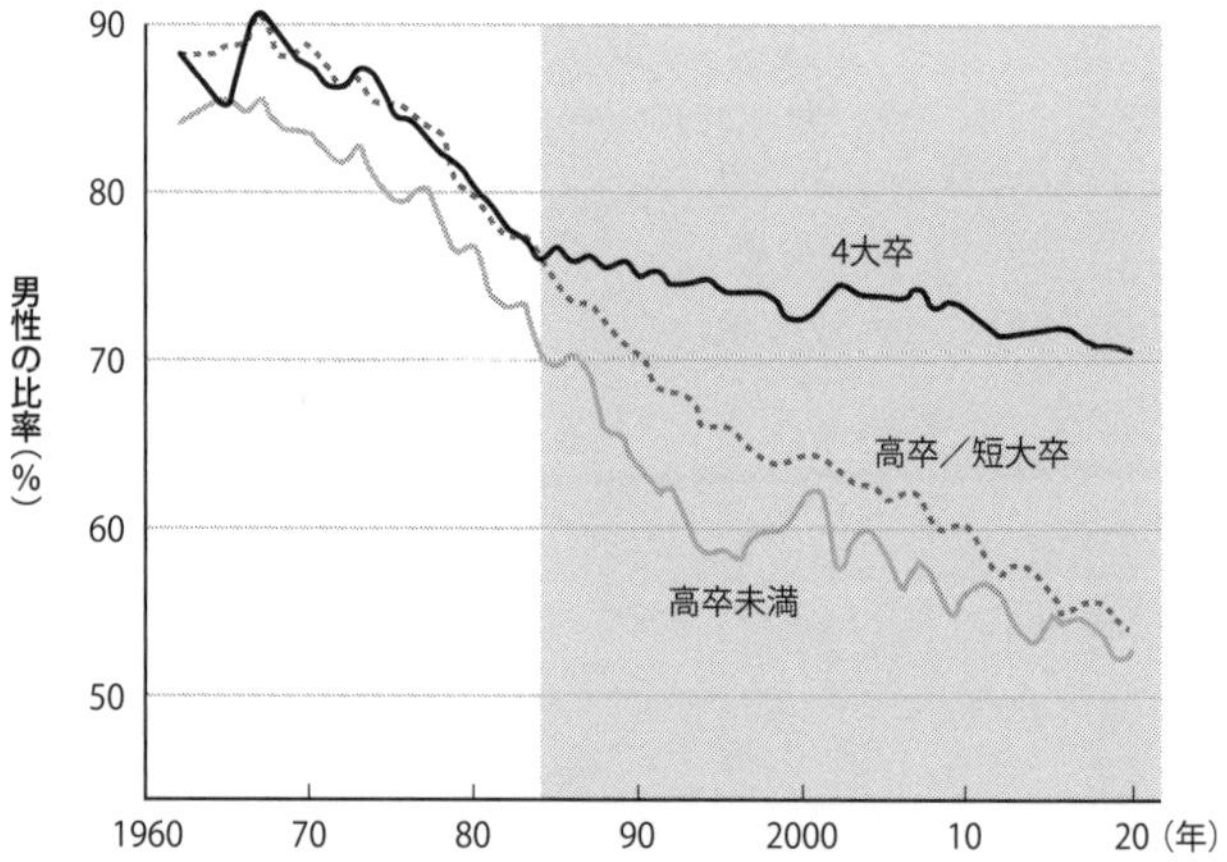

図4.1　30〜50歳の既婚男性の割合（教育水準別）

注：標本には、CPSの個別の重みを用いて重み付けされた、30〜50歳の非施設入所男性が含まれる。2020年には、3つの教育水準グループ（高卒未満、高卒と短大卒、4大卒）の男性の割合は、それぞれ9%、52%、39%だった。
出典：1962〜2020年の3月最新人口調査（CPS）。

たない人だ。[*3] 本書は、こういった勢力と変化に焦点を当てている。

婚姻率が一番低いグループ

60年代と70年代の文化的な変化の中で、男性の婚姻率は低下したが、教育水準の異なる男性の間での低下率は比較的均等だった。60年代初頭には、30歳から50歳の男性の85％から90％が結婚していたが、1980年までに75％から80％の範囲に低下した。その後80年代には、結婚する男性の減少のペースは高卒で持続し、高卒未満で加速し、大卒で横ばいになった。結婚はエリートの間で相対的に多くなったのだ。図4・1は、3つの教育水準別に30歳から50歳の男性の婚姻率を示している。高卒の男性（短大を修了した男性を含む）の婚姻率は現在、高校中退者の婚姻率と同程度の低さだ。

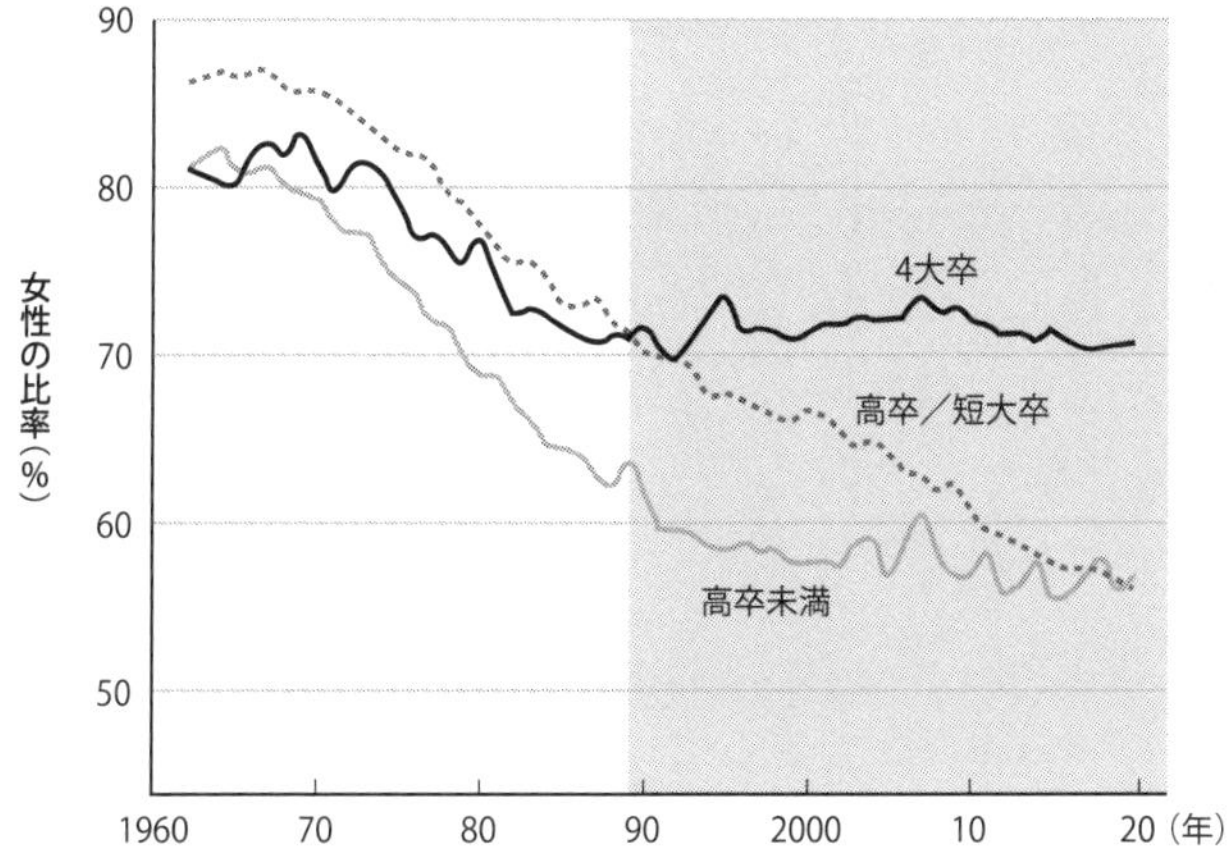

図4.2　30〜50歳の既婚女性の割合（教育水準別）

注：標本には、CPSの個別の重みを用いて重み付けされた、30〜50歳の非施設入所女性が含まれる。2020年には、3つの教育水準グループ（高卒未満、高卒と短大卒、4大卒）の女性の割合は、それぞれ7%、47%、45%だった。

出典：1962〜2020年の3月最新人口調査（CPS）。

図4・2は、女性についての同様の数値である。60年代から90年代にかけて、大学の学位を持つ女性が高卒の女性に比べて婚姻率が低かったことを示している。ところが90年代半ばまでに、大卒の女性の婚姻率が最も高くなった。ここでも80年代が変曲点だ。すべての人口統計グループの婚姻率が下がっているが、最も低いのは教育水準が低い女性である。

教育水準が影響する婚姻率

教育と結婚の予測関係は、米国を含むほとんどの地域で、一部のグループが他のグループよりも教育水準が低いという事実によって複雑になっている（同じ値と日付範囲に基づく女性の婚姻率は、第2章で詳述）。1980年から2020年の間に、30歳から50歳の男性の既婚率は、白人男性では81

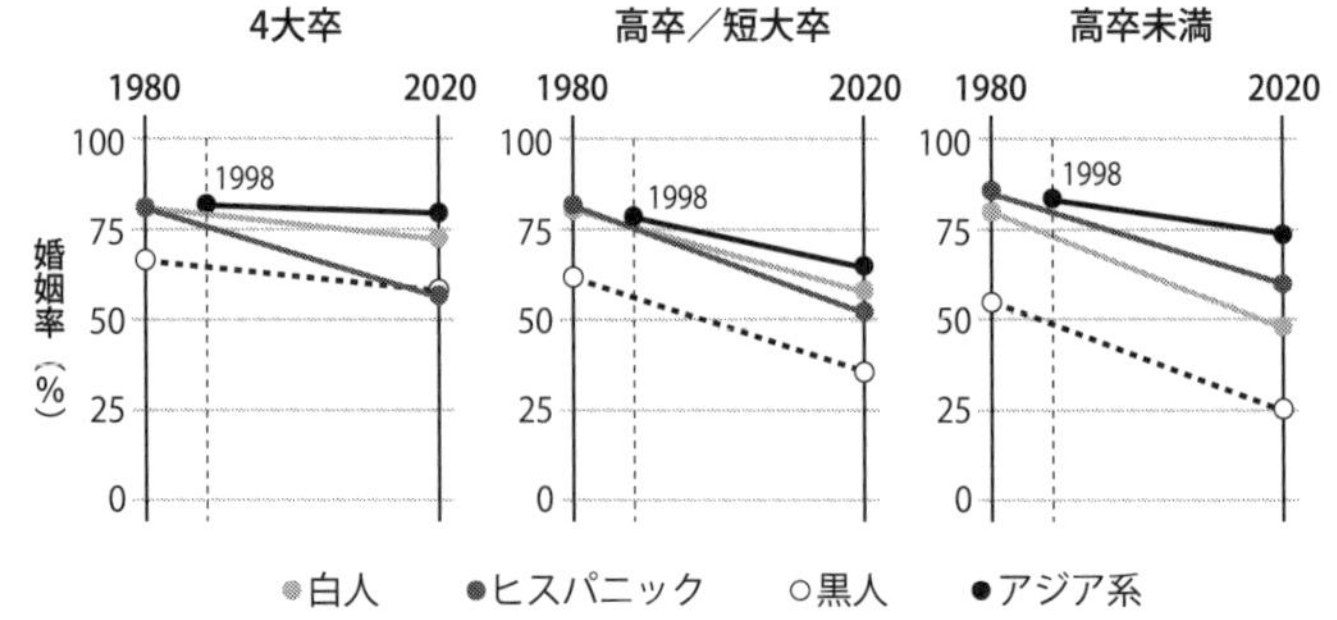

図4.3　30〜50歳の男性の婚姻率、人種および教育水準別（1980年と2020年）

注：データは、アジア系を除くすべての人種および民族グループについて、1980年および2020年のCPSから集計されている。アジア系の婚姻率は、人種カテゴリが個別に集計された最初の年である1980年のCPSではなく、1988年のCPSから集計されている。標本には、個別の重みを用いて重み付けされた、30〜50歳の非施設収容男性が含まれる。

出典：1980年、1988年、2020年の3月最新人口調査。

%から65%に（20%の減少）、黒人男性では60%から41%に（32%の減少）、ヒスパニック男性では84%から55%に（35%の減少）低下した。アジア男性の既婚率はそれほど低下せず、81%から75%になった。

結婚の減少を牽引するのは、大学を卒業していない人の結婚の減少である。しかし、教育水準別の結婚の具体的なパターンは、追跡した4つの主要な人種・民族グループ間で少し異なっている。図4・3は、1980年から2020年の間に結婚している男性の割合がどのように変化したかを、教育および人種・民族別に示している。1980年には、黒人男性と白人男性の両方で、結婚している男性の割合は、どの教育グループでも類似していたが、もはやそうではなくなった。現在、黒人男性と白人男性の両方で、結婚している割合は、大卒の男性のほうがそうでない男性よりもはるかに高くなっている。

ヒスパニックおよびアジア系男性の場合、既婚者の割合と教育水準の関係はU字型になっている。高卒未満と4年制大学卒業以上のヒスパニック男性の2020年の既婚者の割合は同程度（60％と57％）で、高卒以上の男性の既婚者の割合は低かった（52％）。アジア系男性の場合、2020年の既婚者の割合は、4年制大学卒業以上の男性（79％）と高校卒業未満の男性（73％）で最も高く、高校卒業以上の男性（65％）で最も低かった。このU字型パターンは、教育水準の低い移民の婚姻率が比較的高いことが主な要因だ。実際、生え抜きのヒスパニックおよびアジア系男性では、U字型ではなく、教育水準に正の勾配がある。

男性の「結婚適性」

1987年、社会学者ウィリアム・ジュリアス・ウィルソンは画期的な著書『アメリカのアンダークラス』を執筆した。60年代と70年代に米国の都市に住む黒人家庭で、シングルマザーが世帯主の家庭の割合が増加していることに注目した内容だ。[*4] ウィルソンは、特定の社会グループでの未婚率が高いのは、男性の経済的な「結婚適性（marriageability）」の低さの反映なのではないかと仮定した。この仮説の基本的な前提は、「ちゃんとした仕事に就いて、安定したまともな収入を得ていない男性は、結婚に適さないとみなされる」というものだ。ウィルソンは、この現象が、当時の米国の都市の黒人家庭にシングルマザー家庭が増加した理由の一部である可能性があると述べた。

ウィルソンは、「結婚適性のある男性のプール指数」と名付けた概念を導入した。これは、就業中の男性の数と女性の数を人種と年齢層別に比較したものだ。ウィルソンは、50年代と60年代には、指数が黒人と白人で同等であったと計算した。しかし、60年代の間に黒人と白人の間で指数に差が出始めた。70年代後半には、就業中の若い男性と若い女性の比率の比率は黒人ではわずか40%だったのに対し、白人では63%だった。この単純な指標には、差別、投獄、死亡率など、黒人男性に不均衡な影響を与え、低い就業率の一因となっている多くの経済的および社会的課題が反映されている。ウィルソンは、ワシントン・ポスト紙の記者に、この学術的調査結果を次のように説明した。

「結婚適性のある黒人男性のプールが縮小していることは、黒人の非嫡出子とひとり親世帯の増加の少なくとも一部を説明する可能性が高い」[*5]。

男性の「結婚適性」に関するこの理論の反響は、社会学者カトリン・エディンとマリア・カファラスの最近の研究でも明らかだ。2005年の共著書『私が守れる約束：貧しい女性が結婚よりも母親になることを優先する理由』は、シングルマザーに関する民族誌的記述が中心となっている[*6]。162人のシングルマザーに取材をして、生活や結婚と子どもについての考え方を調べたエディンとカファラスの著書が示唆するのは、多くの女性が子どもの父親と結婚しないのは、父親を経済的な安全や安定の信頼できる源泉とみなしていないためだということだ。研究対象の女件たちとの会話に基づいて、研究者たちは、「女性が結婚を避けるのは結婚という制度や概念を拒否しているからではない」と結論付けている。むしろ多くの女性は、パートナーや子どもの父親が満たしているよりも高い基準を、将来の配偶者に求めているようである。

ウィルソンの本から30年以上経った今、男性の経済的苦境と二人親家庭の崩壊との関連についてのウィルソンの観察は、都市部に住む黒人家族の枠をはるかに超えて広がっている。ベンチャーキャピタリストのＪ・Ｄ・ヴァンス〔２０２５年から米国副大統領〕は、２０１６年の回想録『ヒルビリー・エレジー』で、60年代と70年代の都市部の黒人家族についてのウィルソンの観察は、オハイオ州の田舎で白人の少年として育った自身の生い立ちを描写しているようだと述べている。ヴァンスは、自身の子ども時代と地域の白人の貧しい生活を特徴づける、米国アパラチア地方の貧困、社会的孤立、家族の不安定さ、暴力について書いている。また、ヴァンス自身の子ども時代をウィルソンの観察に重ね合わせ、「ウィルソンの本は私の心に響いた」と記した。

「彼に手紙を書いて、私の故郷を完璧に描写していると伝えたかった。ただし、個人的にこれほど共感したのは奇妙なことでもある。なぜなら、彼は、アパラチア地方から移住してきた田舎者についてではなく、スラム街に住む黒人について書いていたからだ[*7]」。

男性の所得と婚姻率

80年代以降、経済の傾向は大卒の労働者に有利になり、大卒でない人が安定した高給の仕事で労働力として確固たる地位を得ることが難しくなった。大卒でない男性の収入は停滞し、就業率は低下している。一方、女性は教育水準に関係なく平均収入が増加している。この変化により、多くの男性が家族の稼ぎ手としての伝統的な役割を失い、簡単に言えば、結婚相手として望ましくない存在になったのだ。

図４・４は、年間を通じてフルタイムで働いている30歳から50歳の男性の所得の中央値を示してい

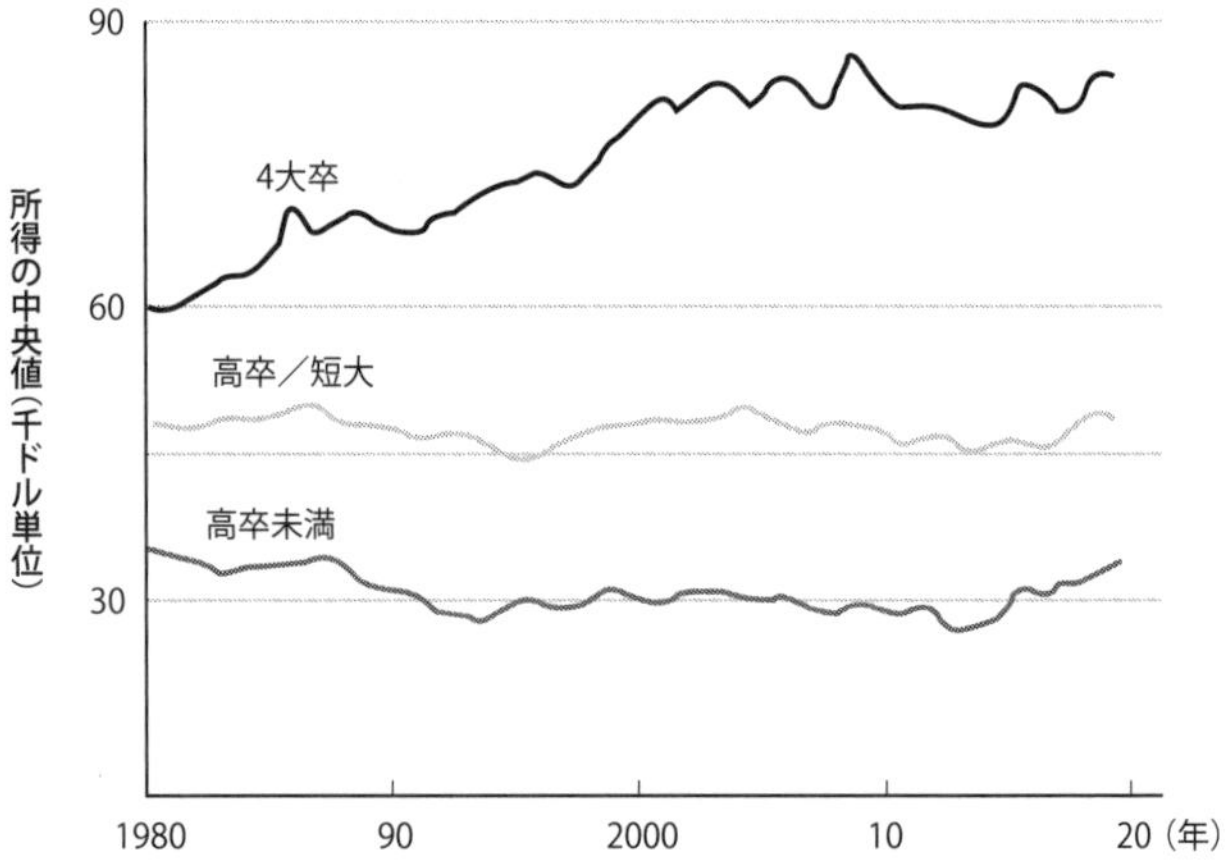

図4.4　30〜50歳の男性の所得の中央値（教育水準別）

注記：標本は、通常35時間以上働き、前年に40週間以上働いたと回答した30〜50歳の非施設入所男性。個別重みを使用して重み付け。収入は2018年の米ドルで報告。

出典：1962〜2020年の3月最新人口調査。

る。図から明らかなように、大卒の労働者の所得の中央値（この比較ではインフレの影響を排除した２０１８年のドル換算値で計測）は、女性の賃金と同様、１９８０年以降、全般的に上昇傾向にあり、この40年間で、実質で年間約６万３００ドルから約８万３８００ドルに増加した。大卒でない労働者の所得については同じことは言えない。高卒の労働者の実質所得の中央値はほとんど変化がなく、１９８０年も２０２０年も４万９０００ドルをわずかに下回った。高卒未満の労働者の実質所得の中央値は、年間３万５４００ドルから３万４０００ドルにわずかに減少した。大卒でない男性の相対的な経済的地位を、労働者の所得減少に表れているものよりもさらに悪くしているのは、彼らが20年前や40年前よりも雇用されにくい傾向にあるという事実である。大学教育を受けた男性の就業率には大きな低下は見られない。

男性の経済状況と結婚の相関関係は顕著だ。1980年から2020年までの婚姻率の最も大きな低下は、大学教育を受けていない男性、つまり所得が停滞し雇用が減少したグループで発生した。一方、大学教育を受けた男性、つまり就業率が高く所得が増加したグループでは、婚姻率の低下はほとんど見られなかった。

教育水準と人種・民族の両方で解析したデータをさらに詳しく調べると、教育と結婚の相関関係は、さらに小さなグループ内でも持続している。たとえば、アジア系で大学教育を受けた男性、白人の大学教育を受けた男性、黒人の大学教育を受けた男性は、40年間で平均所得が（この順に）最も大きく増加した。そして、このいずれのグループも、婚姻率の低下が相対的に低い。分布の反対側では、高卒資格の有無にかかわらずヒスパニック男性、高卒資格の有無にかかわらず白人男性、そして高卒の黒人男性は、この期間の収入の中央値が微増であり、婚姻率が最も大きく減少している。

大学教育を受けていないアジア系男性の所得と結婚のパターンは、この傾向には従っていない。高校卒業の有無にかかわらず、この40年間でアジア系男性の平均所得の増加はごくわずかだが、婚姻率の低下は比較的少ない。米国の教育水準の低いアジア系の成人は、同条件の白人、黒人、ヒスパニックとは違って、なぜ結婚から遠のかないのだろう。非常に興味深い疑問だが、残念ながら私は答えを持っていない。文化的または社会的な説明ができそうだが、方向性の推測にすぎないだろう。

1980年から2020年までの男性の所得を細かく調べて分析することで、結婚のバリュープロポジション（価値提案）、つまり男性が結婚や家庭にもたらすリソースの一部は理解できる。しかし、結婚の経済的なバリュープロポジションを完全に理解するには、女性自身の稼ぎについても考慮しなければならない。結局のところ、子どもにとっての結婚の「主要な価値」が親のリソースの全体的な増加であるのなら、片方の親（おそらく母親）に十分な収入がある場合、「子どもに2人の親が必要である」と誰が言えるだろう？　この見解は、前の章で説明した「子どもの結婚プレミアム」のリソースベースのモデルに関連している。つまり、親の結婚が子どもにもたらす利益は、（1）母親がシングルマザーとして物質的に子どもにどれだけ提供できるか、（2）2番目のパートナー（通常は子どもの父親）が家庭にどれだけ貢献するか、（3）それらの組み合わせたリソースが子どもの経験と結果にどのように変換されるか、によって異なるのだ。結婚のバリュープロポジションについて、もっと大まかに考えるなら、配偶者が結婚にどれだけ貢献できるかと、配偶者がいなくなった場合に女性が自力でどれだけ稼げるかの両方に目を向ける必要もある。

結婚の経済モデル

したがって、男性と結婚するかどうかを検討している女性の視点から見ると、「結婚のメリット（利益）」は、男性がもたらす金額だけでなく、女性が働くことを選んだ場合に自分で稼げる金額によっても決まる。これが結婚をモデル化する標準的な経済学的アプローチである（繰り返しになるが、経済学的アプローチに冷酷で異性愛中心主義の印象があることは承知しているし、そういった批判には真実味がある。しかし、私たち経済学者は、人口レベルでの包括的な傾向とパターンを理解するために、概してこのような考え方を採用する傾向にある）。もちろん、結婚のおそらく大部分は、愛し合い寄り添うことである。しかしそれは、結婚が、実際的かつ子育ての問題として、経済制度でもあるという現実を否定するものではない。結婚について考えるにあたり、先に紹介した経済的枠組みを思い出してほしい。結婚とは、2人の個人がリソースを共有し、貢献するための長期契約なのだ。

この経済学の枠組みの中で有益になるのは、1980年から2020年までの期間に、所得という観点で捉えた女性自身の経済的見通しが男性の所得と比較していかに変化したかを検討することである。大学教育を受けた労働者のうち、女性の所得は、1990年代から2000年代を通して男性の約70％であった（収入の中央値を使用）[*8]。（それ以前の1980年代の比率は65％に近かった）。2013年から2020年の間に、この比率は76％までわずかに上昇した。つまり、高学歴の男性と高学歴の女性の間の男女格差は、おおむね公表されている通りであり、女性の所得は男性の約4分の3だ。

一方、大学教育を受けていない成人については、男女間の所得格差は劇的に縮小している。高卒の労働者では、女性の賃金の中央値の男性の賃金の中央値に対する比率は、1980年の54％から2020年には74％に増加した。教育水準の低い女性の賃金は1980年には同様の教育水準の男性の約半分であったが、女性の賃金の中央値の男性に対する比率は、1980年の57％から2020年には71％に増加しており、これは教育水準の高い女性に測定された変化よりも大幅な変化だ。言い換えれば、4年制大学を卒業していない労働者においては、男性の所得と女性の所得の格差が大幅に縮小し（女性の所得増加と男性の所得停滞の両方により）、一部の女性にとって結婚する経済的インセンティブ（および義務）が減少したのだ。

こういった経済的な説明から、同じ教育階級同士で結婚する傾向がある（一般的にそうである）こと、結婚生活において男性が一般的に「稼ぎ手」もしくは、少なくとも経済的貢献者であることが期待されていると推測される。もちろん別の選択肢もある——男性が家庭で活躍することもできるのだ。男性の伝統的な稼ぎ手の役割が弱まった際に結婚から遠ざかる代わりに、夫が主な稼ぎ手の役割を妻に譲り、主に家事と育児の役割を担うことに夫婦が同意することは可能だ（聞くところでは、実際にそうしている家庭もある）。この役割の転換が将来さらに増える可能性を否定はしないが、現時点では米国の文化ではそこまでには至っていない。既存のエビデンスは、男性の経済的地位が弱まると婚姻率が低下し、男性が結婚生活の構造から撤退したと示している。これに関連して、2015年に発表されたある経済学論文には、伝統的なジェンダー規範が引き続き結婚を支配しているという証拠が示されている。たとえば、国を代表するデータでは、妻の所得が夫の所得を上回る傾向はなく、上回ると離婚率が上昇するといったパターンが見られる。この研究は、「男性が妻より稼ぐ」という期待が、既存の結婚だけでなく結婚形成にも影響するというエビデンスも提供している——女性の所得が男性より多い地域では、婚姻率が低くなる傾向にあるのだ。[*9]

経済的地位低下と婚姻率低下の関係を証明する

大学教育を受けていない男性の経済的地位の低下と、大学教育を受けていない成人の婚姻率の低下との間に、統計的な相関関係があることは明らかだ。しかし、こういった男性の経済的地位の低下と、高収入および低収入の男性における婚姻率の低下との間に**因果関係**（実際の原因と結果）があることを立証するには、さらに多くの作業（統計的な意味で）が必要だ。たとえば、高収入の男性が結婚する可能性が高いのは、他の性格特性を持っていて、職場と結婚市場の両方で成功できるからかもしれない。そういった特性は、経済学者が「観察されない交絡因子」と呼ぶもので、原因と結果の観察に強い関連があるものの、必ずしも目に見えたり認められたりするわけではない要因である。一般的に、責任感の強い男性は安定した高給の仕事に就き、加えて夫としての役割を全うできる可能性が高い。したがって、高収入男性の婚姻率と低収入男性の婚姻率を単純に比較し、婚姻率の違いを収入の違いに帰することはできない。

同じことは、地理的特徴との関連性についても当てはまる。データから、ある場所（A町と呼ぶ）には高収入の男性が多く、婚姻率も高いのに対し、別の場所（B町と呼ぶ）には低収入の男性が多く、婚姻率が低いことがわかったとしよう。A町の男性にの就職機会が良いことが、その町での婚姻率の高さにつながるとは必ずしも言えない。A町は単に責任感の強い男性を育てたり引き寄せたりしていて、B町は責任感の弱い男性を育てたり引き寄せたりしているだけかもしれない。B町には、責任感の弱い男性が好むタイプの設備（バーやギャンブル施設など）が多く、A町には何らかの形で結婚を促進する何らかの文化があるのかもしれない。A町の男性の比較的良好な経済的成果が、A町での婚姻率の高さに部分的に関連しているかどうかを判断するには、研究者が因果関係を特定する必要がある。

経済学者は因果関係に執着する。また、特に人間関係や結婚のように複雑で微妙な問題においては、研究し証明するのは極めて困難だ。しかし、米国の経済学者チームによる2018年の研究では、驚くほど巧妙な手法により、この（計量経済学者の用語で言う）「識別問題」を克服し、男性の経済的地位の低下と婚姻率の低下との**因果関係**を明らかにしている。著者らが取った手法は、ここ数十年で中国との輸入競争が激化した影響下にある米国の製造業都市の大学教育を受けていない男性の具体的な事例を研究することだ。2000年に中国が世界貿易機関（WTO）に加盟し、米国はこれまで国内で（高コストで）製造されていたさまざまな製品を急速に輸入し始めた。この展開は、国内の一部地域に住む男性の経済的見通しに大きな変化をもたらした。とりわけ、労働力の大部分が、現在は中国からより安価に輸入されている種類の商品の製造に以前から従事していた地域において、男性の収入と雇用率の低下につながったのだ。この外的変化（その場所に住む男性の特徴ではなく、その場所の経済的現実）により、経済学者が統計的に調べることができたのが、「男性の経済的見通しの変化が婚姻率の変化を引き起こすかどうか」だ。答えはイエスであった。

ある経済学者たちは2019年の論文「仕事が消えるとき：製造業の衰退と若い男性の結婚市場価値の低下」で調査結果を発表した。これは、ウィリアム・ジュリアス・ウィルソンの1996年の著書『仕事が消えるとき：新しい都市貧困層の世界』を明確に言及していた。[*10] 研究では、貿易に起因する男性の相対的所得の減少は、婚姻率の低下と未婚の母親の割合の増加と、貧困レベルを下回る所得のシングルマザー世帯で暮らす子どもの割合の増加につながったと示されている。

男性の経済的地位の低下と婚姻率との因果関係を示すさらなるエビデンスが、2021年の研究から得られている。2000年代の最初の10年間に職場で産業用ロボットの使用が増加し、それが大学教育を受けていない男性の所得と雇用の減少につながったというものだ。[*11] 米国の多くの製造業の町（必ずしも中国からの輸入によって経済的に打撃を受けた製造業の町と同じではない）では、生産工場での産業用ロボットの使用が増え、影響を受けた産業で働く大卒未満の男性の所得と雇用が減少した。この研究では、産業用ロボットの導入が、影響を受けた産業や地域の労働者の雇用と賃金に悪影響を及ぼし、男性のほうが女性よりも影響が強かったことが記されている。また、ロボットによる作業の増加の影響を受けた米国の地域では、その後、新規の結婚が減少し、未婚女性の出生率が増加したことが実証されている。これら2つの近年の研究は共に、「男性の経済的地位の低下が、婚姻率の低下と父親のいない家庭で暮らす子どもの割合の増加につながっている」という非常に説得力のある主張をしている。

産業構造の変化の影響

経済の影響によって大学卒業資格のない男性の地位が低下し、その結果として婚姻率が低下し、母子家庭の割合が増加したことは、最先端の統計学の手法を用いて因果関係を統計的に解明した数多くの学術研究を通じて語ることができる。しかしこのことは、国外からの影響を受けた米国の製造業の町で育った人なら、誰でも馴染み深い話だ。オリオン・マーティンは、大学とプロのアメフト選手として活躍し、2009年に選手生活を終えた直後、バージニア州マーティンズビルで高校のアメフト部のコーチをしていた。この街はノースカロライナ州境から南に15マイルに位置し、20世紀には製造業が盛んで、家具や織物の生産に特化していた。大成功を収めたバセット家具会社は、1900年代初頭にマーティンズビル地区で創設され、40年代にはデュポン社がこの地域の別の場所に大規模なナイロン製造工場を建設した。マーティンは「あの頃」について、男性は高校を卒業するとバセット工場やデュポン工場、あるいは街の他の小規模工場で働いていた、と回想する。こういった仕事は、中流家庭を養えるほど高給だったのだ。

しかし90年代にすべてが変わった。父親がマーティンズビルで育ったマーティンは、かつてこの街がアメリカのどの都市よりも1人当たりの億万長者が多いと自慢していたことを思い出す。経済成長と上昇志向の拠点だったのだ（注：この主張の真偽は確認していないが、今では誰もそんな自慢をしようとはしないだろう）。90年代の世界的な経済情勢の変化により、マーティンズビルの製造業の多くは持続不可能になった。町の工場の多くは閉鎖され、労働者は解雇され、地元の高校から安定した中流階級の仕事に就くという多くの若者を導いていた有望な経済パイプラインは消滅した。２０１０年代までには、貧困と失業が蔓延した。マーティンが地元でコーチをしていた高校のフットボールチームでは、チームに所属する約60人の少年のうち、家庭に父親がいるのは、５人ほどだったそうだ。

マーティンが観察した、故郷での製造業の雇用の減少とシングルマザー世帯の割合の増加という関係は、大規模なデータセットで確立されている。製造業の輸入と産業用ロボットの増加に関する研究に加え、１９９７年から２０１１年までの全国青少年縦断調査の成人を対象とした２０１６年の研究では、高卒の人に貧困ライン以上の賃金を支払う仕事が多い場所に住んでいる人は、子どもを産む前に結婚する確率が高いことが記録されている。[*12] ２０２２年の別の研究では、１９６０年から２０１０年にかけての米国の製造業の雇用の減少が白人と黒人米国人への影響を含め、さまざまな経済的・社会的結果に与えた影響についての詳細な調査が行われた。[*13] 研究では、製造業の雇用における全国的な傾向が、製造業セクターにおける基準雇用の初期レベルが高い地域にどのような異なる影響を与えたかを分析した。この経験的アプローチの成果のほどを確認するために、再びA町とB町という２つの町を例に考えてみよう。A町では、調査対象期間の初めに製造業に従事する成人の割合がわずかであり、B町では同じ年に製造業に従事する成人の割合が多かった。その後の数十年間、国全体で製造業の雇用が減少するなか、B町の成人の成果はA町の成人の成果に比べてどのように変化したのか。研究では、1960年、1970年、1980年、1990年、2000年の米国国勢調査のデータと、2009年、2010年、2011年の全米コミュニティ調査のデータを用いて、特定の地理的エリアでの製造業の雇用減少（そのエリアではなく全国的な傾向によるもの）と、結婚やシングルマザーといった成果の変化との関係を、統計的に詳細に調べた。

この研究でわかったのは、米国の製造業の衰退が、黒人男性と白人男性の両方にとって、賃金の低下、雇用の減少、婚姻率の低下、賃金格差の拡大、その他の悪影響へとつながっていることだった。黒人女性については、地域の製造業の衰退が、婚姻率の低下とシングルマザーの増加、10代の母親や貧困の増加などの悪影響ももたらしていることもわかった。白人女性については、シングルマザーと貧困が増加した。研究ではさらに、子どもへの「下流影響」についても記している。黒人と白人のどちらの子どもにとっても、地域での製造業の衰退は、ひとり親家庭で暮らす子どもの増加と貧困の増加につながったのだ。研究ではまた、白人よりも黒人への悪影響が大きいことが判明し、全国各地の製造業の雇用が減少したことで、さまざまな側面で不平等が拡大し、白人と黒人の成人について、個別にも人種別にも、社会経済的成果の格差が拡大していることが実証された。

マーティンが私に話してくれたのが、「故郷のシングルマザーは一生懸命働いているが、息子たちを路上にたむろさせないようにするのに苦労している」ということだ。教えている選手たちは、夜は大人の目が行き届かないことが多く、「愚かなことをやらかして」刑務所に入れられたり、もっとひどいことになるときもあった。マーティンが語った全体的な話、つまり経済の流れによって仕事が失われ、シングルマザーに育てられて苦労する製造業の町の子どもたち（特に男子）が増えるという話は、全国規模の代表的なデータセットによる学術研究の記録の現実版であった。

まさに悪循環だ。大学教育を受けていない男性の経済的地位を蝕んできた力が、今や家族や子どもの育て方に広範囲で多面的な影響を及ぼしている。影響を受けた子どもたちは不利な状況に置かれ、ますます成功するのが困難になる。家族構造の変化がさらなる不平等につながり、世代を超えた階級格差を固定化する。これは、現代の家計経済の傾向の中心的事象であり、この本の全章を貫く重要なテーマだ。

これ以前の複数の研究にも、「結婚適性のある男性」の減少が婚姻率の低下につながることを示すエビデンスが存在する。２０１０年のある論文に、政策転換による男性の投獄率の上昇が、その影響を受けた結婚市場での婚姻率の低下につながったことが記されている。[*14] 簡単に言えば、刑務所にいる男性が増えると、結婚する男性が減るということだ。若い黒人女性の婚姻率の低下は、80年代から90年代にかけて、判決ガイドラインが厳しくなり刑務所に送られる若い黒人男性が増加したことの副次効果であったのだ。大学教育を受けていない米国の黒人男性の投獄率が悲劇的に高いことは、過去40年間に大学教育を受けていない男性を不利にしてきた、さらに広範な経済変化と関連はあるものの、異なる課題である。しかし、この収監率は、一般的な経済勢力を超えて、黒人家族が直面している課題を増幅させる重要な社会的要因となっている。

男性の相対的賃金の影響

女性の所得と比べた男性の所得の減少も、結婚の減少につながっている。経済学の文献における結婚の標準モデルは、「女性の賃金が男性の賃金に比べて上昇すると、結婚の見返りが低くなるため、結婚が減少する」と仮定している。[*15] これは、女性が結婚契約を結ぶことで得られるものが少なくなることを意味する。したがって、女性の相対的な賃金の上昇は、結婚の減少と離婚の増加につながる。女性の「アウトサイドオプション〔交渉が決裂した時（離婚）などに得られるもの〕」が改善されるからだ。[*16] 経済理論によれば、女性は自分で稼げる金額が多いほど、結婚をあきらめる可能性が高くなるはずだ。

経済学者ナアマ・シェンハブによる2021年の研究は、この予測を実証的に裏付けている。[*17] シェンハブは、女性の賃金が男性の賃金と比べて20%上昇した1980年から2010年の期間に焦点を当て、男性と女性が、さまざまな産業や職業における割合に基づいて異なる賃金のシフトに直面しているという事実に照準を合わせている。男性が従事する可能性の高い職業では賃金が低下し、女性が主流の産業では賃金が上昇しているのだ。シェンハブの慎重な実証研究から判明したのは、女性の相対的賃金の上昇が、「初婚の有意な減少」と「離婚の増加」の両方により、結婚を減少させるということだ。女性の相対的賃金が10%上昇すると、結婚歴のない女性の割合が3・1%増加し、離婚した女性の割合が1・7%増加した。シェンハブはまた、教育水準が低く若い女性の初婚の決定がとりわけ相対賃金の影響を受け、1980年から2010年までの結婚総数の減少の20%を相対賃金の影響が占めていることも見出した。シェンハブの論文は、相対賃金によって引き起こされた結婚の減少が同棲の増加によって相殺されたかどうかも検討しており、そうではないことがわかった。彼女の分析によると、相対賃金が高いにもかかわらず結婚しなかった女性の65％は、女性のルームメイトと暮らすか、独り暮らしを選んだ。

男性の所得が増えれば婚姻率は上がるか

何年もの間、私が二人親家庭の減少に関する学術的または政策的な話し合いに参加するたびに、推測していたことがある。それは、この傾向を逆転させるには、教育水準が低い男性の経済状況の改善が必要になるだろうということだ。この問題に関する私の考えに大きな影響を与えたのが、この章で説明した研究や調査である。男性の経済的地位の（絶対的および相対的な）低下が、影響を受けたグループの結婚の減少の主な要因であることが示唆されているのだ。大学教育を受けていない男性の経済的地位の低下がこの傾向を牽引しているのであれば、教育水準の低い男性の経済的地位の改善が傾向を逆転させるのに役立つ可能性があると合理的に結論付けることができる。

とにかく私はそう考えていた。しかしそれは、最近の男性の雇用と所得の見通しの増加が家族形成に与える影響について研究するまでのことだった。この研究の結果が、男性の経済的地位の向上が婚姻率を必ず上昇させるという考えに疑問を投げかけたのだ。2000年代最初の10年間のシェールガスブームは、米国の町や都市に、起こるはずのなかった経済ブームを引き起こし、4年制大学の学位を持たない男性の経済的見通しの改善が未婚出産率の減少につながるかを調査するまれな機会を提供してくれた。共著者のライリー・ウィルソンと私が執筆した2018年の研究では、このシェールガスブームを「男性の結婚適性の反転」仮説の検証に用いた。[*18]「反転」と言うのは、この研究が男性の経済的地位の向上が婚姻率の上昇と未婚出産の減少につながる可能性に焦点を当てていたためであり、実質的にはウィリアム・ジュリアス・ウィルソンの「結婚適性のある男性」仮説の逆である。この研究は稀な機会を捉えた。なぜなら、ここ数十年、中国からの輸入の増加、職場でのロボットの導入、労働組合の代表者の減少など、ほとんどの世俗的な変化が、米国で4年制大学の学位を持たない男性の経済的地位を弱めていて、反転の方向性が予測できないからだ。シェールガスブームと、それが男性の賃金と経済的地位に与えた影響は、注目に値する例外なのだ。

農村地域でのフラッキング（地下の岩石層から石油やシェールガスを採掘する）の実践は、地域の雇用所得の増加につながっている。コミュニティがこの活動に従事できるかどうかは、地中深くに埋もれた地理的要因によって決まるわけだ。この制約は、計量経済学的研究の観点からは理想的な実験〔自然実験〕を生む。つまり、ある場所の地質条件以外に、2005年頃に家族形成と出生率の急激な変化を予測する理由が存在しないというわけだ。すると、観察できる変化は、地質学的シェール層でのフラッキングに伴う経済的変化に起因する可能性が高い。

調査では、1997年から2012年までの地元のフラッキングの業務（発生頻度は恣意的、または少なくとも部分的に地質学によって決定）により、大学教育を受けていない男性の雇用と所得が増加したことが判明した。石油・ガス採掘の仕事だけでなく、他の産業でも増加しており、地元のフラッキングの業務による幅広い雇用創出効果の存在と一致している。大学教育を受けていない女性の雇用には目立った増加はなかったが、データによると、女性の所得は、大学教育を受けていない男性の（平均して）半分にすぎないとはいえ、増加した。

ウィルソンと私が調査したのは、「大学教育を受けていない男性の雇用と所得の見通しが絶対的にも女性との比較においても改善したことで、若年成人（18～34歳）の結婚が増えた、または未婚女性の出生率が下がったか」である。[*19] 私たちが最初に見出したのは、この地域的なシェールガスブームによって出生数が全体的に増え、女性1000人あたり約3人増加したことだった。この結果は、以前に行われた様々な条件での研究によって確立された、所得が出生率に及ぼす影響と一致している。つまり、所得や富が増えると、子どもの数が増える傾向にあるのだ。[*20] なぜ所得が増えると、多くの子どもを持つようになるのか。これについて、世界共通の答えを見出すことは不可能だが、研究は1つの結論を裏付けている。端的に言えば「一般的に子どもを持ちたい人がほとんどだが、子どもにはお金がかかる」のだ。所得が増えると、そうでない場合よりも子どもを1人または複数持つ可能性が高くなる。この発見は私たちの研究から得られた重要な知見ではあるが、研究の本質ではない。私たちは、男性の仕事と賃金が増えたときに、未婚の母親による出産の割合がどのように変化するかを知りたかったのだ。

驚いたことに、シェールガスブームに伴う出生数の増加は、結婚している親だけでなく未婚の親にも同程度に起こった。「男性の結婚適性の反転」仮説は、男性の経済状況の改善が結婚の増加と婚外出産の割合の減少につながると予測するものだが、データは異なる数字を示していた。出生数は増えたが、未婚の親の割合はほぼ変わっていないのだ。フラッキングの業務は男性の雇用と所得の増加をもたらし、それが出生数の増加につながったが、18歳から34歳について、新婚、未婚、婚姻関係の継続中の割合に何の影響も与えていない[*21]。離婚率や同棲率にも変化はなかった。

「結婚適性仮説の反転」が成立しない理由

なぜそうならないのか、と私たちは疑問に思った。未婚出産の傾向が男性の経済的地位の低下と密接に相関しているのであれば、地位が回復したことが、以前の結婚と子どもまわりの状況への少なくともいくらかの回帰をもたらすのではないか？　1つの可能性は（そして実際にそうである）、出産と結婚を取り巻く社会規範が大きく変化し、たとえ男性が高給の仕事に就き、カップルが一緒に子どもを持ったとしても、男性と女性が結婚の必要性や結婚願望を感じなくなった、というものだ。

社会規範について話すにあたって私が言いたいのは、単純に、結婚と子どもを持つことの考え方は、周囲の人々の生活様式に影響されるということだ。家族や結婚に自分が育った場所の社会規範を反映した形でアプローチするという考えは、社会科学者にとっては証明が困難であるが、ほとんどの読者は直感的に理解できるのではないか。本書の執筆を手伝ってくれた研究助手（現在はメリーランド大学で経済学の博士課程に在籍）は、ペンシルバニア州の小さな田舎町で育った。彼女の高校時代の友人のほとんどは今もそこに住み、結婚して子どもがいる。彼女がこの章の執筆を手伝ってくれていた時に打ち明けてくれたのが、ボーイフレンドと結婚と子どもについて話し合い、結婚する適切な時期（と年齢）について意見が異なることに気づいたことだった。2人が育ったコミュニティが大きく異なったという事実が影響を与えていたのだ。

「地元に帰り、友人の子どもが小学生になっているのを見ると、自分が年を取ったと感じずにはいられません。でも、私はまだ26歳なのです」。

彼女の故郷の貧困率は23％、25歳以上の成人のうち、大学を卒業している人の割合は35％だ。対照的に、ボーイフレンドはニュージャージー州の高所得者の住む町で育った。貧困率はわずか5％で、大学卒業率は62％を誇る。高校時代の友人や知人はまだ誰も子どもがおらず、高校時代に子どもを産んだり、妊娠を理由に中退した人も記憶にない。幼少期の環境や友人の生活が、結婚や出産についての考えを形作ってきた。私たちのほとんどが、ほぼ同じことを経験する。だから、友人や家族の一般的な社会規範に従うか、非常に意図的に、普通ではない形で、傾向に逆らうかのどちらかなのだ。

社会規範が、地域的なシェールガスブームの文脈における家族形成の反応を説明する一助であるかを調べるために、ウィルソンと私は、非婚姻出産の普及の度合いが違う地域では、突然の経済ショックに対する反応が異なるかどうかを調べた。すると、確かに反応が異なっていた。フラッキング前に婚外出産がほとんどなかった地域では、シェールガスブームは、未婚女性ではなく、既婚女性の出産のみを大幅に増加させた。一方で、シェールガスブームの前に未婚女性の出産が多かった地域では、未婚女性と既婚女性に比較的同等の出産の増加をもたらしたのだ。

社会規範の影響

この「出生の進み方に社会的背景が影響する」いう理論をさらに調べるため、ウィルソンと私は、70年代と80年代のアパラチア炭鉱ブームと崩壊にまつわる経済および人口統計データを再び検討した。

石炭ブームがもたらした経済的ショックは、フラッキングのものと非常に似ていたが、これが起こった時期には、婚姻関係以外で子どもを持つことがはるかに稀であり、社会的にもはるかに受け入れられていなかった。少し以前の2013年に発表された経済学者による分析では、70年代と80年代の石炭ブームと崩壊によって、米国のアパラチア炭鉱地域で男性の収入が増加した後に減少し、これを受けて結婚しているカップルの子どもの数にも同様の増加と減少のパターンが生まれたことが示されていた。[*22] この結果を受けて、研究者たちは興味深い表現を使って研究を組み立てるようになった。子どもは「正常財」であり、お金が多ければ多く持つものなのだろうか？　と。炭鉱の町の既婚カップルの場合、答えはイエスのようだった。ウィルソンと私は、彼らの研究と歴史的背景を再検討し、石炭ブームで収入が増えた未婚カップルにも子どもが増えたかを調査した。すると、シェールガスブームのときの結果とは異なり、答えはノーだった。しかし、数十年前の石炭ブームに伴う男性の所得の増加は、確かに結婚の増加につながっていたのだ。

1970年代の石炭ブームと2000年代最初の10年間のシェールガスブームで富が増えたことに対する人々の反応の違いは、社会的背景が重要であるという考え方と一致する。非婚出産がまだ標準ではなかった時代には、カップルは所得の増加に対して結婚するという対応をし、結婚している場合は子どもを増やすという対応をした。しかし、未婚女性の出産は増えなかった。女性はそうしないのが社会規範だったからだ。後の時代になると、経済ショックを受けて、結婚出産と非婚出産の両方が増加した。そして、アパラチアの石炭ブームのときとは異なり、フラッキングに関連する経済的恩恵を受けたことで、結婚が目に見えて増加することはなかった。

決定的ではないものの、このエビデンスは、社会規範が人々の経済状況への反応を形作る上で重要な役割を果たしているという考えと一致している。私たちの研究が示唆するのは、結婚していない親から生まれる子どもの割合が増えている時代には、少なくとも経済の変化だけでは「後戻りできない」可能性があることだ。ライリー・ウィルソンと私、あるいは他の人たちの研究は、教育水準の低い男性の経済的見通しの改善が、結婚の増加や結婚している両親がいる家族の増加をもたらすことを示していない。しかし重要なのは、この事実が、過去40年間にわたる特定の男性の経済的地位の低下が、非婚出産率と全体的な婚姻率の両方の上昇の主な要因ではないことを意味しないということだ。エビデンスによると、大学教育を受けていない男性の過去数十年間の所得の停滞または減少は、女性の所得の増加と並んで、この人口層の結婚の減少とそれに伴う非婚出産の増加につながる原動力であった。残る疑問は、この状況を反転させることができるかだが、私たちの研究による答えは「ノー」であり、少なくとも私たちをここまで導いた経済動向を逆転させるだけでは不可能である。現在、結婚を伴わない出産はかなり一般的になっており、新しい社会的パラダイムに入っていると考えられる。近年の家族構造の流れを逆転させるには、経済と社会の両方の変化がおそらく必要になるだろう。

福祉が婚姻率を減少させたのではない

米国における結婚の減少とシングルマザー家庭の増加について、頻繁に提案される説明がひとつある。それがあまりにも根強いため、私は明記した上で却下したいと思う。結婚の減少とそれに伴うひとり親家庭の増加は、公的福祉給付金の増額を理由に説明することはできないのだ。

ここで福祉の歴史について少し触れておく必要がある。何十年もの間、米国における主な現金福祉プログラムは、1935年の社会保障法によって州が管理する連邦プログラムとして設立された要扶養児童家庭扶助（AFDC）プログラムだった。AFDCは、父親または母親が家にいない／無能力／死亡している／失業中などの理由で親の支援やケアを受けられない「困窮した」子どもたちに現金福祉給付金を提供した。州は、「困窮者」を認定するために、給付額の設定や収入・資産の制限の決定に関して相当の裁量を持っていた。

1930年代に夫が亡くなったり失業したりした際に母親を支援する手段として設立されたAFDCプログラムは、一般的には80年代までに、主に未婚の母親を対象とする手段となった。この変化は、プログラムがシングルマザー世帯の形成を促し、福祉依存を引き起こしているという懸念から、多くの政策上の懸念と政治的反発を招くようになる。その結果、多くの州が80年代と90年代に新しいプログラムルールの実験を開始した。

この実験は結果的に、1996年の個人責任および就労機会調整法（PRWORA）という形で実を結ぶ。超党派議会で可決され、ビル・クリントン大統領の署名によって認められたこの法律により、AFDCは、貧困家庭一時扶助（TANF）プログラムという現金給付の福祉サービスに置き換えられた。TANFの特徴には、成人がいる家族が連邦資金による援助を受けることができる期間の生涯制限が5年（60ヵ月）であること、州が満たすべき就労参加率要件が厳しくなること、プログラムを州が広範かつ柔軟に設計できることなどが含まれる。TANF一括給付金の支出は、年間165億ドルに上限が設定されており、これはTANFに置き換えられたAFDCおよび関連支出に対する

1995年度の連邦支出をわずかに上回る額である。

政策の進化という観点から、現金給付が過去40年間に私たちが目撃してきた家族構造の変化の原動力ではなかったと確信できる主な理由が4つある。第一に、低所得世帯への現金給付は不十分で、1980年以降は減少している。TANFの現金給付額は、AFDCと同様に、州レベルで異なる。現金給付の寛大さを測る最も一般的な方法は、シングルマザーと2人の子どもで構成される家族が受けられる最大給付額を見ることだ。各州の給付額の中央値（2012年ドル換算）は、月額が1980年には321ドル、1990年には539ドル、1995年には645ドル、2012年には427ドルに下がっている。[*23]

第二に、数十（数百とはいかないが）の学術研究で、福祉の寛大さと米国におけるシングルマザー世帯の発生率との関連は小さいことが、十分に立証されている。ジョンズ・ホプキンス大学の著名な経済学者ロバート・モフィットが1998年に出版した『福祉、家族、生殖行動』に簡潔にまとめているように、このテーマに関する多数の研究から、結婚や家族形成の結果に対する実際の影響は小さいが、方法論に左右されるという推定が導き出されている。[*24]かなり大きな影響があったとしたら、研究や統計的アプローチ全体で容易に一貫性のある再現ができたであろう。

三点目は、1996年の画期的な連邦福祉改革法であるPRWORAにより、家族が福祉給付を受けることが非常に困難になったことだ。この法律は、超党派法案に署名したクリントン大統領の言葉を借りれば、「私たちが知っている福祉を終わらせる」ために制定された。法律は、次の4つの明確な目標を掲げて可決された。

（1）困窮家庭に援助を提供し、子どもが自宅または親戚の家で養育されるようにする。
（2）困窮する親の政府給付金への依存を終わらせる。
（3）婚外妊娠の発生を予防および削減する。
（4）二人親家庭の形成と維持を奨励する。

この法律には、福祉への依存を減らし、シングルマザー世帯の増加を食い止めることを明確な目的とする条項が数多く含まれていた。例を挙げると、給付金の受給期限、受給者の就労要件、家族に新しい子どもが生まれたときに家族の給付額を増やす慣行を排除する「家族上限」、TANF給付金の資格を得るために10代の母親が親と同居する必要があるという要件などである。

実際、PRWORAの法律は、結婚を明示的に支持している点で非常に注目に値する。次の抜粋は、法律からの引用である。[*25]

議会は、次の結論を出している。（1）結婚は、成功した社会の基盤である。（2）結婚は、子どもの利益を促進する成功した社会に不可欠な制度である。（3）責任ある父親と母親の育成は、子どもの養育の成功と子どもの幸福に不可欠である。（4）1992年には、子どもを持つひとり親家庭のうち、わずか54％にのみ児童扶養命令が発令され、その54％のうち、全額を受け取っているのは約半分にすぎなかった。公的養育費執行システムを通じて執行されたケースのうち、受給されているのはわずか18％である。（5）扶養児童がいる家族への援助（この項ではAFDCと呼ぶ）を受けている個人の数は、1965年以来3倍以上に増えている。

福祉改革は、福祉受給件数の削減に確実につながった。受給件数は90年代に急減し、90年代初頭の約1400万件から2000年には約600万件にまで減少した。[*26] しかし、それは婚姻率や出生率に顕著な影響を与えず、法律を大幅に変更したにもかかわらず、母親のみの家庭の普及率は着実に上昇し続けている。[*27]

4つ目に、政府の無償給付は、母親のみの世帯の所得のほんの一部に過ぎない。全国的に代表的なデータセットである米国国勢調査SIPPデータセットは、世帯収入とプログラム参加に関する最も包括的な情報源であるが、2018年のSIPPでは、パートナーのいない母親の年間世帯所得は、平均5万4403ドルだった。金額の大部分は個人の所得で、82%にあたる4万1365ドルだ。平均すると、資力調査《ミーンズテスト》に基づいた政府の無償給付（TANFやSSIを含むがこれらに限定されない）からの給付は、世帯所得のわずか2%にあたる1055ドルで、社会保険プログラム（社会保障や失業保険を含むがこれらに限定されない）からの給付は6%にあたる3236ドルだった。さらに3%は養育費から、残りは投資収入などの他の収入源から得られていた。こういった家族がプログラムからの追加収入の恩恵を受けていることは確かだが、パートナーのいない母親が主に政府の給付金で家族を養っているわけではないことは明らかだ。そして、米国でひとり親家庭が増加している原因が、手厚い福祉給付の利用可にあるという主張は、まったくの誤りであり、根拠が見つからないのだ。

まとめ

80年代以降、4年制大学を卒業していない成人の結婚が減ったことによって、結婚する米国人成人の割合が大幅に減少した。現在、婚姻率には、相当の「大卒格差」が、全体的にも、白人・黒人・ヒスパニックの成人の間にも存在する（アジア系は例外で、教育水準が低い人でも比較的高い婚姻率を示している）。大学教育を受けていない成人の婚姻率の低下は、経済的な流れと変化する社会規範の両方を反映している。過去40年間で、4年制大学を卒業していない男性の経済的地位は、絶対的にも女性との比較においても低下しており、そういった男性は稼ぎ手としての信頼度と結婚適性が弱まっている。

結婚の衰退とそれに伴うシングルマザー家庭の増加の主な要因は「経済力」であるが、その一方で、今私たちは新しい社会パラダイムを経験しており、大学教育を受けた階級以外では、子どもを持つ成人も含めて、結婚を選ばないことが一般的になっている。この展開は子どもたちにプラスに働いていない。米国で、二人親家庭の恩恵を受けずに、とりわけ父親のいない環境で育つ子どもの割合が増えているのだ。この傾向を反転させるには（それが可能だとして）、大規模な経済的変化と社会的変化の両方が必要になるだろう。

第5章　子育ては大変——育児の経済学

「子づくりは簡単。難しいのはそれ以外のすべて」

——グロリア・デルガド・プリチェットの言葉。

『モダン・ファミリー』（シーズン4、第7話「お騒がせ逮捕劇」）

私の子育て

初めて赤ちゃんを家に連れて帰るのは、独得の恐ろしい経験だ。私が新米ママだった頃は、泣いている新生児を絶望の目で見つめ、何をすればよいかと悩み、その場を離れてとにかく眠りたいと切望していた。また、状況が楽になっていくこともなかった。数年後、下の赤ちゃんが時々激しい腹痛を起こした。娘はしょっちゅう泣いた。ノンストップで。抱っこから降ろされるのを嫌がった。ベビーカーの中で泣き叫んだ。車の中でも泣き叫んだ。自分の顔を引っかいた。私の身体の上でないと昼寝をしなかった。ある夜、夫が家におらず、赤ちゃんが何時間もそんな状態だったので、私は外に出て、ふらふらと赤ちゃんを連れてあちこちを散歩しながら、少し絶望的な気分になっていた。すると、近所の女性が家から出てきて、私の腕から赤ちゃんを引き受け、「少しだけ抱っこさせて」と言った。女性は4人の母親で、その瞬間の私が休憩を必要としていることを知っていたのだ。

つい最近、私は、妻が1ヵ月前に第一子を出産したという大学院生と話をする機会があった。彼は「赤ちゃんをとても愛している」「とても感謝している」など、新米の親が言うと予想されることをすべて口にした。そこで私は「でも、大変でしょう?」と尋ねた。すると彼は、先に私がその話を始めたことにほっとしたように、すばやく力強く答えた。

「ええ、そうなんです! 妻はしょっちゅう泣いています。妻が夜眠れるように、僕が夜間の担当をするんです。夜中に妻と一緒に起きて、妻が泣いていて私が疲れ果てているときは、『こんなことを経験した知り合いが大勢いたとは、信じられない』と何度も考えます」。

この会話から引き出せるもう一つの感想は、一緒に子育てをする人がいるのは、個人的に恵まれているということだ。私は何年もの間、何度もこう思ってきた。

「ひとり親は一体どうやっているのだろう……」。

子どもたちが大きくなった今、子育ての具体的な心配事や課題は以前とは違っているが、深刻であることには変わりない。子育てはやはり大変だ。お金もかかるし、疲れる。でも、心躍る素晴らしいことであり、人生で知りうる最大の責任と喜びでもある。私は毎日、3人の子どもたちに感謝し、子育てをするという素晴らしい特権に感謝している(そう、コロナ禍の最中にこれを執筆している今も、全員が在宅になり、Ｚｏｏｍ授業を受けている間も）。また、子育てを手伝ってくれる多くの人、特に夫、両親、夫の両親、兄弟、ベビーシッター、子どもたちの友達の親、家族ぐるみの友人、子どもたちの教師、活動を指導・運営するためにボランティアで時間を割いてくれる地域の寛大な大人たちに、心から感謝している。ありきたりのことだが、「子どもを育てるには村全体の協力が必要だ」ということわざはその通りだ。また、多くのリソースも必要だ。

リソースのすべてをつぎ込む

子育てとは、単に子どもを産んで愛するだけではない。子育て方法の違いについて議論する際には、すべての親が子どもを愛していて、どのグループの親が他のグループの親よりも子どもを愛している・愛していないという話ではないのだと、誰もが当然のように受け止めることができる。子どもを持った人は、すぐに子どもを愛するようになる。子どもを愛するだけで大丈夫だと確信できるのなら、すべての子どもが大丈夫なはずだ。私は、最初の子どもが生まれて5時間後に、妹に電話して泣きながらこう訴えた。

「ああ、うちのママが心配症だった理由が今わかった！　私、この子に何かあったら死んでしまうわ…」。

その時の私は知らなかった。さらに多岐にわたる困難が待ち受けていることを――新米の親が知る由もない。親になるとは、心配が増えるということ。なぜなら、自分のコントロールが及ばないことがあまりにも多いためだ。親になることは、持ち合わせるすべてのリソースを駆使して、子どもを守り、愛し、導こうとすることを意味する。子育てとは、わが子（たち）を愛することに加えて、育てるために時間とお金とエネルギーを注ぐことだ。愛情とは別に、親が提供できるものには限界がある。

子どもに時間とお金とエネルギーを注ぐことは、経済用語を使って説明できる。私たちは、健康で幸せで、適応力があり、成功した大人を生産するという期待のもと、リソースと子育てというインプットを投資しているのだ。「成功」の意味は人によって異なるが、ほとんどの人にとって、ある程度の教育達成と成人後の経済的安定が含まれるだろう。子どもを育てて大人にするだけで良いのではない。私たちはまた、わが子に幸せな子ども時代を与え、一緒に楽しい時間を過ごしたいと思っているし、私はそのどれも軽視するつもりはない。私がわが子にすることの多くは、単にわが子と一緒にいるのが好きだからやっていることだ。笑っているのを見たり、話を聞いたり、ハグの感触を味わったりするのが大好きだ。将来の目標やビジョンとはまったく関係がない。とはいえ、本書は不平等と社会的流動性の問題を動機としているため、この章では必然的に、親が子どもの経験を形作り、教育や経済的な成果に影響を与えるプロセスに焦点を当てている。

リソースの内容

この章では、子育てというインプットの主な要素である。（1）金銭的支出、（2）時間の使い方、（3）感情的および精神的エネルギーが、概してリソースの少ない親と多い親の間でどのように異なるかについて、わかっていることを詳しく説明する。本章でレビューする研究の多くは、社会経済的地位によって生じる違いに言及している。社会経済的地位（一般にSESと呼ばれる）は、社会的・経済的地位の包括的な尺度であり、通常は家族の収入、親の学歴、家族構造、そういった要因の組み合わせを網羅したものだ。社会科学および心理学の研究では、親を「高SES」または「低SES」と呼ぶのが一般的だが、データソースによってSESの測定方法が異なる。シングルマザーが世帯主の家庭は一般にリソースレベルが低いため、低SES世帯に分類される可能性が高い。この分野の既存の研究の多くは、この社会経済的尺度を（家族構造の用語ではなく）用いているため、私が次のようなエビデンスを説明するとき、SES分類に少し頼ることになる。

データが裏付けているのは、より多くのリソースにアクセスできると、親の子どもへの投資が増えるということだ。リソースが豊富な親は、子どもへの投資により多くのお金と時間を費やす傾向がある。なぜか？　エビデンスが示すのは、リソースに差がある親の子どものニーズについての見解が異なるからでも、子どものため、または子どもと一緒にしたいことに関しての好みが異なるからでもない。リソースが豊富なカップルは、子育てに関してははるかに多くのリソースを利用でき、リソースが不足すると、低所得のひとり親は子どもにしてあげたいことをすべて叶えるのが難しくなるということなのだ。困難の一部はお金に関すること（働く大人1人は、特に教育水準が同じの場合、働く大人2人よりも収入が少ない傾向にある）だが、仕事や何か他のことをしている間に子どもの世話をしたり、疲れ果てたときに感情的な負担を肩代わりしてくれたりと、仕事量を分担してくれる献身的な大人の存在の有無もまた1つだ。

ひとり親家庭で暮らす子どもは、親のリソースへのアクセスが少ない傾向があるのと同様に、子育てに固有の課題によって、ひとり親家庭の親の投資レベルが低くなる傾向がある。これは、ひとり親が二人親家庭の子どもが享受しがちな恩恵をわが子に与えたくないからではない。リソースが限られているからだ。ひとり親は、子育てに捧げる（あらゆる種類の）リソースが、二人親の場合よりも少ない傾向がある。

子育ての費用

2015年の米国政府の統計によると、子どもを2人持つ中間所得層の夫婦は、誕生から17歳までの子育てに平均して1人につき23万ドル以上を費やしている。[*1]（つまり大学の費用を含んでいない！）。これは、子ども1人につき年間平均1万3500ドル以上という計算になる。意外ではないことだが、子どもへの支出は高所得世帯で高く、低所得世帯で低くなっている。世帯所得分布の下位3分の1に属する家族（年間所得が5万9200ドル未満の世帯）の年間支出は、約9700ドルだった。[*2]上位3分の1に属する結婚している夫婦の家族（年間所得が10万7400ドルを超える世帯と定義する）の年間支出は、約2万1000ドルだった。予算の最大のシェアを占めたのが、住宅、食費、育児または教育費だ。[*3]

こういった平均支出額は、家族間の差異の相当分を見えなくしている。所得だけでなく、子どもの年齢、地理的条件、その他支出の違いを左右する要因が隠れてしまっているのだ。一般的に、子どもが年長の家庭は、子どもが幼い家庭よりも子どもに多くのお金を使う傾向がある。都市部の家庭は田舎の家庭よりも多くのお金を使い、米国の都市部のなかでも北東部の住民は、西部、南部、中西部よりも（高から低の順）お金をたくさん使う。本書のテーマに最も関連性が高いのは、高所得の家庭では、子育てへの直接的な支出が、低所得の家族に比べて非常に多く、過去半世紀にわたってその差が拡大していることだ。ひとり親家庭の子どもは、低所得で育つ可能性が高いため、高額の投資支出の恩恵を受ける可能性は低い。

子どもへの投資支出には階級差がある

物質主義的に聞こえるかもしれないが、子どもや子どもの能力開発にお金を使うことは、親の投資の主な形態の1つである。子どもへの支出のすべてが投資というわけではないが、その多くは投資である。そして、高所得世帯は子どもに多くのお金を使うことができ、実際にそうしているという事実(質の高い保育、私立学校、家庭教師、充実した活動、本やゲームなど)は、資金力のある親が子どもに優位性を移転する仕組みなのだ。

上で報告した政府統計を含め、子どもへの支出についての知識の多くは、米国労働統計局が米国人のお金の使い道を調べるために毎年行う全国世帯調査である「消費者支出調査」に基づいている。データは、回答者が思い出せる過去3ヵ月間の家賃や光熱費などの高額で定期的な支出に関するデータを収集する四半期ごとの調査と、食品や衣類など、頻繁に購入する小さな品物に関するデータを収集する「日記調査」から得たものだ。家族経済と子どもの心身の幸福《ウェルビーイング》に関心のある学者は、子どもへの支出のパターンと傾向を記録するために、このデータを日常的に用いている。

2人の社会学者が、人口統計グループ間の投資支出に関する2013年の研究で、このデータを使用した。投資支出を、教育、育児、レッスン、おもちゃやゲームなどの特定の商品への支出、つまり

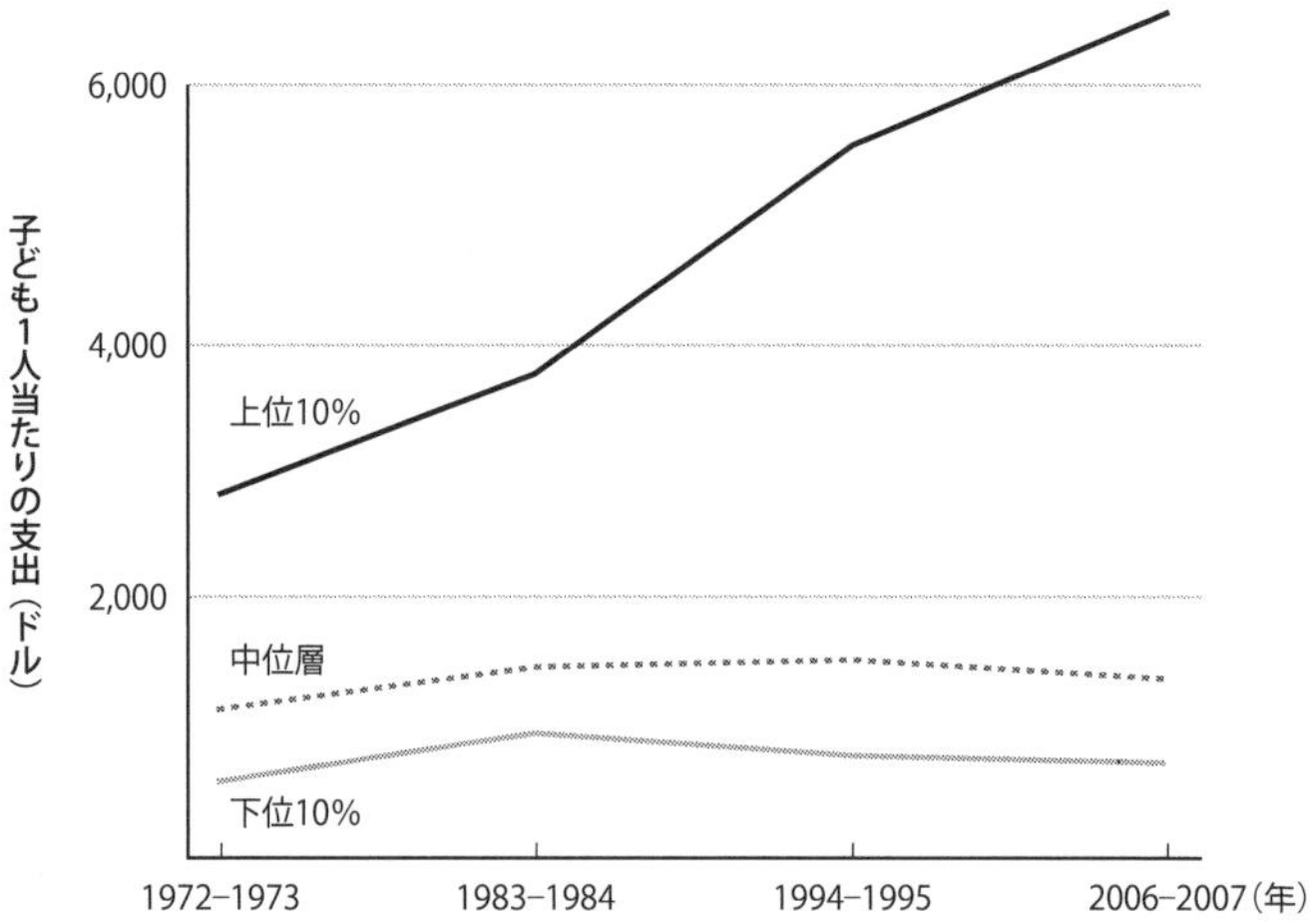

図5.1　子ども1人当たりの親の支出（世帯収入10分位数別）

出典：Kornrich and Furstenberg（2013）表3。

子どもの教育および経済的成功に貢献する可能性のある支出と定義したところ、高所得世帯と低所得世帯の間で、この裁量支出に顕著な違いがあることが判明した。[4] データ分析から、所得分布の上位に位置する親は、低所得の親よりも子どもの投資に多額のお金を費やしているだけでなく、支出の格差（実質ドルで測定、つまりインフレ調整済み）が70年代以降に大幅に拡大していることも判明した。[5] 図5・1は、この分析からのデータを記したものだ。所得の上位10％の親は、子ども1人当たりの投資支出を、70年代初頭の2832ドルから90年代初頭の5551ドル、2006〜2007年には年間6573ドルに増やした（すべてインフレ調整済みの2008年のドル）。この計算では、投資支出の不平等が完全には捉えられていない。なぜなら、金額に住宅費が含まれていないからだ。評価の高い学区の住宅に多額のお金をかけるのが、高所得の親が子どもに投資する最も一般的な方法なのだ。

子どもへの支出における所得格差の拡大は、ここ数十年で所得格差が拡大していることを反映している。所得分布の上位やそれに近い層の所得が急増しているのだ。しかし、話はそれだけではない。70年代から90年代にかけて、高所得の親は、子どもへの投資財に充てる世帯所得の割合を増やした。これは、子育てが一般的に、より熱心な活動となった時期と一致する。

高所得世帯による子どもの教育と能力開発への支出は、所得分布の中間および下位の家庭の支出金額（と支出可能な金額）から、離れていく一方だ。分布の中間に位置する家庭では、子ども1人当たりの投資支出は（2008年のドル換算で）70年代初頭の1143ドルから1990年代初頭の1548ドルに増加し、2006年から2007年にかけて1421ドルに推移した。著者らは、これらの金額がそれぞれの（世帯平均）所得の4・2%、6・5%、5・2%の支出シェアの反映だと推定している。所得の下位10%の家庭が子ども1人当たりの投資に費やす実質金額も、この3つの期間でほぼ一定しており、それぞれ607ドル、779ドル、750ドルである。

このような投資支出もまた、高所得の親の子どもに豊富なリソースが投じられ、その成長を促す方策となっている。そして、恵まれない家庭環境の子どもが追いついたり競争したりすることがますます困難になっているのだ。

習い事の費用

リソースに恵まれた親と恵まれない親が子どもに提供できる経験の格差を見るためのもう1つの方

法は、課外活動への関与に目を向けることだ。意外でもないことだが、リソースに恵まれた家庭の子どもは、課外のさまざまな充実した活動に参加する傾向がある。２０１５年にピュー研究所が実施した親の調査では、子どもが充実した活動を経験する割合に大きな収入格差があることが明らかになった。[*6] 世帯収入が７万５０００ドルを超える親の84％が、過去1年間に子どもがスポーツや運動活動に参加したと報告している。一方、世帯収入が３万ドルから７万４９９９ドルの親では69％、世帯収入が３万ドル未満の親では59％だった。

これら３つの所得グループについて、子どもが音楽、ダンス、アートのレッスンを受けたと回答した割合は、最高所得グループから最低所得グループの順に、62％、53％、41％だった。つまり、年収が７万５０００ドル以上の家庭と３万ドル未満の家庭では、子どもが音楽のレッスンを受ける可能性に21％ポイントの差があるということだ。

この調査結果は家族構成にどう関係しているのか？　思い出してほしいのは、家族構成が世帯所得の大きな決定要因であることだ。二人親家庭は世帯所得が高い傾向にあり、子どものアクティビティにお金を（贅沢なまでに）かけることができる可能性が高い。スポーツチームに参加したり、楽器を演奏したりといったアクティビティは、子どもが才能、知性、情熱、集中力、熱心に取り組む力などを育むのに役立つことに加えて、単純に楽しい経験でもある。学校環境の外で、電話や電子機器から離れて、子どもに有意義な時間を与えてくれる。悲しいことではあるが、子どもがそのようなアクティビティに参加するかどうかは、家族が持つリソースレベルに大きく左右される。これもまた、家庭環境の異なる子どもの経験にばらつきがあることの一例だ（理想的には、コミュニティや慈善団体がこうしたギャップを埋め、家族構成に関係なく、リソースの少ない家庭の子どもたちもスポーツ、音楽、アート、キャンプを豊富に体験できるようにする必要がある。ちなみに全国にはこれを満たす素晴らしいプログラムが数多くある。経済、政策、そして人道的観点から、プログラムが拡大し、成長していくのが有益だろう。話が逸れてしまった）。

こうした経験格差は、子どものアクティビティに多額のコストがかかり、一部の家族が途方もないお金と時間を子どものスポーツやダンスやユニークな趣味に費やしていることからも理解できる。私の母も、孫たちのさまざまなアクティビティや習い事について、「驚いた。あなたたちが子どもの頃、私たちにはとてもそんなに出せなかったわ」としょっちゅう言っている。ランド研究所による2019年の調査は、「平均以下の所得の家庭の子どもは、子どものスポーツにかかる費用を理由に参加を思いとどまっている」という印象を裏付けている。[*7] 約2800人の親、公立学校の管理者、地域のスポーツプログラムのリーダーを対象に調査を行ったところ、たとえばボランティアや交通手段の提供など、金銭的な費用と家族の時間のコミットメントが、低所得家庭の中高生のスポーツ参加の障壁になっていることが判明したのだ。

私の妹たちはニュージャージー州の公立高校でラクロスに出会うまで、誰1人ラクロスをしたことがなかった。それでも、3人とも東海岸の名門大学にラクロス選手としてのスカウトを受けた（幸運なことに、私は長女だったので、妹たちと同じスポーツ選手の道を歩まないことをさほど気にする必要はなかった）。データによる裏付けはないが、聞こえてきた話を総合すると、現代において妹たちのようなケースはほとんどなさそうだ。今どきは、わが子が大学レベルでスポーツをすることを目指す家族は、子どもが高校生になる前から、スポーツチームやトレーニング活動に莫大なお金と時間を費やしている可能性が高い。スポーツや芸術や何においても、子どもの教育の強化に熱心になる傾向について、1つ確実に言えることがある。それは、親が支出する子どもへの投資については、十分なリソースのある家庭の子どもが極めて有利であるということだ。

また、これは子どもが幼いときの親の支出だけの話ではない。90年代以前は、親が子どもへの投資に最も多くのお金を費やしたのは、子どもが10代の頃だった。90年代以降、親の投資支出は、子どもが6歳未満のときに最大になり、その後20代半ばで再び最大になっているのだ！ 6歳未満の子どもへの支出が多いのは、「幼少期の経験が子どもの発達と将来に重要」だという認識の高まりを反映している。そして子どもの青年期に親の支出が増える（これもまた、資金力のある親の方がはるかに実行しやすい）のも、リソースの多い子どもが、現代の厳しい経済と住宅市場の中で、経済的安定と成功の後押しを得られやすいもう1つの例だ。成人期まで親が継続的に支出するという新たな規範のせいで、家族構成と親のリソースが、ますます子どもの成人後の行方に重要な影響を与えることになるのだ。

子育ては時間を取られる

子どもはお金がかかるだけではなく、親を消耗させる――時間を取られるからだ。「子育てには相当の時間を取られる」と、どんな親でも、時には質問するまでもなく、話してくれるだろう。子どもが小さいときは、食事を与えてお風呂に入れて服を着せる。成長するにつれて、今度は親が（必要を感じて、または子どもに要求されて）本を読み聞かせ、一緒に遊び、習い事の送迎をし、子どもはそこから恩恵を受ける。ティーンになると親に求められる時間の質が異なってくるが、その年齢期の情緒や教育や精神衛生上のニーズから、やはり子育てにかける時間が非常に多い（そして感情的に消耗する）時期になりそうだ。では、家庭のタイプによって、親の時間はどのように異なるのだろうか。皆さんのほとんどは、すでにパターンにお気づきかもしれない。そう、子どもに費やす親の時間には格差があり、高収入の夫婦の家庭の子どものほうが有利なのだ。

70年代と80年代以降、子どもへの投資における所得格差が拡大したことが、親が子どもに費やす時間の所得格差の拡大にも反映されている。今の親は、以前の世代の親と比べて、子どもとの充実した活動にはるかに多くの時間を費やしている。おそらく皆さんの多くは、こんなことを聞いたり、自分で言ったりしたことが一度はあるのではないか。

「昔の親は、子どもを外で遊ばせておくだけだったのに！」

熱心な子育ては現実として増えてきている。そのことは、米国国勢調査局が収集した全国的な代表データセットである「米国時間使用調査データ」から見て取れる。データは、２００３年から２０１９年にかけて実施された21万件以上のインタビューから収集されたもので、調査員は被験者に前日の活動を24時間思い出してもらい、１日の時間の使い方の情報を得た。調査には、週末を含む各曜日が均等に記されている。

親の時間の使い方の移り変わりに反映されているのは、子どもを育てる姿勢の変化と、子どもの経験と環境が子どものウェルビーイングとその後の人生に与える影響の大きさである。しかし、親の時間投資の増加は、人口全体に均等に起こっているわけではない。予想どおり、子どもと過ごす時間を増やす傾向は、学歴が高く、リソースに恵まれた親に多く見られるのだ。

子育て時間は投資である

経済学者は、時間の使い方の違いがもたらす利益とコストの違いなど、人々が時間をどのように使うかについて広範囲に考察している。子育てに関して言うと、経済学者は育児を「家庭内生産」活動、つまり、食事や水を与えたりといった、家庭（この場合は子どものいる家庭）の基本的な維持活動に分類することが多い。しかし、経済学者のジョナサン・ガリアンとエリック・ハーストと私が共著した2008年の論文では、親の教育水準別に見た「育児」のパターンが、教育水準別に見た「家庭内生産と余暇」のパターンと大きく異なるという発見について記した。[*8] 子どもの世話は、「時間の使い方」という独自のカテゴリーに当たるようなのだ。2004〜2006年の米国時間使用調査のデータを用いて、私たちは、教育水準の高い母親と父親が、清掃や掃除機がけといった家庭内生産活動に費やす時間が少ないことを発見した。また睡眠やテレビ鑑賞、友人との付き合いといった余暇活動に費やす時間も減っている。この時間をどう過ごしたのか？ いわゆる「育児活動」で子どもと直接関わることに、多くの時間を費やしていたのだ。

私自身も働く母親として、自分の時間の大半を、仕事か子どもたちと過ごすために費やしていると いう考えは、ほぼその通りだと思う。そして、私にそれが可能なのは、掃除や洗濯を手伝ってくれる人にお金を払うなどして、子どもたちと一緒に過ごす時間を買えるからだと率直に認める。半分は私の告白、半分は例えとして言っているのだが、リソースが多い親は、家事に費やす時間を減らす余裕があるため、幼いわが子に本を読んであげたり、大きくなったわが子を習い事に送迎したりすることに時間を費やすことができる。しかし、育児時間（子どもと過ごす時間）における学歴の違いは、有給労働の割合の違いでは説明できない。大卒の母親は、高卒未満の母親に比べて、睡眠やテレビを見る時間を犠牲にして、育児と有給労働の両方に多くの時間を費やしている。教育水準の高い親は子どもと関わる時間が長いが、家事や余暇活動に費やす時間は少ない。この事実は、こういった親が子育て活動を、家事や余暇活動とは別物として切り分けていることを示唆している。親は、子どもと過ごす時間を、少なくとも部分的には子どもの成長のための**投資**と考えている可能性が高い。この考えについては後に再び取り上げる。

親の教育水準によって、育児時間の長さに差があるだけでなく、発達に適した育児時間の組み立てかたにも差がある。[*9] 教育水準の高い母親が子どもにかける時間の多さは、発達心理学が年齢別に最も有益だと示唆する方法に一致している。大卒の母親と高卒の母親の育児時間の差が最も大きいのは、乳幼児の基本的な世話と遊び時間なのだ。子どものニーズが変化すると、こうした差にも変化が見られる。教育水準の高い母親は、就学前の年齢になると子どもに勉強を教える時間が増え、子どもが6歳から13歳の間には、子どもの活動の管理に多くの時間を費やしている。

育児時間の家族格差

教育水準の高い親と低い親の間で育児時間に明らかな差があるように、婚姻状況によっても育児時間に差がある。平均すると、結婚している母親は未婚の母親よりも、子どもと関わる1週間当たりの時間が長いのだ。[*10] 18歳未満の子どもを1人以上持つ結婚している母親は、平均して1週間当たり15・1時間を育児、つまり着替えや読み聞かせや習い事の送迎などの子ども関連の主な活動に費やしている。また、たとえ子ども主体ではない活動であっても、子ども（たち）と一緒に過ごす時間は45・4時間だ。未婚の母親は、平均して週12・7時間を育児に専念し、37・8時間を1人以上の子どもと過ごしている。家庭に5歳未満の子どもが1人以上いる場合、結婚している母親も未婚の母親も、育児時間と子どもと過ごす時間が長くなるが、やはり結婚している母親の方が費やす時間が多い。結婚している母親は育児に23・4時間、子どもと過ごす時間が59・4時間であるのに対し、未婚の母親はそれぞれ21・2時間と53時間だ。この違いの一部は、未婚の母親は家の外で働く可能性が高く、子どもと関わる活動に使える時間が結婚している母親よりも少ないという事実に起因している。２０１９年の米国時間使用調査では、未婚の母親の78％が家の外で働くと報告しているのに対し、結婚している母親は71％だ。有償労働に費やす時間も、未婚の母親は平均して週28・2時間、結婚している母親は23・5時間と、未婚のほうが長い。一般的に、結婚している母親は、世帯の唯一の、あるいは主な稼ぎ手になることは少ない（第4章の、多くの結婚生活において伝統的な性別役割が依然として広く浸透しているという議論を思い出してほしい）。そのため、より柔軟に、より少ない時間を有給労働に充てることができると考えられるのだ。仕事に費やす時間を減らして子どもと関わる時間を増やせるという贅沢はまさに、家庭内に別の大人がいる可能性が平均的に高いことで、結婚している母親が享受しやすい贅沢なのだ。

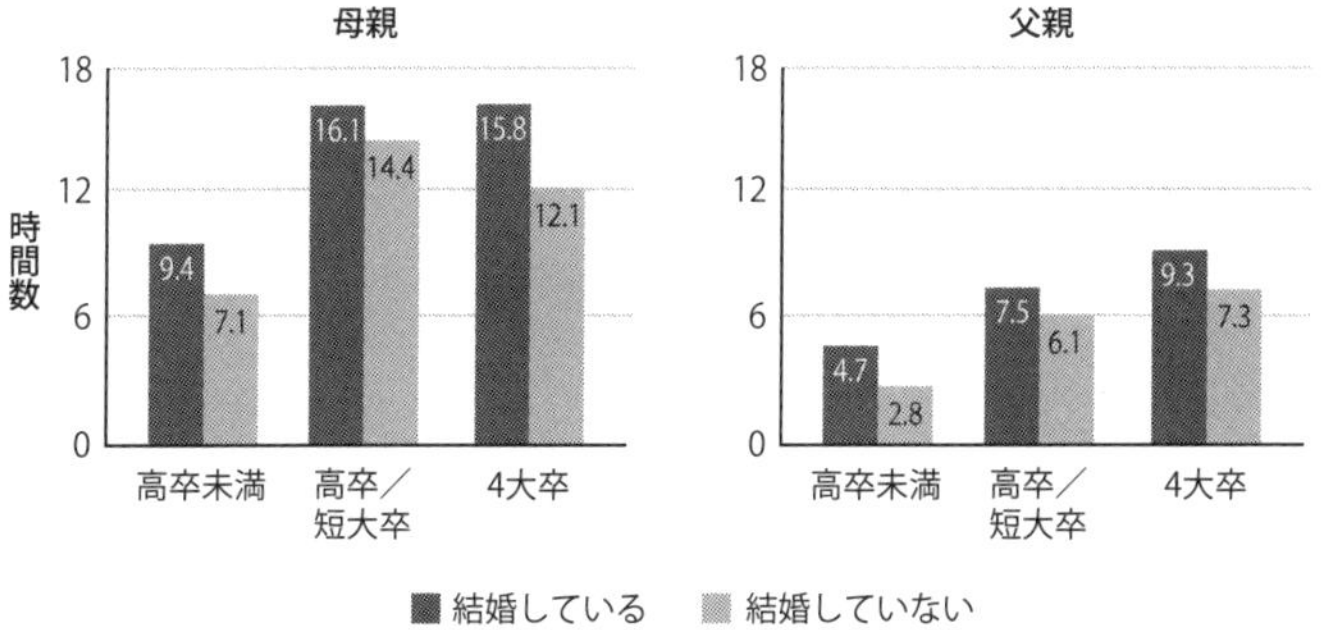

図5.2　親が育児活動に費やす週当たりの時間数（親の教育水準と婚姻状況別）

出典：2019年米国時間使用調査著者による集計。

結婚している母親としていない母親の育児時間の差は、教育水準に関係なく、すべての母親に見られる。教育水準の高い母親は、低い母親よりも育児活動に多くの時間を費やしている（家の外で働く時間も長いにもかかわらず）が、教育水準グループ内で見ると、同じ教育水準の結婚していない母親と比較して、結婚している母親は育児活動に多くの時間を費やし、子どもと過ごす時間も長くなっている。この差について示したのが図5・2だ。また、すべての教育水準において、結婚している母親が市場労働に費やす時間が短いことも事実だ。人種や民族グループ内でも同じ傾向が見られる。白人、黒人、ヒスパニック、アジア系の母親について、結婚していない母親よりも、結婚している母親の方が育児時間や子どもと過ごす時間が長い。

父親はどうだろう？　結婚している父親もしていない父親も、育児活動に積極的に関わったり、わが子と受動的に過ごしたりしている時間は母親よりも短い。ただし、結婚している父親はしていない父親よりも子どもと過ごす時間が長い傾向がある。2019年米国時間使用調査によると、結婚している父親は平均して週当たり8・0時間を育児活動に専念し、30時間を子どもと過ごしている。結婚していない父親はそれぞれ週当たり5・9時間と23・8時間である。また母親と同様に、父親にも、3つの教育水準のすべてにおいて、既婚と未婚での子どもと過ごす時間の差が見られる。4年制大学の学位を持つ父親は、有給労働に費やす時間も最長であるにもかかわらず、育児に費やす時間が最も長く、結婚している父親では週9・3時間、結婚していない父親では週7・3時間となっている。高校卒業資格を持たない父親は、労働時間が最も短いにもかかわらず、育児に費やす時間が最も短く、結婚している父親の育児時間が週4・7時間であるのに対し、結婚していない父親では週わずか2・8時間となっている。

私が上に記した2019年の米国時間使用調査のデータは、親の婚姻状況と学歴別に、母親と父親が子どもと過ごす時間を示している。しかしこの調査には限界がある。それは、家族全体のデータを収集しておらず、世帯ごとに1人の個人からのみ収集していることだ。したがって、このデータを用いて2人の親が子どもに与える合計時間を調査することはできない。ただし、1997年の縦断的データを使い、所得動向に関するパネル調査（PSID）の子どもの発達に関する補足調査に含まれる2700人以上の子どものケアの時間使用データを調査した2014年の研究のおかげで、家族構成に基づいて、ケアを担当する人別に子どもが受け取る合計時間の違いを確認することができる。[*11] データによると、結婚している実の父母と一緒に暮らす子どもは、パートナーのいない母親や母親と同棲しているボーイフレンドと一緒に暮らす子どもよりも、ケアの合計時間が多い。注目すべきは、同居している実の父母、母親と継父、多世代家族と一緒に暮らす子どもは、結婚している実の父母と一緒に暮らす子どもと同等のケアの時間を与えられていたということだ。多世代世帯の子どもは祖父母から相当量の時間的投資を受けており、母親と継父と一緒に暮らす子どもは、非居住の実の父親（注：居住している継父ではない）から相当の時間的投資を受けていた。

投資の大きさは子どもの成果向上につながるのか

親の投資における所得格差の拡大（支出と時間の両方）は、子どもの成績における所得格差の拡大と一致している。スタンフォード大学の教育学研究者ショーン・リアドンは、幼稚園のテストの成績を研究し、所得分布の90パーセンタイルの親の子どもと10パーセンタイルの親の子どもの間のテストの成績の格差が時代と共に拡大し、90年代に生まれた子どもは80年代と70年代に生まれた子どもよりも格差が大きいことを見出した。[*12] 彼の分析によると、同じ期間に人種と民族による成績格差は減少している。

この点に関して朗報なのは、さらに最近の研究で、リアドンと共著者が最近の幼稚園児のコホートのデータを分析し、数学と読解のテストの成績における所得格差が、１９９８年から２０１０年にかけて緩やかに縮小したとわかったことだ[*13]（入手可能な最新の幼稚園児のデータは２０１０年のものだった）。格差が縮小したことは喜ばしいことだが、格差自体は大きく、現在の収束速度では解消まで何十年もかかるだろう（そして残念なことに、２０２０年から２０２１年にかけての米国のコロナ禍とそれに伴う広範囲にわたる学校閉鎖により、こうした進歩の多くが帳消しになり、学習成果の格差が悪化した）。こうした成績格差と親の投資の違いとを明確に結び付けることはできないが、幼稚園のデータから得られた事実は、学校環境に起因するよりも前の（子どもたちの人生における）要因によって引き起こされていることを示唆している。ここで注目されているのは、家庭環境、幼少期の経験、さらには胎児期の経験である。実際に、最近のコロナ禍の経験が、この点を強調している。学校が閉鎖され、子どもたちが家に帰されたとき、リソースの多い家庭と少ない家庭の間で学習成果の差が広がった。家庭環境は重要なのだ。

研究結果は、親が子どもと過ごす時間が（成長に適した活動において）長ければ長いほど、子どもの学業面と情緒面の成績が向上するという考えと一致している。ただし、個々の親の具体的な投資内容についての正確なリターンを定量化するのは困難だ。とはいえ、数多くの研究から、親が子どもと過ごす時間の長さと、子どもの学業や行動の成果との間に正の関係があるという見解が得られている。研究方法論の観点から特に説得力がある研究を2つ紹介したい。

2019年の研究では、同じ家庭にいる兄弟姉妹が母親と一緒に本を読んでいる時間と、その後の標準テストの読解力テストのスコアに基づいて、兄弟姉妹間の違いを調べた。[*14] 兄弟姉妹の比較が有用なのは、兄弟姉妹は両親と家庭環境をはじめ、異なる家庭の子どもの比較を解釈しにくくする多くの特徴を共有しているからだ。兄弟姉妹の結果の違いは、親の活動の違いによる因果関係の違いを反映している可能性が高い。ただし、母親が子どもが同じ年齢とときに本を読んでいる時間が、きょうだいによって違う可能性がある（第一子が読書が好きな傾向にあった、または二番目が生まれたことで母親の読み聞かせの時間が減った）。著者らは、研究を設計する際に後者の傾向を巧みに利用して、弟や妹との年齢が離れている第一子の場合は、読書時間がさらに多いことも指摘している。研究者らは、このような違いを利用して、母親と一緒に読書する時間を増やすと、標準化された読解テストのスコアが大幅に向上するという証拠を示した。

親が子どもと過ごす時間が子どもの成果にプラスの影響を与えることについてのさらなるエビデンスは、2014年の研究から得られる。これは、2004年にデータ収集を開始し、4900人以上の子どものデータを調べた、オーストラリアの子どもに関する長期研究である。[*15] 研究では、子どもがさまざまな活動に費やした時間を、テストのスコアで測定されたその後の認知能力の尺度、そして親が報告する子どもの行動と、社会的・感情的特性と成果とを関連付けた。その分析から、多数の個人的特性を統計的に制御した後に、教育活動に親と一緒に費やした時間が、テストのスコアで測定された認知能力を最も向上させるインプットであることが判明した。対照的に、行動・社会・感情面の結果に最も影響を与えるのは「親の子育てスタイル」であり、効果的だが厳しくないしつけと親の温かさを組み合わせたスタイルが、時間量よりも最良の結果を生み出すことが判明した（研究者たちは母親の子育て尺度のみを考慮しているため、母親だけの家庭の子どもも分析に含めることができた）。

なぜリソースの豊富な親は子どもへの投資を増やすのか

リソースが豊富な親が、家の外で働く時間も長いにもかかわらず、子どもとの活動に多くの時間を費やす理由については、さまざまな説明が考えられる。1つの説明は、おそらく高学歴または高収入の親は、子どもの教育や労働市場での成果を重視し、その成果の向上のために投資するということだ。ペンシルバニア大学の社会学者アネット・ラローは、2003年の著書『子ども時代の不平等』でこの論点を発表した。[16] ラローと大学院生チームが1990年代に調査した88家族のサンプルの一部である12家族の詳細な観察に基づいて、ラローは、中流階級の家庭が、中流階級の地位を維持するために、意図的に設計されたやり方で子育てをすることを見出した。ラローは中流階級の子育てスタイルを「意図的な育成」と名付けた。子どもに話しかけ、習い事の送迎をし、時間を構造化する子育てスタイルだ。

対照的に、ラローは貧困層や労働者階級の家庭の子育てスタイルを「自然成長の子育て」と表現した。構造化されていない時間と干渉の少ない子育てを重視したアプローチである。ラローは、この違いが子どものその後の人生に不平等な結果をもたらすだろうと推測し、それは10年後の家族への追跡調査で確認された（ただし単なる相関関係であり、必ずしも因果関係として解釈できるものではない）。ラローの中心的な主張と発見は、中流階級の「意図的な育成」による子育てを経験した子どもたちは、仕事や人間関係でより成功しているということだった。ラローの観察は興味深い。ただし、中所得層と低所得層の親が、子育て方法や望む方法について系統的に異なる好みや信念を持つことを実証した大規模な調査やデータは存在しない。したがって、私はこの〔ラローによる〕見解を可能な説明として提示する一方で、異なる社会階級の親が、子育てに関して明らかに異なる考えを持っている（利点や制約の差と対立するものとして）、という主張にはいくらか懐疑的であることも表明しておきたい。

親の育児における教育格差に関する2つ目の説明が、教育水準の高い親は子どもの投資の収益率が高いというものだ。もしも教育水準の高い親の子どもの方が潜在能力が高く機会が多いのであれば、そのような子どもに投資した時間に対する収益率も高くなる可能性がある。教育水準の高い親の子どもは大学に行く可能性が高いが、これは必ずしも子どもの能力が高いからではなく、入学までの手続きや大学教育の資金調達がいかに難しいかを考えると、大学が手の届きやすい範囲にあるからだ。そういうことなら、教育水準の高い親が子どもに費やす時間を増やせば、子どもが大学に入学できるか、またどのような大学に通うかについて（経済学者が好む表現で言うと）「限界的な」効果を与えるだろう。対照的に、教育水準の低い親は、子どもに本を読み聞かせたり、教育活動に送迎したりする時間を増やしても、子どもに手が届く機会の種類や、大学に行けるかどうかには影響しないと考えているのかもしれない。

言い換えれば、いわゆる「優位な立ち位置」から得られる利益が大きければ大きいほど、親が子どもに投資するということなのかもしれない。これは、2人の経済学者が2010年に発表した「ラグ・ラット・レース」に関する論文の背後にある考え方である。ラグ・ラット・レースとは、大学教育を受けた親が、過去数十年に比べて、子どもとの教育活動やさまざまな活動の送迎に多くの時間を費やす傾向のことだ[*17]（「ラグ・ラット（Rug rat）」とは「子ども」を指すスラング）。著者らは、90年代半ば以降、大学教育を受けた母親は、育児に費やす時間を週9時間増やした一方で、大学教育を受けていない母親は週4時間の増加と記している。他の活動から育児活動へと時間を「再配分」したわけだが、この傾向が出たのは、大学入学競争が激化するのと同時であった。大学教育を受けた親の子どもにとって、大学進学がごく一般的であるため、ラグ・ラット・レース行動の増加が大学教育を受けた親に集中していることは、この研究者の見解では理にかなっている。さらに論文では、大学競争がはるかに低い隣国カナダでは、大学教育を受けた親であっても、子どもと過ごす時間があまり変わっていないことが指摘されている。高学歴の親が子どもに費やす時間の増加は、子どもを競争が激しい大学に入学させたいという願望によって推進されているという仮説をさらに裏付けるために、著者らは、大学競争が厳しい地域では子どもに対する親の時間投資が高いことを示している。

経済学者のマティアス・ドゥプケとファブリツィオ・ジリボッティは、世界中の長期にわたるデータを活用して、経済的インセンティブが子育てアプローチの違いを説明できることを示している。2019年の共著『子育ての経済学』では、国による所得格差と子育てのアプローチの違いを関連付けている。[*18] スウェーデンなど経済格差が少ない国では、子育てのステータスは低く、社会的流動性が脅かされない。そのため、スウェーデンの親は米国の親に比べて、子どもの時間と活動に熱心に関わる可能性が低いのだ。言い換えれば、親の投資から子どもが得るものが大きいほど、親がそうした投資を行う可能性が高くなる。この解釈を明確に承認または否定することは難しいが、データのパターンが一致しているため、説得力のあるロジックだと言える。

リソースに恵まれた親が育児活動に多くの時間を費やす理由の3つ目の説明が、感情面で余裕があるから、というものだ。注意してほしいのは、感情面で余裕があることと、時間があることは違うということだ。すでに述べたように、高学歴の親は、有給労働にも多くの時間を費やしながらも、子どもと過ごす時間が長く、これは仕事のステータスに関係ない。感情面の余裕は、時間の余裕とは別物だ。感情面で余裕があることは、座って子どもに本を読み聞かせたり、宿題を手伝ったり、課外活動やイベントに車で連れて行ったりすることができないというストレスに押しつぶされないことを意味する。リソース（お金、時間、献身的な配偶者や共同親権者からの感情的なサポートなど）が少ない親は、日常のストレスのレベルが高く、そのことが、子どもとの活動を行う意欲を損ない、実行に移せなくなる可能性がある。子育ての形成にストレスが果たす役割については、後ほど詳しく説明する。

仕事のストレスを子どもにぶつける

娘たちが幼い頃、数え切れないほど何度も一緒に観たディズニーアニメ『アナと雪の女王』に、お気に入りの歌がある。陽気なトロールたちが、アナと初めて出会ったときのクリストフについて歌っているのだが、その中で、トロールたちは、「人は怒ったり、怖がったり、ストレスを感じたりすると、悪い選択をする」と歌う。これは真実ではないだろうか。そして子育ての決断にも当てはまる。

私自身、ストレスを感じたり、疲れたり、遅刻しそうだったりするときは、子どもたちと座ってボードゲームをしたり、その日の学校の出来事について意味のある会話をしたりするよりも、子どもたちにイライラしたり、1人でいる時間を作ろうとしたりする可能性が高い。ある日の夜、私は子どもたちにも、おそらく夫にも、不機嫌で短気な態度を取っていた。すると娘がほどなく私にこう指摘した。

「ねぇママ、仕事でストレスの多い一日だったみたいだけど、私たちにぶつけないで」。

娘の言う通りだった。私は家族にストレスをぶつけていたのだ。もちろん、指摘されたことで私はさらに苛立った。どう言い返したかは正確には覚えていないが、子どもたちと理想的な形で関わるだけの精神的なエネルギーがないことを、10歳の子どもに気づかれて、いたく反省したのは確かだ。

豊富なリソースを持つ親が、子どもと過ごす時間や、成長を促す充実した活動に費やす時間が多いのは、情報や価値観や好みが異なるからではなく、精神的なエネルギーが豊富だからかもしれない。また、豊富なリソースを持つ親は、発達心理学者が「有害なストレス」と呼ぶものを抱えていない可能性が高いとも言える。低所得世帯は、請求書の支払いや重要な商品やサービスの購入に苦労するため、大きな経済的プレッシャーに直面する。この経済的プレッシャーは、夫婦関係や家族関係に影響を及ぼす高いレベルの心理的ストレスを生み出す可能性があるのだ。

多くの記述的な研究では、低所得の親がより大きな家族や環境のストレスを経験しており、そのことが、精神状態の悪化、家族間の対立の高まり、親子間のやりとりの厳しさや疎遠さを予測することが示されている。シングルマザーと低所得との関連については、このエビデンスの多くはシングルマザーから得られている。

ストレスが子育てに与える影響の研究

最近の研究は、そのような相関関係を示すだけでなく、収入の減少と家族の成果の悪化との間に、もっともらしい因果関係があることを実証している。たとえば、ある研究で、子どもの行動を時系列で調査したところ、家族の収入が比較的高かったときの方が、家族の収入が比較的低かったときよりも、喧嘩をしたり暴言を吐いたりといった外在化の問題が少ないことがわかった。[*19] 同じ研究から、所得増加の推定利益は、慢性的に貧しい家庭の子どもが最大になることもわかった。別の研究では、男性優位の産業に影響を及ぼす経済ショックにより父親が職を失った場合、児童虐待率が上昇することを見出した。しかし、同様のショックにより母親が職を失った場合、児童虐待率は減少した。[*20] このパターンから、母親は家にいて仕事をしていないときは子どもを守ろうとするが、父親は総じて、家にいて仕事をしていないときは子どもに厳しくあたると説明できるだろう。

近年、行動経済学者が行った研究によって、経済的ストレスが人々の集中力や適切な意思決定能力を阻害するという考えが裏付けられた。エルダー・シャフィール、センディル・ムッライナタンと共同研究者の研究は、貧困が個人に精神的負担を課し、認知機能を阻害することを示唆している。[*21] たとえば、ニュージャージー州のショッピングモールで行われた実験で、101人の人々に、架空の経済的な課題（車の修理代を支払う必要がある等）を提示したところ、低所得者に経済的にコストのかかる仮想的な状況を説明すると、その後、関連のない空間認識と推論タスクのテストの成績が悪化した。仮想的な状況がコストのかからないものであれば、テストの成績は悪影響を受けなかった。一方で、高所得者のテストの成績は、規模の大小を問わず、経済的課題を考えることによる影響を受けなかった。高所得者にとって、状況の対処について考えることがそれほど辛くなかったためだと推測される。別の実験で、インドの464人のサトウキビ農家に、植え付けサイクル前後の農家の認知能力をテストした。すると、収入が低い収穫前は、収入が比較的高い収穫後と比較して、認知能力が低下するという結果が得られた。研究者は、農家は収穫前のストレスが強いのは確かであるが、認知能力の低下の原因はストレスではなく、むしろ貧困そのもので、貧しいことが精神的リソースを消費し、他のタスクのための認知能力が減ると分析している。

2つの実験の結果のパターンは、経済的ストレスが認知機能を妨げる精神的負担を課すという仮説と一致する、と行動経済学者たちは解釈している。この研究は、親の意思決定に関する認知機能に特に注目しているわけではないが、この考え方は子育ての文脈にも容易に拡張できる（子育ての課題の常時性を考慮すると）。私が常に請求書の支払いの心配をしていたら、子どもの教育に関する決定を下したり、宿題を手伝ったりするために必要な認知能力は持ち合わせられないかもしれない。ある友人が、かつてこんなことを言っていた。

「私はもはや、貧しくて経済的困難を抱える両親の子どもではなく、お金に苦労しているひとり親でもない。だから、両親の経験について以前よりもずっと同情心が持てるし、両親がたびたび無関心に見えたことにも理解ができる」。

どんな親でも、この種のストレスにある程度までは対処するものだが、ひとり親は、日々の課題にひとりで、少ないリソースで立ち向かうことが多い。そのため、「有害なストレス」が、リソースの少ないひとり親にとって、深刻で持続的であると考えるのは合理的であり、論理的ですらある。

格差を埋める子育て支援策

低所得（多くはシングル）の母親の子育て改善を目的として、長年にわたりさまざまな政府の子育てプログラムが実施され、研究されてきた。米国保健福祉省は、妊娠中から乳幼児期までの家庭訪問プログラム（ＭＩＥＣＨＥＶ）を運営しており、連邦と州と自治体レベルでのプログラム間の協力とパートナーシップを促進している。プログラムの目標は、「エビデンスに基づく家庭訪問プログラムを通じて、リスクのある子どもの健康を改善すること。家庭訪問プログラムは、妊婦、父親になる予定の人、５歳未満の子どもの親や保護者を対象としている」[*22]。２０１０年から運営されている

ＭＩＥＣＨＥＶはまだ比較的新しいプログラムだが、その活動とデータが、子育て行動の要因や、リソースの多い親と少ない親の子育て実践のギャップを埋める方法について独自の洞察を提供できる可能性がある。

他に、広く採用され、厳密に評価されている連邦政府支援のプログラムが3つある。ナース・ファミリー・パートナーシップ、早期ヘッドスタート家庭訪問プログラム、ヘルシー・ファミリーズ・アメリカで、ＭＩＥＣＨＥＶと同様に、いずれも家庭訪問に重点を置いている。ナース・ファミリー・パートナーシップは、貧困生活にある初産の母親に焦点を当てた非営利団体だ。妊娠中から子どもが2歳になるまで、看護師が母親の自宅を訪問して子育てについて教育し、リソースを共有し、健康チェックを行う。早期ヘッドスタート家庭訪問プログラム（ＥＨＳ）は、低所得の妊婦や0歳から3歳の子どもを持つ家族に、子どもの発達と親のサポートのサービスを提供する連邦政府の取り組みであり、家庭訪問や、親子のグループ交流活動などを行っている。ヘルシー・ファミリーズ・アメリカは家庭訪問プログラムであり、対象となるのは、トラウマや親密なパートナーによる暴力、メンタルヘルスの問題、薬物乱用の履歴のある家庭である。妊娠中や親になったばかりの人が、児童虐待のリスクや幼少期の発育不良のリスクに基づいてスクリーニング・評価される。週に一度の家庭訪問があり、必要に応じて自治体の他のサービスを紹介することもある。

発達心理学者のアリエル・カリルとレベッカ・ライアンは、2020年に上記3つの家庭訪問プログラムの有効性に関する膨大なエビデンスを調べ、プログラムの有効性はプログラムのモデルと実施方法によって異なることを見出した。[*23] ただし、たとえ肯定的な効果をもたらすと実証されたプログラムを使っても、効果はほどほどであり、数年以内に減少したと指摘し、プログラムが親の子育て行動と子どもの成果を有意に変える可能性については慎重に評価している。また、効果が最大かつ最も一貫しているのは、母親の感受性や刺激を高めることではなく、厳しいしつけや児童虐待を減らすことに関してであると強調している。つまり、プログラムの対象となるターゲット層（ほとんどが貧困家庭）において、家庭訪問プログラムは、特に優れた子育て法を奨励するのではなく、極度に不適切な子育てを防ぐのに最も効果的らしいということだ。

ＰＡＣＴ（ペアレンツ・アンド・チルドレン・トゥギャザー）プログラムは、低所得の親を対象に、就学前の子どもへの本の読み聞かせを増やすことを目的とした有望な介入だ。この実験的なプログラムは、連邦政府の未就学児を対象とした「ヘッドスタート」（サポートを必要としている家庭の子どもを対象として、就学の援助を実施するプログラムのこと）に通う子どもを持つ親のサンプルを対象に実施され、シカゴ大学の「行動洞察と子育てラボ（Behaviora lInsights and Parenting Lab）」によって評価した。[*24] ＰＡＣＴプログラムで６週間にわたり、１６９人の親に、英語とスペイン語の子ども向けの本が入ったアプリが入った電子タブレットを貸与した。ＰＡＣＴプログラムに参加した親の半数を、集中的なプログラムを受ける治療群に無作為に割り当て、子どもへの読み聞かせを増やすように構築された３つの行動要素（目標設定の演習、定期的なテストの通知、レベルの高い読書の認識）を学習させた。残りの半数の親は、読み聞かせを熱心に推奨されない比較群となった。ＰＡＣＴプログラムが親の読書活動に与える影響を測定するために、研究者は、読書に費やした時間と読み終えた本の冊数に関するデータをアプリから得て使用した。

集中プログラムの行動奨励ツールは、親の読書時間を増やすのに効果的だった。PACTプログラムの6週間、提供デバイスのアプリを使って測定したところ、治療群の親は比較群よりも子どもと一緒に読書する時間が大幅に長くなった。さらに、行動を奨励することは忍耐力が低かった親に大きな効果をもたらした。事前に親の「現状バイアス」、つまり将来の結果よりも現在の状況に重きを置く傾向のレベルを測定した。たとえば、〔将来のため〕今は節約したいのに、魅力的な商品に多額のお金を使うのは、「現状バイアス」に屈することだ。PACT研究は、一部の親が子どもにあまり本を読まない主な理由が「現状バイアス」かもしれないという仮説を検証する意図を持ち、目標設定、頻繁なリマインダー、社会的報酬などの行動ツールは「未来を現在にもたらす」ように設計された。これは効果的なアプローチだったようだ。

この研究が重要なのは、行動の動機付けが低所得の親の幼い子どもへの読み聞かせを増やすのに効果的であることを示している点だ。また、研究の一環として実施された広範な調査作業を通じて、低所得の親が高所得の親ほど子どもに本を読んで聞かせる時間が多くない理由として考えられる2つの説明と矛盾していることもわかった。第一に、ベースライン調査では、両グループの親は共に、子どもに本を読み聞かせることは重要であり、子どもにもっと本を読み聞かせる時間を持てば幼稚園の準備がより整うと考えており、子どもに本を読んで教育するのは親の責任であると考えていると回答した。この結果は、低所得の親が子どもに本を読んで聞かせる時間が比較的限られていることが、子どもを軽視する態度を反映しているわけではないことを示している。第二に、親はリーディング素材へのアクセスは障壁ではないと回答した。態度とアクセスが共に、読書時間が限られていることの一般的な説明にはならないという事実は、行動による説明がより重要であることと一致している。

特定の子育てプログラム以外にも、低所得世帯の所得圧力を軽減することで、母親の健康と子育て行動が改善されることが実証されている。たとえば、研究によると、勤労所得税額控除（米国において低所得の労働者の勤労意欲を高めることを目的として設計された制度）の拡大により、低所得のシングルマザーへの所得移転が増加したことで、資格のあるシングルマザーのメンタルヘルスが改善されたことが明らかになっている。[*25] 一般的には、世帯収入の増加が低所得世帯の子どもの成果の向上につながるというエビデンスがすでに十分に存在する。

本書の最終章では、国家としてこれらの課題にいかに思慮深く取り組むべきかという核心の議論に踏み込む。しかし、私はここで言わずにはいられない。シングルマザーの家庭（一般的には低所得世帯）で育つ子どもたちの相対的な不利に対処し、子どもたちの成果における階級格差を縮小するために、米国は低所得世帯の物質的負担を軽減すべく、現行よりもはるかに多くのことを行う必要がある。家族の経済的な安定が増すと、親（シングル、既婚、パートナーなし、同棲の有無にかかわらず）の子どもを養う能力が向上し、子どもに安全で充実した幼少期の経験を与える準備が整い、子どもが成長して人間としての可能性を最大限に発揮できる社会に送り出せる傾向が強まるだろう。

まとめ

教育水準が高く、高収入で、結婚している親の子どもは、教育や学習に役立つ商品や活動への支出、親と過ごす時間、熱心な子育てなど、あらゆる種類のリソースを多く得ている。こうした子どもが母親と父親の両方から定期的に受けとる親からの追加投資は、相対的に有利な人生を送ることを後押し、機会と成果における階級格差を永続させる。

適切に設計された子育て介入は、低所得およびシングルマザーの家庭の子育て行動を改善する可能性がある。このエビデンスは、成功のエビデンスを伴う子育てプログラムを拡大するための慈善団体と公的な資金の正当性を提供するものだ。ただし、私たちは何を期待するかを明確にする必要がある。このようなプログラムは前向きな変化をもたらす可能性があり、その理由によって支援されるべきだが、子育て介入のみによって子どもの成果における階級格差を埋めることは期待できない。

たとえ地域や政府の支援があったとしても、家庭にもう1人の親がいない状態で子どもを育てている親が、十分なリソースのある両親のいる家庭で育つ子どもたちが日ごろから浴びるように享受している親の出費や時間や感情的な余裕を、わが子に惜しみなく与えることができるだろうか？

子育てのリソースと子どもの環境における階級間の格差を埋めるためには、家族を強化し、より多くの父親を家族の一員として迎え入れる必要がある。そのためには、前の章で述べたように、今日の男性が直面している多くの経済的課題に対処し、より多くの男性が「結婚適性がある」、つまり安定した雇用があり、信頼でき、頼りになる男性になる必要がある。また、結婚と子育ての分離が一般化するのを助長する社会の変化にも対処することが求められる。私たちは、ひとり親家庭の増加が子どもに、特に男子にとって良い影響を与えないことを認識すべきだ。それが次章のテーマである。

第6章　少年と父親――つまづく男性

「人生を築くすべての岩石のうち、家族が最も重要であることを、私たちは今日思い出します。また、私たちはその基盤にとって、すべての父親が極めて重要であることを認識し、尊重するように求められています。彼らは教師でありコーチです。メンターであり手本です。成功の模範であり、私たちを常に成功へと導いてくれる男性です。しかし、正直に言うのであれば、私たちは、あまりにも多くの父親が、あまりにも多くの人生とあまりにも多くの家庭から欠けていると認めることでしょう」

――バラク・オバマ、シカゴの使徒教会での２００８年の父の日スピーチ[*1]

男子のつまづき

今の時代、男子は女子よりもかなり高い確率で学校で問題を起こしている。警察沙汰を起こす可能性が高く、大学に進学したり、高度な学位を取得したりする可能性が低くなっている。男子はつまずき、遅れをとっている。男子が女子や女性よりも学校で問題を抱え、大学を卒業する割合が低い理由については、シンプルな回答があるわけではない。学校や法的なトラブルについては、男子のほうが危険な行動が「外在化」しやすく、悪い意味での注目を集めやすい理由はいくつも存在する。この男女格差《ジェンダーギャップ》の一部は、男子の気質や脳の神経経路に起因する可能性がある。また教師などの大人による、男子（とりわけ黒人の）に対する不公平または差別的な態度にも何らかの原因があるかもしれない。男子は一般的に女子よりも成熟するのに時間がかかるのだが、学校や社会全体が、活発で騒々しい男子に不寛容で容赦がないという現在の社会規範によるものかもしれない。しかし、それ以外に男子の身の上に起きていることがあり、それが以前よりも頻繁になっている。父親がいない家庭で育つ男子が増えているのだ。父親は教師でありコーチであり、手本であり、規律を与える人でもある。ゆえに、多くの家庭に父親がいないことは、当然ながら子どもに悪影響を及ぼし、特に男子への影響が大きい。親は子どもにとって重要なロールモデルだ。父親は息子にとって大切な模範である。愛情深い父親が家庭にいないことで、男子は非常に不利な立場に置かれるのだ。

今日の少年たちのつまずきは、これまでの章で論じてきた苦戦する男性の下流化傾向の結果だ。少年と男性が直面している課題は、相互に強化し合っている。つまづく男性（特に4年制大学の学位を持っていない男性）が増えているが、そうなると、ふさわしいまたは望ましい夫や同居の父親になる可能性が低くなり、家庭内で父親のプラスの影響を受けずに成長する少年が増える。すると少年は苦境に陥り、将来的に信頼できない労働者やパートナーや父親になる。悲しいことに、このサイクルは繰り返され、社会に否定的な影響が広がってゆくのだ。

現在の傾向は、人種や民族グループを超えて男性と少年に影響を及ぼしているが、最も大きな影響を受けているのが米国の黒人少年だ。影響力のある2019年の調査（以下で詳しく説明）では、近所の家庭に黒人の父親が多いことは、同じ地域の黒人少年の社会地位向上率が高いことの非常に強力な予測因子であることが示された。しかし問題は、多くの黒人少年が、貧困率が低く、黒人の父親の存在率が高いという有利な特性を持つ地域で育つという恩恵を受けていないことだ。なぜこれほど多くの黒人の父親が子どもが暮らす家や地域にいないのかという疑問もまた、簡単には説明できない複雑な問題である。1つには、労働市場と刑事司法制度における構造的差別の反映だと言える。過去40年間で、黒人男性を含む多くの男性が中間所得の職を失ったことで、状況は悪化している。米国内で黒人男性であることのいまだ残り続けるハンディが、大学の学位を持たない男性が概して経済的な逆風に直面しているという事実によって輪をかけてひどくなっているのだ。

苦戦のデータ

男子が苦戦していることは、さまざまな面で明らかだ。これを説明するために、2つの重要な成果をたどってみよう。1つは幼少期の学校での行動と懲罰、もう1つは青年期の大学卒業である。男子は女子よりも停学処分を受ける可能性がはるかに高い。男子の校内謹慎処分と校外謹慎処分の確率はそれぞれ7・2%と7・3%であるのに対し、女子はそれぞれ3・6%と3・2%である。この差が重要なのは、停学処分の発生率が高いほど、高校を修了する可能性が低くなるからだ。

校内および校外の謹慎処分率は、黒人の男子と女子で特に高い。黒人の男子の校内謹慎処分率は14%、校外謹慎処分率は17・６%、黒人の女子では、同等の処分率はそれぞれ８・５%と９・６%である。ヒスパニックの生徒の謹慎処分率は、男子が６・７%と６・４%であるのに対し、女子は３・４%と２・６%だ。白人の生徒では、男子が５・９%と５・０%であるのに対し、女子は２・４%と１・７%である。アジア系の生徒では、全体的な程度と男女格差のどちらもはるかに小さく、男子は２%未満、女子は１%未満となっている。[*2] 黒人の若者の停学率は驚くほど高く、生徒に対する懲戒手続きとしての停学の公平性と有効性や、学校内の差別的態度について、多くの疑問を生じさせる。学校の懲戒手続きに関する問題提起は本書の範囲外だが、統計データ自体は重要な事実を浮き彫りにしている。それは、学校で外在化行動、つまり喧嘩や暴言や規則違反や器物損壊といった外に向けられた問題行動によってトラブルを起こす可能性が、男子の方が女子よりはるかに高いということだ。

２つ目の重要な成果は、若者の間で、大学の学位取得に女子に有利な男女格差《ジェンダーギャップ》があることだ。25歳以上の男性と女性では、４年制大学の学位（ＢＡ）取得率の合計は比較的近く、男性が32%、女性が34%だ。しかし、１９８４年から１９９５年の間に生まれた24歳から35歳の若者の教育達成度に目を向けると、男女格差が浮かび上がる。この年齢層の男性がＢＡを取得する確率は、女性よりも８%ポイント低く、33%対41%である。ＢＡ取得の男女格差は、非ヒスパニック白人の若者で最も大きく、白人男性の38・３%がＢＡ以上を取得しているのに対し、白人女性は47・７%だ。黒人の若者では、男性の20・１%がＢＡ以上を取得しているのに対し、女性は27・２%である。24〜35歳のヒスパニック男性のうち、学士号以上の学位を取得しているのはわずか17・３%であるのに対し、ヒスパニック女性は24％になっている。アジア系の間では男女差が非常に小さく、男性の65・3％が学士号以上の学位を取得しているのに対し、アジア系女性は68・5％だ。[*3]

シングルマザー家庭の男子

この結果は、家族や家庭環境とどのような関係があるのだろうか？　実は、男子の発達と行動（教育成果を含む）は、時代の流れと共に、そして人口統計グループ全体で、とりわけ家族環境に左右されるらしいことがわかっている。シングルマザーの家庭で育つ子どもの割合が増えるにつれて、男子の相対的な不利（教育修了レベルなどで表される）も増えているのだ。この力学には何らかの因果関係があるのだろうか？　家庭に父親の姿がないことは、男の子にとって特に不利があるのだろうか？　エビデンスは、そうであると示唆している。

確かに、父親の存在と男の子の成功／つまずきとの関連性には、家族構造以外の多くの要因がからんでいる可能性が高い。たとえば、シングルマザー家庭が珍しくなくなった同時期の数十年間に、学校側が乱暴な行動（女子よりも男子に多く見られる）に寛容でなくなったという可能性もある。シングルマザー家庭が他の人種や民族グループよりも黒人家庭に多いことから、黒人男性と男子に対する人種的敵意と差別が蔓延している事実も考慮に入れる必要がある。これが学校や刑事司法制度における黒人生徒の扱いの厳しさにつながっていることは明らかだ。男女格差《ジェンダーギャップ》を生み出す上で家族構造が果たす潜在的な役割を指摘することは、人種的偏見など他の要因の重要性を軽視したり、減らしたりするものではない。重要なのは、父親が家にいないことが男子の行動上の問題と相関関係にあることを示すエビデンスに光を当てることだ。それが学校や仕事での長期的な課題につながる可能性がある。

この関係性についての重要かつ印象的な研究が、経済学者のマリアンヌ・バートランドとジェシカ・パンによって2013年に発表された。[*4] 研究の動機付けとなったのが、男子は女子よりも「非認知スキル」に問題を抱えているようだという見立てだ。非認知スキルとは何か？ 経済学以外の社会科学者は、このスキルを「社会情動的スキル」と呼ぶ傾向がある。または、「学問的知識のある人《ブックスマート》」と区別する意味で「ライフスキル」と呼ぶ人もいるだろう。多くの研究から、認知的な学問的知識だけでなく、この非認知スキルが、学校や労働市場での成功を決定する役割を果たすことが示されている。非認知スキル（自制心、根性、忍耐、誠実さなどの特性）は、学校で問題を起こすかどうか、高校を卒業するかどうか、大学に入学して在籍し続けるかどうか、最終的に高給を稼ぐかどうかを予測することもできる。

脳の理論によれば、思春期の男子の脳は女子の脳とは発達の仕方が異なり、女の子に有利な非認知能力の男女格差《ジェンダーギャップ》が生まれる。しかし、未解決の大きな疑問が残る。バートランドとパンが追求したのは、「環境が非認知能力の発達にどのような役割を果たすのか」ということだ。「生まれつき」の他に、「育ち」は影響をもたらすのか。研究では、男子と女子の非認知能力の発達に家庭環境と学校環境が果たす役割を特に調査した。主なデータソースは、全米教育統計センターが実施した縦断的研究「幼少期横断的研究：幼稚園コホート（ECLS-K）」である。データは、1998年に幼稚園に入園した約1000校の2万人以上の児童の全国的な代表サンプルから得られたものだ。この研究では、児童、親、教師、学校から得た、児童の認知的・社会的・感情的・身体的発達と、児童の家庭環境と学校環境に関する情報を用いた。

判明したのは、行動成績の男女格差《ジェンダーギャップ》の重要な決定要因は「家族構造」であり、初期の学校環境よりも重要であることだった。男子は女子よりも行儀が悪く、その格差は、シングルマザーの子どもと二人親家庭の子どもとの間で大きかった。5年生の外在化問題の男女格差については、シングルマザーに育てられた児童は、実の両親がいる家庭で育った児童のほぼ2倍であった。8年生までに、シングルマザーに育てられた子どもの停学率の男女での差は25%ポイント近くになったのに対し、両親がいる家庭の子どもでは10%ポイントだった。

家庭外の原因か

バートランドとパンは、このような男女差について、シングルマザー家庭の子どもが遭遇する可能性のある学校や教室の環境（例：女性教師が多い、問題を起こす生徒が多いなど）が反映されているのかについても調査した。もしもそうであるならば、男子が問題行動を起こす頻度が高いのは、家庭環境自体ではなく、学校環境との相関要因によるものと考えられる。しかしデータから、そうではないことがわかった。類似した学校環境の範囲内であっても、シングルマザーの子どもの行動成績の男女差は、両親がいる家庭で育った子どもよりも大きいのだ。具体的には、幼稚園の入園年齢、低学年で女性教師に割り当てられたか、問題行動を起こす仲間が多いか、に基づく男女差に体系的な違いは見つからなかった。

これに関連する研究が2019年に別の経済学者チームによって発表されたが、こちらでも同様に、家庭環境の不利が男子の幼少期の発達に不釣り合いにダメージを与えるというデータが得られた。[*5] 研究では1992年から2002年の間にフロリダ州で生まれた100万人以上の小学生の記録を調べた。バートランドとパンと同様に、社会経済的地位の低い家庭で育った男子（こちらの研究では、未婚の母親、若い母親、教育水準の低い母親、妊娠がメディケイド〔アメリカ合衆国連邦政府が州政府と共同で行っている医療扶助事業〕でカバーされている母親の組み合わせで定義）は、女子よりも懲戒や学校での問題を抱えていることが判明した。同じことは、28万組以上の兄弟姉妹のサンプルを使用して同じ家庭環境の男女を比較した場合でも当てはまった。恵まれない家庭環境の子どものうち、問題行動の発生率は、姉妹よりも兄弟のほうが高いというデータが得られたのだ。さらに分析からわかったのは、子どもが住んでいる地域や通う学校の特徴以上に、家庭環境が、男子の成績の軌跡を女子に比べて大幅に、明らかな違いとして形作っていることが判明した。これは、バートランドとパンの研究ほど家族構造に焦点を絞ってはいない研究であるが、導き出された結果は、家庭環境が成績の男女格差に影響を与えるという発見を強化するものとなっている。

シングルマザー家庭の女子との比較

バートランドとパンの研究に再び目を向けよう。なぜシングルマザーの家庭で育った男子は、女子よりも外在化行動を示す可能性がはるかに高かったのだろうか？　研究者たち〔バートランドとパン〕は、研究の一環としてこの疑問について調査した。最初に調べたのは、シングルマザーの家庭では、両親がいる家庭の男子と女子と比べて、息子が受け取る親との時間と養育が、娘よりも一貫して少ないかどうかである。この件については、小さな違いがいくつかあることを示すエビデンスが見つかった。ECLS-Kのデータは、シングルマザーは息子との感情的な距離が比較的遠く（「親の温かさ」が少ない）、息子を叩いたことがある（「厳しいしつけ」が多い）と報告している。さらに、全米時間使用調査のデータから、シングルマザーは娘に比べて息子との育児関連の活動に費やす時間が短いことが明らかになっている。ただし、シングルマザーの子どもに見られる性差は、二人親家庭に比べてほんのわずかに大きいだけである。

バートランドとパンの分析から、男子の成績は女子よりも親の時間と養育の影響を大きく受け、子育ての小さな違いが成果に大きな男女差をもたらすことがわかった。男子の非認知能力の発達は、女子よりもはるかに親の養育と時間に大きく左右されるらしいのだ。たとえば、家庭で親の温かさを多く受けた男子は、5年生での外在化問題行動が大幅に低下するのに対し、女子はほとんど関連がなかった。同様に、家庭で懲罰手段として叩いた場合、男子は幼稚園で素行問題を起こす可能性が高くなるのに対し、女子の場合は関連性がほぼ皆無である。研究者たちは、実の両親がいる家庭では、親の温かさの数値が高く、体罰への依存度が低い傾向があると報告している。男子がこうした親の介入に大きく反応することから、たとえ同じような家庭環境を経験していたとしても、女子よりも男子のほうが、二人親家庭とシングルマザー家庭の環境の違いが、成果に影響しやすいということだ。

この説明は、家族構造のリソースを基盤にした枠組みの考え方と一致している。つまり、親は子どもの家庭環境と子ども時代の経験にリソースを提供する、という考え方だ。リソースには子ども関連の支出、親子の時間、感情的な関与などが含まれる。そしてこういった親からのリソースが、子どもの機会と成果を形成し、リソースが多いほど子どもの成果が向上するのが一般的なのだ。バートランドとパンの研究が画期的なのは、男子の行動的な成果が、親の時間と養育行動という介入に特に敏感であると見出したことだ。その結果、シングルマザー家庭では平均的に親子の時間も親の温かみも少ないため、そのような家族で育つ男子は、女子よりも格段に不利になりやすいのだ。

こういった研究は、容赦のない現実を示している。子どもは家庭環境に敏感なだけでなく、家庭環境によって形成される面が多々あるということだ。そのため、日常生活が大変だという理由でシングルマザーが子どもに望むだけの時間を割くことができず、その時間損失のリスクと規模がバートランドとパンの研究などによって理解が進むと、不平等がどのように生み出され、拡大され、悪化するかを知る手がかりを得ることができる。その結果は不公平で悲惨だ。そして、子どもだけの問題ではない。十分な注意を払ってもらえない子どもがいる一方で、家計を支え、時間とエネルギーが許す限り子どもの世話と見守りに取り組み、多くの場合は1人で抱え込んでいる母親がいる。父親にも心を寄せるべきだ。今ある厳しい現実と闘っていて自分がなりたいと望むような父親になれない人も多いのだ。

繰り返しになるが、子育ては大変だし、ストレスがたまる。シングルマザーは、献身的な配偶者やパートナーと一緒に子育てする人よりも、ストレスが多いのが一般的だ。子どもの世話の経験がある人なら、シングルマザーが厳しい罰を与えたり、子どもに愛情を示さなかったりする傾向があることにおそらく驚かないはずだ。子育てに建設的に向き合うためには、忍耐力や時間の余裕といった、ストレスが多いとなかなか難しいことが求められるからだ。バートランドとパンが記録した力学が少年に与える深刻な影響は、新たに有害な側面をもたらしている。あまりかまってもらえない環境で育つことが、今日では子どものみならず大人の間でも問題となっている男性の問題行動へとつながるのだ。バートランドとパンは、多くの男子がこの種の子育てへの反応として、幼稚園前後から行動を起こし始め、中学校に入るとさらに行動が激しくなると述べている。そういった行動は、犯罪への関与や教育達成度の低さという形で、彼らをさらに大きな問題へと向かわせる。この不幸な軌跡は、多くの少年が人間としての潜在能力を発揮できていない理由の一部になっている。

黒人のひとり親家庭

フロリダ州の行政データに基づく2019年の研究では、男子と女子の成果における男女格差が最も顕著なのは黒人の子どもであることがわかった。黒人の少年は、もう片方の親の不在と学校での行動問題傾向によって、他のグループの少年よりも影響を受けていた。また、先に述べたように、停学率（男子の方が高い）と大学学位取得率（若い男性の方が低い）における男女格差は、米国では黒人が最も大きい。この2019年の研究の著者による分析では、シングルマザー家庭に育つ黒人の子どもの割合が高いことが、黒人の男子と女子の成果に大きな差があることの説明の一部だと示唆されている。加えて私は、男女格差の一部は、米国における黒人の少年と男性に対する差別と人種的敵意という有害な力に原因があるのではないかと（かなり自信を持って）推測している。黒人の少年が直面する不利は相互に強化され、悲劇的な影響を及ぼすのだ。

この話のもう1つの要素が「行方不明の父親《ミッシング・ダッド》」の役割である。これは、黒人家族に最も大きな影響を与える重要な社会的問題として長い間研究されてきた。このテーマを最も詳しく研究したのが、ハーバード大学の社会学者ウィリアム・ジュリアス・ウィルソンである。ウィルソンは、黒人男性の婚姻率が低いことを、黒人男性の就業率の低さと関連づけている。構造的差別が、黒人男性が利用できる限られた経済的機会を悪化させる上で根強い役割を果たしており、これが黒人の成人の婚姻率の低下にもつながっているのだ。これに関連して、米国における黒人男性の大量投獄は、黒人男性が家族やコミュニティから排除されることにつながっている。研究では、１９８０年代に実施された強制的な薬物判決政策から、男性の投獄率の上昇と婚姻率の低下に至る因果関係までが記されている。[*6]

本書の主なテーマは、今日の子ども生活環境における**階級**格差の重要性だが、黒人の子どもが白人、ヒスパニック、アジア系の子どもよりも父親のいない家庭で育つ可能性がかなり高いという事実を無視することはできない。第2章に書いたように、黒人の子どもの54%がパートナーのいない母親と暮らしているが、白人の子どもでは15%、ヒスパニックの子どもでは27%、アジア系の子どもでは9%であり、4年制大学の学位を持たない黒人の母親の子どもの場合、この割合はさらに高くなるのだ。

「父親のような存在」の重要性

多くの黒人家庭に父親がいないことは、その家庭の子どもだけではなく、近所で育つ他の少年たちにも不利に働く。ハーバード大学のオポチュニティ・インサイツ研究室が２０１９年に実施した、経済学者のラジ・チェティ、ネイサン・ヘンドレン、マギー・ジョーンズ、ソーニャ・ポーターが共同執筆した研究から、近所に黒人の父親がいることは、黒人の少年たちの社会地位が向上する最も強力な予測因子の1つであることが示されたのだ。[*7] これは画期的なエビデンスであり、今もそうであり続けている。近所に父親が増えることは、その子どものみならず、近所の他の少年たちにも利益をもたらすのである。

困難な状況で、父親または父親のような存在がいることで得られる利益は、生活の中で父親の愛情を感じている人や、良い父親を知っている人には明らかだ。父親の存在は、温かさと安心感を与えてくれる。2021年、ルイジアナ州シュリーブポートのニュース記事が、この真実を例証するものとして話題になった。生徒の暴力事件が急増し、72時間の間に20人近くの逮捕と停学、その他の懲戒処分が出たことを受けて、父親のグループが、子どもたちの高校でボランティア活動を行ったのだ。[*8] 情報番組「グッド・モーニング・アメリカ」で、5人の父親は「ダッド・オン・デューティUSA」の発足について語った。毎日学校に現れ、さらにはスポーツ行事や学校のダンスパーティにも顔を出し、父親であること以外は「何もしない」ことを実践したのだ。5人の男性は警備員ではなく、何も取り締まらなかった。気さくで、時にはダサい父親のように振る舞うことに集中していた。「Dads on Duty」と書かれたTシャツを着て、朝は学校で生徒を出迎え、父親らしい冗談を言い、授業の合間や後に生徒と歩きながら話をした。父親の1人は次のように説明した。

「私たちは『当番の父親（Dads on Duty）』」という肩書きですが、近所のおじさんのような役割も果たしています。コミュニティ内の男性として奉仕しているんです。父親がいなかったり、父親とあまり良い関係を築けていなかったりする子どもがいるので、大人の男性との適切な関係について知ってもらうのが私たちの目標です[*9]」。

ルイジアナ高校の校長は、父親たちの努力が非常に良い結果を生んだと報告した。学校は年度初めに深刻なギャングの暴力に直面したが、父親たちがやって来ると問題は次第に収まった。ルイジアナの5人の父親は、オポチュニティ・インサイツの研究チームが統計を取って（そして何百万人もの人々のデータを使って！）出した結論を、実践で示したのだ。黒人の父親の存在が、黒人の子ども、とりわけ男子の人生にどれほど役に立つかということを。

大規模データによる調査研究

ハーバード大学とオポチュニティ・インサイツによる研究は広範囲に及び、黒人の父親が男子の成績に与える影響だけでなく、米国人の一世代先への経済的流動性の詳細なイメージも示した。「世代間流動性」は、ある人物の子どもの頃の世帯収入（または所得分布の位置）を測定し、成人後の収入または所得分布の位置と比較するものだ。チェッティと同僚は、1978年から1983年の間に米国で生まれた約2000万人の子どもの所得の推移を追跡した。つまり、この5年間に米国で生まれたすべての人だ。編集された納税記録を用いて、低所得家庭の子どもが成人後に高所得を得る可能性など、世代間流動性の複数の尺度を計算した。その後、データをさらに分析して性別や人種の格差を定量化し、実質的に誰の経済的流動性が高く、誰の経済的流動性が低いかを判断した。

この研究は、いくつかの驚くべき発見をもたらした。女子における黒人と白人の世代間移動率の格差をたどったところ、格差はおよそ存在しないことがわかったのだ。親の収入が同レベルの黒人と白人の少女は、成人後の収入が似たようなレベルだった。親の収入を条件にすると、黒人女性は白人女性よりも所得分布で約1％高く、労働時間は同等だった。似たような所得の家庭で育った黒人と白人の男性を比較したところ、成人の黒人男性の賃金（および就業率）は、白人男性よりも大幅に低かった。

範囲を広げると、所得分布の底辺の家庭に生まれた黒人男子は、成人後に所得分布が上昇する変化が最も少なかった。これは、低所得家庭に生まれた白人、ヒスパニック、アジア系の男子との比較だけではなく、低所得家庭の黒人少女と比べた場合にも当てはまった。研究では、親の収入に基づいて、高校中退率、大学進学率、職業、投獄率において、黒人と白人の男性でかなりの格差があることも記録されている。すべてのケースにおいて、黒人と白人の格差は、女性よりも男性のほうが大きかった。

また、黒人男子の社会地位の上昇率が高く、世代間移動の尺度における黒人と白人の格差が小さい地域の特徴についても調べた。データによると、平均的に黒人男子は、同じ国勢調査区域、つまり近所で育った場合でも、白人男子よりも所得分布の上昇率が低いことが明らかになった。ということはつまり、黒人男子は、学校のレベルが劣り、経済的機会が限られている低所得地域で育つ可能性が高いという事実だけでは、世代間移動率における黒人と白人の差を完全に説明できないということだ。研究者らが見出したのは、黒人男子も白人男子も、貧困率が低く、テストの点数が高く、大学卒業者の割合が高い地域で育った場合、成人後にかなりの高所得を享受していることだった。しかし、そのような地域で育った男子は、平均すると黒人と白人の格差は比較的大きくなる。なぜなら、このような有利な地域で育つ白人男子は成績が良いからだ。

低所得家庭の黒人男子が大人になって高所得を目指す上で特に有利な地域特性が2つあった。住んでいる地域の人種的敵意が低く、子どもと同居している黒人の父親の割合が高いことだ。白人による人種的偏見の割合が低い（人種的偏見のあるグーグル検索者の蔓延率により判別）低貧困地域で育った黒人男性は、成人後の収入が比較的多く、投獄される可能性が低い。また、地域の低所得の黒人家庭で父親がいる割合が高いほど、黒人男子の成績は良くなる。これは、黒人女子や白人男子の成績を予測するものではない。言い換えれば、地域に黒人の父親がいることは、黒人男子の成人後の成果が良好であること、そして社会地位向上の尺度における黒人と白人の格差が小さくなることを強く予測するのだ。

調査結果を具体的に述べると、メリーランド州シルバースプリング（貧困率4・7%、低所得の黒人男子の63%が父親がいる家庭で育つ）、バージニア州アレクサンドリア（貧困率7・3%、低所得の黒人男子の53%が父親がいる家庭で育つ）、ニューヨーク州クイーンズビレッジ（貧困率8・1%、低所得の黒人男子の56%が父親がいる家庭で育つ）などで育った黒人男子は、社会的流動性が高い。貧困率が40%を超え、低所得世帯の黒人男子のうち父親がいる家庭はわずか25%程度であるクック郡、シカゴ、ロサンゼルス南部などで育った黒人男子は、比較的恵まれていない。

しかし、こうした地理的傾向は、人口全体から見ると限られた機会しか生み出さない。現在、貧困率が低い（10%未満）国勢調査区域に居住し、父親が半数以上の家庭に同居している黒人の子どもは5%未満だ。対照的に、白人の子どもの62・5%は貧困率の低い地域に居住し、父親が半数以上の家庭に同居している。ここに、米国の住宅ローンと住宅市場における数十年にわたる差別的で有害な

「レッドライニング（赤線引き）」によって強化された、米国の人種的近隣分離の現代の遺産を見ることができる。[*10]

父親責任育成プログラム

父親が（子どもの父親だけではなく地域の父親も）近くにいることの経済的メリットに関する多くの研究から、1つの明らかな疑問が浮かび上がる。

家族や地域の生活に関わる父親を増やすには、何が必要なのか？

これは、重要かつセンシティブな疑問であり、現在、答えを出すために、全国各地の革新的な父親育成プログラムが取り組みを行っている。プログラムの多くは、「父親の現状を認める」という使命を掲げている。つまり、父親の子どもへの関与の妨げとなる無数の壁（経済や人間関係や個人的な）を認めながら、子どもの日常に父親がいることのメリットを認識するというアプローチだ。

米国保健福祉省の家族支援局は現在、州政府・地方自治体・地域ベースの組織を通じて、父親育成プログラムと家族プログラムに数十種類の助成金を支給している。[*11] この連邦機関はまた、父親・専門家・プログラム・州政府・「強い父親と家族への支援に関心のある」その他の人のための連邦政府資金による全国的なリソースとして「責任ある父親のための全米情報センター（www.fatherhood.gov から利用可能）を維持している。このような取り組みは、社会政策の重要な転換を反映している。つまり、過去にはシングルマザーへの経済的支援にほぼ完全に焦点が当てられ、父親は養育費の執行努力を除いては、基本的に蚊帳の外だった。プログラムは時代の流れと共に進化している。結婚生活の強化（2001年にブッシュ政権が開始した「健全な結婚」イニシアチブの明確な焦点であった）に重点を置くものから、親の婚姻状況に関係なく、あらゆる種類の家族を強化するものへと変化を遂げているのだ。

2011年、米国保健福祉省は民間研究会社マセマティカ社と契約し、家族の強化を目的としたさまざまな取り組みについて、大規模なランダム化比較試験（RCT）調査を実施した。2012年から2015年にかけて、合わせて5500人の父親を対象とした4種類の「責任ある父親の育成プログラム」を「ランダム割り当て設計」を用いて調べた。ランダム割り当て設計とは、プログラムサービスを一部の父親にランダムに割り当て、それ以外の父親には割り当てないようにすることで、結果の違いをプログラムの因果関係に帰することができるというものだ。[*12]（逆に、ランダムではない研究、たとえば、父親育成プログラムに自ら参加を選択した父親のみで構成された研究から得られる結果は、はるかに信頼性が低いだろう）。プログラムを受けた父親のほとんどは、子どもと同居しておらず、子どもの母親と恋愛関係になかった。

結果は心強いものだった。いずれかのプログラムに参加した父親は1年後に、育児行動や子どもの年齢に合わせた活動への関与について、自己申告による測定での改善が認められたのだ。育児行動には、子どもの機嫌が悪いときの辛抱強さや、子どもに気持ちを話すように促すことなどが含まれていた。子どもの年齢に合わせた活動には、子どもに本を読んだり物語を聞かせたり、食事を与えたり一緒に食事をしたり、子どもと遊んだり、宿題を一緒にしたりすることなどが含まれていた。

しかし、残念な結果もあった。プログラムに参加しても、父親と子どもの直接の接触が増えたり、経済的支援が増えたりすることはなかったのだ。また、プログラム参加によって、共同養育や父親の社会情緒的・メンタルヘルスの尺度に有意な改善は見られなかった。

プログラムに関する最終報告書では、このタイプの介入が結果を変えることにさほど成功しなかった理由の説明に役立つ複数の観察結果が共有されている。プログラムに参加した父親が、子どもの母親と激しく対立、または疎遠であるケースや、母親が「門番」として父親が子どもに近づくことを制限しているケースだ。父親が子どもと積極的に関われるように支援するためには、プログラムで両親の関係を（愛情の有無にかかわらず）改善する支援に重点を置くことが必要かもしれない、と研究者たちは示唆している。別の定性的所見によると、父親の多くは、経済不安や犯罪への関与や薬物乱用など、協力的に関わる父親となる上で大きな障壁に直面しているが、それでも父親でありたいと望んでいる。このテーマは、キャサリン・エディンとティモシー・ネルソンが低所得の父親について民族誌的に著した『最善を尽くす：都心部の父親――もっと良い父親になりたいが、実際的手段がない』にも取り上げられている。

父親の役割を果たせない原因

経済的に不安定な男性が多いということは、協力的な父親になるための支援には、父親が直面する数々の障壁に対処するための集中的・包括的なサービスが求められるということだ。現在、数多くの子どもがひとり親に育てられている（少なくとも片方の親と一緒に住んでいる）のは、必ずしも、大人たちが以前の世代の親ほどに結婚や同棲に興味がないからではない。また、父親が子どもの人生に積極的に関わらないと決めたからでもない。子どもの家庭環境の格差が大きいのは、経済的・社会的課題の広がりの反映であり、多くの場合、大人自身がかつて恵まれない家庭環境であったことに端を発している可能性が高い。

言い換えれば、この傾向は悪化している。失業したり、刑務所を出たり入ったりする男性の数が増えるにつれて、子どもを積極的に養わず、家族生活に参加しない男性が増えることになる。経済的な問題に限らず、疎遠になった後に個人的な関係を再開するのは非常に困難だ。父親の関わりの強化を目的とした父親育成プログラムが、失業、アルコールや薬物中毒、犯罪行為、怠惰など、多くの米国人男性を悩ませている要因の重みによって、成功の可能性が制限されていることは驚くべきことではない。[*13]二人親家庭の減少に対処するには、複数の方面での取り組みが必要だ。

政府機関の名誉のために言っておくと、さまざまなアプローチが試みられている。健全な家族を奨励する政府のもう1つの取り組みが、「今日、お父さんになる時間を取りましょう」というメディアキャンペーンで、主にバス停やテレビ、SNSで広告が行われている。こうした「fatherhood.gov」の広告は2008年に開始され、幼い娘を笑わせたり、息子をベビーキャリアで抱っこして料理をしたりする父親の姿が、見る者の心を揺さぶる。意図的に愛らしいイメージを発信しているのだ。効果はあるのだろうか？　よくわからない。私の知る限り、このメディアキャンペーンや類似の広告の効果について確かなエビデンスは存在しない。しかしキャンペーン自体は、父親が積極的に関わることが子どもに恩恵をもたらし、社会が父親の子どもへの関与の促進に関心を寄せているという認識を反映している。こうした父親の関与を促す重要な取り組みが進行中である一方で、他の側面から子どもの生活を前向きに強化することを目指して、新しい取り組みや長期にわたる取り組みも行われている。

ロールモデルの重要性

親は子どもの生活に主要かつ重要な役割を果たすが、子どもは他の大人とも交流し、関わり、学びを得る。教師や近所の人やコーチ、放課後の世話をする人をはじめとする大人たちが、子どもの自己や世界観の形成に関わっている。そういった大人たちは、親が子どもに与える恩恵を増幅したり、場合によっては子どもの家庭内に欠如している前向きな注目や見守りや刺激やサポートを補うなどして、子どもの人生の軌跡を変える可能性がある。子どもの近所に住んでいる人を見ると、子どもが知るであろう大人のロールモデルのタイプを垣間見ることができる。ここでも、低所得世帯の子どもは不利な立場にある。自分の家族や近所に、経済的に成功したロールモデルやメンターがいる可能性が低いのだ。

典型的な低所得の子どもが住んでいる地域では、成人の18・5%が高校を中退しているが、全国平均は11・7%、典型的な高所得の地域では5・6%だ。同じ低所得の地域では、労働年齢の男性の15・5%が労働力から外れているが、これは典型的な高所得の地区の8・1%と比較して、ほぼ2倍である。典型的な低所得の地区では、世帯主が未婚の親である家庭が典型的な高所得の地区の2倍で、38%対19%である。[*14] 格差が拡大するにつれて、地区間の経済的な分離が進んでいる。[*15]

もしも子どもたちが、周囲の大人の暮らしぶりを見て自分の願望や自己認識を形成しているのであれば、高所得層と低所得層の子どもたちが住む地域の大人の違いが、教育達成度や就業率や結婚における所得格差や階級格差を永続させる可能性がある。もしも子どもたちが、教育や就職の機会を地域の大人に導いてもらっているのであれば、経済的に成功した大人との出会いが少ないことが、低所得層の子どもたちの相対的な成功を妨げることにもなるだろう。

学校や地域のプログラムを通じて子どもたちが交流する大人も、子どもたちの態度や行動や人生の軌跡に重要な影響を与える可能性がある。研究によると、若者が同一視するロールモデルは、彼らの人生にプラスの影響を与える可能性がある。これは、同じ性別や人種の教師がいることが、生徒の学習継続と成績にプラスの因果的影響を与える可能性があるのと同様だ。[*16] また研究から、レジリエンスを身に着ける子どもの最も一般的な要因は、支えてくれる親や保護者その他の献身的な大人との安定した関係を少なくとも1つ持つことだとわかっている。[*17]

リスクのある900万人の若者は、人生でいずれの領域においても大人のメンターを一度も持ったことがないと報告している。[*18] そこで、地域ベースのメンタープログラムの出番である。足りない部分を埋め、社会経済的に恵まれない環境の若者に前向きな大人のロールモデルとメンターを提供するのだ。こうしたプログラムが違いを生むことを示すエビデンスがある。[*19] 100年以上前に始まったビッグ・ブラザーズ・ビッグ・シスターズ・オブ・アメリカ（BBBS）プログラムは、米国で最も歴史が長く最大規模の青少年メンター組織であり、厳格な審査プロセスを通じてメンターとメンティーをマッチングして、互いが選択する環境や活動で1対1の時間を一緒に過ごすことを奨励している。BBBSによると、全50州で240のプログラム機関が運営されており、過去10年だけでも約200

万人の若者をメンターとマッチングさせており、その多くがひとり親家庭や個人的に困難な状況にある子どもを対象としている。2019年に支援を受けた約13万6000人の若者のうち、57%はひとり親家庭、16%は親が刑務所に収監されており、79%は所得補助を受けている家庭の若者だった。[*20]

1995年に実施された別のランダム化比較試験評価では、ビッグ・ブラザーズ・ビッグ・シスターズ・プログラムで支援を受けた若者が、プログラムに応募したものの支援を受けられなかった同様の若者と比較して、成果が向上したかどうかを評価した。パブリック／プライベート・ベンチャーズ研究グループは、1992年と1993年に8つの都市でBBBSプログラムに応募した10〜16歳の959人を対象に調査を行った。[*21] その結果、メンターとマッチングされたBBBS応募者は、メンターシップ期間中に違法薬物を使用し始める可能性が46%低いことがわかった。効果は男子で最も大きく、女子は27%減少したのに対し、男子は55%減少した。薬物使用開始の減少は、マイノリティの男子で68%と最も大きかった。また、メンターを割り当てられた若者がアルコール摂取を始める可能性も27%低かった。また、調査結果からは、メンター付きの学生は成績が上がり、授業を欠席する回数も減ったが、学業成績への推定影響は男子よりも女子の方が大きかったことが示唆されている。

この調査分析の結果、思いやりのあるメンターは、恵まれない家庭環境の10代の若者の人生に意義深い影響を与えられることが示された。また、コミュニティベースのメンタープログラムが有望であることも実証され、政策立案者の注目を集めた。2002年1月、ジョージ・W・ブッシュ大統領は、1月を全国メンター月間と認める公式宣言を行い、「メンターは、特に親がいない場合に、子どもの人生に重要な役割を果たす。メンターが子どもの人生に関わることで、子どもの将来が明るくなり、健全な家族を維持し、より活気のあるコミュニティを促進することができる」と述べた。[*22] ＢＢＢＳプログラムのウェブサイトには、全国で何千人もの少年少女がマッチングを待っており、待機リストに載っている少年の数は少女の2倍以上であると記載されている。[*23] 家庭で逆境に直面している若者を導き支援するメンターリング活動は継続しており、その必要性は大きい。

ＢＡＭプログラムの成果

ＢＢＢＳと同様に、困難に直面している若者、特に少年を支援するメンタープログラムに「ビカミング・ア・マン（ＢＡＭ）」がある。効果に裏付けがあるＢＡＭは比較的近年の１９９９年にシカゴ南部で始まり、初期のＢＢＢＳプログラム同様に、問題を抱えた少年たちを助けたいと願う若い男性によって設立された。アンソニー・ディビトリオは、離婚した母親と、ほとんど家におらず、時に暴力を振るう父親のもと、シカゴ南西部で育った。心理学の修士号を取得し、その後、教室から追い出された子どもたちを支援するシカゴの非営利団体「ユース・ガイダンス」に雇われた。ディビトリオは、こういった子どもたちが直面するトラウマに対する理解と認知行動療法の専門知識の両方を活用して、プログラムを設計した。[*24] ２００１年、ディビトリオはシカゴのクレメンテ高校にて少年グループを対象に、約10週間にわたり、男らしさの課題と健全な自己表現の方法について話す活動を始めた。彼のプログラムは２００３年に正式に「ビカミング・ア・マン（ＢＡＭ）」プログラムとなった。中心となる6つの基本的価値観は、誠実さ、説明責任、建設的な怒りの表現、自己決定、女性性の尊重、明確な目標設定である。参加者はロールプレイとグループ演習に参加し、認知行動療法の手法を用いて、スローダウンして衝動をコントロールすることを学ぶことができる。[*25]

シカゴ大学犯罪研究所の研究者は、ＢＡＭが対象となる少年に与える影響を評価するために、２回のランダム化比較試験を実施した。第１回の試験では、２００９年から２０１０年の学年度に7年生から10年生までの２７４０人をランダムに選び、1年間の調査の対照群と処置群に分けた。第２回の試験では、２０１３年から２０１５年の学年度に２０６４人の学生をランダムに選んで2年間の調査を行った。すると、どちらの試験でも、ＢＡＭへの参加が生徒の成果にプラスの影響を与えるという一貫した結果が得られた。プログラムへの参加を無作為に割り当てた少年たちは、対照群の少年たちと比較して、逮捕総数は28〜35％、暴力による逮捕は45〜50％減少し、学校への積極的な関与も向上した。第１波の追跡データでは、ＢＡＭへの参加により、男子の高校卒業率が12〜19％増加したことが示された。[*26]

このプログラムはオバマ大統領の注目を引き、大統領は２０１３年にＢＡＭの受講者グループをホワイトハウスに招待した。２０１４年には、ＢＡＭの参加者がオバマ大統領を「マイ・ブラザーズ・キーパー」特別委員会の立ち上げに招待した。これは、有色人種の青少年の学校や職場での成功を支援するプログラムを促進し、拡大するための取り組みだ。[*27] プログラムの２０１９年の年次報告書によると、その年にはシカゴ、ボストン、クック郡に８０００人のＢＡＭ参加の生徒がおり、他の都市にも拡大する計画が進行中であった。[*28]

ＢＡＭとＢＢＢＳはどちらも、「困難な状況で育ち、多くの場合は家庭に父親がいない子どもたちは、単に経済的リソースが不足しているだけではない」という信念から生まれた。むしろ、育てて くれる大人の存在が必要であり、人生の無数の逆境やトラウマを克服し、学内や卒業後に成功できるように手を差し伸べてもらうべきなのだ。プログラムは、家庭に父親の姿がないまま育つ子どもが増えているという根本的な課題には対処していないが、とりわけ男子に影響が大きい若者の課題のいくつかには対処している。こういったプログラムは、不利な状況の悪循環を断ち切る一助となっている。[*29]

「ビッグブラザーズ・ビッグシスターズ（BBBS）」や「ビカミング・ア・マン（BAM）」など、恵まれない家庭環境の子どもの支援効果が実証されているプログラムの拡大は、政府や慈善団体に実行可能な（そしてすべき）ことだ。結局のところ、効果的なプログラムは、多くの子どもが家庭で直面する不利な状況を補うのに役立つのだ。ただし、こういったプログラムは大規模に運営するのが難しく、費用が高額になる可能性がある。家庭生活の不利な状況をできるだけ多く取り除く方法を見つけ、子どもを一貫して確実に養える親を増やす方法を見つけるのが理想的な社会である。

まとめ

現在、多くの少年が困窮している。少年や若い男性は、少女や若い女性よりも、行動や教育、経済的なさまざまな面で劣っている。この男女格差《ジェンダーギャップ》は、父親のいない家庭で育った少年の不利が拡大しやすいことと関係している。綿密な研究から、家に父親がいることだけが少年に役に立つのではないことも実証されている。とりわけ黒人の少年の場合、近所に黒人の父親が大勢いることが、生涯の成果の向上と、成果における人種差の縮小につながっている。

私たちは父親について諦めるべきではないし、男性が経済や家庭生活の隅に追いやられ続けるのを傍観することはできない。あまりにも長い間、米国の社会政策は、シングルマザーと子どものみを支援対象としており、父親に養育費の支払い責任を負わせる無計画な取り組みが行われるばかりで、父親が人生で直面する何らかの困難に対処する手助けをする関与は基本的になかった。近年の家族全体を応援するアプローチ、つまりわが子を育てる母親と父親の両方に関わり支援する動きは有望である。しかし残念なことに、子どもともっと関わりたいと積極的に思っている人の多くが、多くの障壁に直面し、実践が難しくなっている。この国の子どもを助けるには、父親を助ける必要がある。そして父親を助けるには、何百万人もの大人を阻んでいる広範囲にわたる経済的・社会的課題、つまり失業や大量投獄、未治療の精神疾患、オピオイド〔アヘンやモルヒネなどや同様の効果持つ合成・半合成の鎮痛剤〕の蔓延などに対処しなければならない。

第7章　なぜ出生率が下がっているのか

「研究から、米国の女性が母親になるのを遅らせる理由は、すべてが台無しになるからだと判明した」。

「ジ・オニオン」[*1]

「10代の出産」の減少

1996年1月、ビル・クリントン大統領はホワイトハウスで、「道徳的問題であり個人的な問題でもある」と、ある問題について演説した。10代の妊娠である。米国では、1950年代のベビーブームの10年間に発生率がピークに達し、その後の数十年間は着実に減少したが、1980年代後半から再び増加したのだ。クリントンは記者団に対し、この問題が「米国にとって重大な経済的・社会的問題になるほどの規模に達している」と述べた。[*2] そして、米国の10代の出産率を下げるための超党派の取り組みと、「10代の妊娠防止のための全国キャンペーン」の開始を発表した。1996年の一般教書演説では、「家族を強化するために、米国における10代の出産率を抑えるためにできる限りのことをしなければならない」と述べた。[*3]

そして1996年以降、10代の出産率は見事に70％以上も低下し、史上最低レベルに達した。この10代の妊娠率の低下について注意すべきなのは、一見相反する傾向、つまり同時期に測定されたシングルマザー家庭の割合の上昇の真っ只中に起きたということだ。そのせいで、シングルマザー家庭の増加がさらに際立った。なぜなら、時代の流れと共に10代の親が減ったからだ。

未婚またはパートナーのいない母親と暮らす子どもの割合の増加は、10代の若者だけでなく、米国人全体の出生率の低下とも一致していた。つまり、今日の米国の子どもが片方の親と暮らす傾向は、出生パターンの変化ではなく、結婚パターンの変化を反映しているのだ。これは、子どもを持つカップルが結婚していないパターンの増加によって引き起こされている。出生数の増加を反映しているわけではないのは、全体的にも、歴史的に未婚の出産やシングルマザーの家庭の割合が高かったグループの間でも同じである。

2007年の大変化

米国の年間出生率は2007年以降、着実にそして急激に低下しているが、これは、年間出生率が概ね安定していた長い期間から脱却したことを示している。1980年から2007年までのほぼ30年間、米国の出生率は15歳から44歳の女性1000人当たり65人から70人の間を推移していた。出生

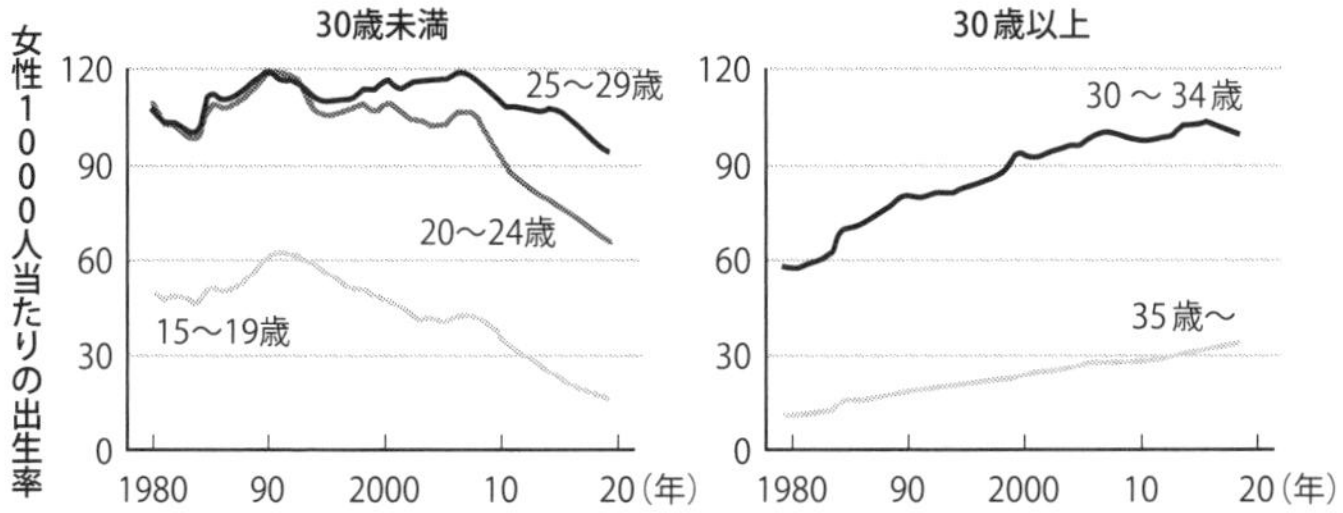

図7.1　出生率、5歳ごとの年齢グループ別（1980年〜2019年）

出典：国立健康統計センターと人口動態調査より1980年〜2019年の出生率データを用いた著者の計算。

率は、景気後退時に低下し、景気回復時に回復するという予測可能な周期的パターンをたどっていた。しかし２００７年の大不況の頃に、何かが変わった。不況時に予想される通りに出生率は急激に低下したが、景気が回復しても上昇することはなかったのだ。米国の出生率は着実に低下し続けている。２０２０年現在、米国の出生率は15歳から44歳の女性１０００人当たり55・８人だ。（同じ40年間に、米国における中絶件数も着実に減少している。最近の出生数の減少は妊娠数の減少を反映しており、中絶件数の増加を反映しているわけではない）。[*4]

　米国の出生率の低下は、女性の特定のサブグループによって引き起こされたわけではないが、一部の人口統計グループでは他のグループよりも大きな減少が見られた。とりわけ急落しているのが10代の出生率だ。図７・１は、15〜19歳、20〜24歳、25〜29歳、30〜34歳、35歳以上の５つの異なる年齢グループの出生率を示している。90年代初頭以来、10代の出生率が劇的に低下していることは、この図からも明らかだ。10代の出生率は１９９１年に15〜19歳の女性１０００人当たり62・４人でピークを迎えた。その後着実に減少し、２００５年には40・８人に達し、２０１９年には15～19歳の女性１０００人当たり16・７人まで下がった。30年間で73％の減少である。前に述べたように、これは政府がこのようなデータの収集を開始して以来、米国で記録された最も低い10代の出生率だ。

全国的な出生数の低下

しかし、出生数が減っているのは10代の若者だけではない。20代の女性の出生数も90年代に比べて減っている。実際、年齢グループ別の出生数を見ると、数十年前よりも出生数が増えているのは30歳以上の女性のみである。これが国全体の出生率にどのような影響を与えるかというと、30歳以上の女性の増加数は、30歳未満の女性の出生数の減少数よりも少ないため、全体の出生率は過去数十年よりも低くなっている。

個々の女性が持つ子どもの数も以前よりも少なくなっている。米国の女性が生涯に産むと予想される子どもの平均数は現在２人を大幅に下回っている。「２」は米国の人口減少を防ぐために（移民の増加なしに）必要な数である。これは、国にもたらす人口動態的・経済的課題（すなわち労働力の減少と、社会保障やメディケアなどのプログラムを財政的に支援し続けるという課題）とは別の問題だ。[*5] これらのプログラムの財政難については多く議論されているが、最大の脅威は、払い込む人が減るという形でやって来るかもしれない。

さまざまな学歴の女性の出生率の低下を調査すると、低下（子どもを産む数の平均が減っているという意味）の最大の要因は、高校卒業資格のない女性だった。高校卒業資格のない女性の出生率は、特に2000年以降、劇的に低下しており、このグループの出生率は1980年の1000人中73・2人から2019年には39・3人にまで減っている。この低下は主に10代の出生率の低下の反映である。高校卒業資格を持つ女性の出生率は同じ30年間であまり変化しておらず、大学教育を受けた女性の出生率は、全体的に緩やかに低下している。

もしこれらの変化がすべて、同時に起こった社会規範の変化の影響なしに（経済学者の用語で言う「すべての条件が一定」）起きたのであれば、10代と20代の出生率の大幅な低下によって、婚外子として生まれ、ひとり親家庭で育てられる子どもの割合が大きく減少すると予想される。結局のところ、若くて教育水準の低い女性が婚外子を産む可能性が高いことはわかっている。こういった女性が産む子どもが減っているなら、生まれてくる子どもはたいてい既婚の親から生まれているということ――ですよね？　残念ながら、そうではない。これまで見てきたように、他のすべての条件は一定ではないのだ。最も重要なのは、結婚する人が減っていることだ。したがって、母親たちが以前よりも高年齢で教育水準も高いにもかかわらず、現在未婚でもある可能性がはるかに高いのだ。

人種や民族グループ別の傾向では、出生率が以前は最も高かったヒスパニック女性の出生率が最も大きく低下しており、1990年以降で43％という驚異的な低下となっている。非ヒスパニックの黒人女性とアジア系女性も、そこまで劇的ではないものの大幅な低下が見られ、同じ期間にそれぞれ24％と30％の低下となっている。一方、出生率の低下は非ヒスパニック系白人女性が最も少なく、1990年から2019年の間にわずか9％の低下にとどまっている。ヒスパニック系女性と黒人女性は歴史的にシングルマザーの割合が高いことを考えると、他のすべての条件が同じであれば、これらの人種と民族グループの出生率の低下により、シングルマザーの家庭で暮らす子どもの割合が減少すると予想される。しかし、ここでも他のすべての条件が同じではなく、未婚女性の出生の割合は、すべての人種と民族グループで増加している。

大変すぎる子育て

データはすべて明快だが、「なぜ出生率が下がっているのだろうか?」という疑問は残る。いくつかの説明が考えられる。まず、大不況が襲った2007年に出生率が下がったのは驚くことでない。人は経済史を参照すれば、出生率は景気後退時に下がり、回復時に戻ることがわかっているからだ。人は景気が後退して経済状況が不安定になると、子どもを持つことを避ける傾向がある。しかし、ここで不可解なのは、米国の出生率がなぜ2007年以降に回復しなかったのか、である。なぜ年間出生率は下がり続けているのだろうか?

メディアや憶測でよく言われる説明には、子育て費用の上昇、学生ローンの増加、女性がキャリア維持を望むといったことが挙げられる。基本的に、現代が抱える課題の数々のせいで、人生の中で子どもを持つことの課題や費用にまで行きつかないというのが、一般的なコンセンサスだ。パンデミックの真っ只中に発表された2021年6月の「ジ・オニオン」紙の記事には、「研究から、米国の女性が母親になることを遅らせる理由は、すべてが台無しになるからであることが判明」という衝撃的な見出しが付けられていた。この記事は、女性が子どもを持つことを人生のずっと後まで先延ばしにしてきた理由として、完全に疲れ果て、法外な費用がかかり、それにまつわるほぼすべてのことが

「最悪」であるという架空の社会学者の調査を引用している。[*6] もちろん風刺ではあるが、「ジ・オニオン」は何かに感づいているのだ。現代の大人たちが子どもの数を減らす、または子どもを持たないことを選択するのは、それほど素晴らしくないと見なしているため、少なくとも他の選択肢のほうがましだと感じているからだろうか?

この説明を支持するエビデンスが存在する。2022年に、私が経済学者のフィル・レヴァインとルーク・パーデューと共に発表した研究では、近年の米国の出生率の低下の最も可能性の高い説明は、若者の世代間での「優先順位のシフト」であることを示した。1970年から1995年の間に生まれた女性の出産を研究するにあたって、この劇的な変化を遂げた時代に生まれ育った女性たちの経験について調べた。2010年代に20代だった女性は1990年代に生まれ、1990年代に20代だった女性は1970年代に生まれている。10年ごとに女性の経験は異なり、私たちの研究では、後続の世代になると子どもを持つ傾向が薄れていることがわかった。これは、当時の経済や政策要因によるものではない。言い換えれば、2007年頃に突然、育児が高額になったり、抜群に効果的な避妊法が利用できるようになったりしたわけではない。それよりも、最近の若者世代には、子どもを持つことの魅力が低下しているらしいのだ。

私たちの分析では、公共政策と経済状況の変化が出生率の変化に及ぼす役割を調査した。どちらも出生率低下の大部分を説明できるものではなかった。生活保護給付の利用可能性と規模が出生率に多少の影響を及ぼしたが、それほど大きくはなかった。同様に、労働市場の変動と州の最低賃金の変更が出生率に若干の変化をもたらしたが、この期間の出生率の変化のごくわずかな部分しか統計的に説明できなかった。その他の州レベルの経済および政策要因（児童扶養手当の執行支出、中絶する10代の親への通知を義務付ける法律、中絶の義務的待機期間、民間健康保険プランに避妊費用をカバーすることを義務付ける規制、2010年オバマケア以降のメディケイドの拡大、性教育の義務化、避妊指導の義務化など）の影響と推定される変化は、すべて統計的にゼロとの区別がつかなかった。これらに効果が「ない」という結果は、1981年から2010年までの経済および政策要因が10代の出生率にどのように影響したかに関する以前の研究の結果と一致している。[*7]

経済・政策の変化か社会の変化か

もちろん、米国人が子どもを持つ理由や時期に関するすべての変化が、年次ごとの政策や経済の変化に起因するとは限らない。社会の変化のようにゆっくりと推移する要因も大きな影響を与えるだろう。経済学者（そして社会科学のすべての分野）にとっての問題は、統計的な観点から、これらのタイプの要因の変化を、関心のある結果（この場合は出生率の変化）に因果関係で結び付けることが難しいことだ。それでも研究者はデータの調査から記述的なエビデンスを提供できるし、それが2022年の研究の一環として私たちが行ったことである。先に述べた分析について、長期間にわたる出生率の変化と、ゆっくりと変化するさまざまな社会的勢力——住宅費の上昇（家賃で測定）、学生ローンの負担の増加（成人の可処分所得レベルを低下させる）、女性の経済的地位の向上（女性の時間の機会費用を増大させる）、宗教的慣習の衰退（宗教心の厚い人は子どもを多く持つ傾向がある）——との間の潜在的な関係の調査を用いて補強した。

これらの力学を調べるために、先に述べた6つの領域のそれぞれのデータを、2004~2008年と2014~2019年の2つの期間における出生率の変化と相互参照した。結果は比較的明白で、いずれかの要因が広範な傾向を説明する上で有意義な役割を果たしているというエビデンスは1つも見つからなかった。データからは、たとえば、州レベルの子どものケアの価格や賃貸価格の変化と集計レベルの出生率とに関連性は見られなかった。また、州レベルの学生ローンの増加が州レベルの出生率の低下に関連していることも示されなかった。この期間中、女性の経済的地位の変化と出生率のいずれの指標にも関連は見つからなかった。経済と労働市場における女性の役割の変化が過去数十年間の出生率の変化につながらなかったと言うわけではない。研究が示しているのは、そのような変化はおそらく、2007年から2020年の間の出生率を低下させる大きな役割を果たさなかったということだ。また、測定された信仰心はこの期間に低下しているが、データは、信仰心が最も低下した州の出生率の相対的な低下が大きかったことを示していない。

出生率の低下は米国だけだったのか、それとも他の国も同じような状況に直面していたのか？　ここでの比較はやや複雑になる。各国の出生統計の測定方法が統一されていないからだ。国際統計では合計特殊出生率（TFR）が利用可能であるのに対し、米国では年間出生率が一般的だ。TFRは、女性が生涯に産む子どもの数の平均を推定するもので、特定の時点の年齢別出生率に基づいて算出される。TFRが2・0なら女性は2人の子ども産むと予想され、一般的に人口置換（出生数と死亡数がほぼ同数になる）に必要な率は「2・1」と考えられている。

米国の合計特殊出生率は、1990年代から2000年代の最初の10年間にかけて、他の高所得国よりもかなり高かった。米国の女性は、平均して他の裕福な国の女性よりも多くの子どもを産んでいたのだ。この期間には一貫して、米国の出生数はほぼ人口置換水準にあり、他の高所得国のTFRは概して低かった。しかし、過去約15年間の米国の出生数の大幅な減少により、米国のTFRは英国、カナダ、欧州連合加盟国などの他の高所得国の率に近づいている。それでも、2018年（世界銀行の統計が現在入手可能な最新の年）の米国のTFRは、米国よりも国民に多くの福祉を提供しているとされ、特に手厚い公的支援制度を持つスカンジナビア諸国を含む他の国よりも高かった。

米国の出生率低下を説明する決定的なエビデンスが歴史的に存在しない中で、一連のエビデンスから、米国の出生率低下の原因は、もっと根本的なところにある可能性が高いという結論に至った。つまり、過去15年間に変化した、容易に特定できる経済・政策要因ではなく、若い成人の世代間での優先順位や経験の変化に原因があるのだ。1980年代半ば以降に生まれた世代、つまり2005年以降に出産適齢期に入った米国人は、人生に対する希望（仕事や余暇など）や子育ての本質についての考えが異なる、という説明には説得力があるし、その可能性が高い。子育てが、時間と金銭の投資の両面で、激化してきたのは確かだ。熱心さが求められるため、過去数十年であれば持ったはずの数の子どもを持つことを躊躇する人がいるのは理解できる。必要に駆られて、または自らの意思で、仕事やキャリアへの投資に時間を費やす必要がある場合はなおさらだ。

10代の出産に影響を与えたTV番組

若い年齢、とりわけティーンエイジャーが、母親になりたいという願望から遠ざかっているようだ。

10代で母親になることに伴う（若い母親と子どもの）課題を考えると、この変化は一般的に良いことだと理解されている。では、この傾向の理由は何か？　全国規模の代表的なデータから、10代の若者は1990年代初頭に比べて性行為が減り、避妊具の使用が増えていることがわかっている。[*8]興味深いのは、何が彼らをこのような決断に導いているのかということだ。

2015年の研究で、フィル・レヴァインと私は（もうお気づきかもしれないが、私たちはよく一緒に仕事をしている）、1990年代初頭から2010年までの10代の出生率の上昇と下降を説明できそうな政策をまとめて調査した。[*9]私たちは、包括的な性教育の義務化、福祉規則や中絶政策の変更など、10代の出生率に影響を与えた可能性のある数多くの要因の寄与効果を統計的に調べた。そして、10代の出生率に統計的に判別可能な関連がある公共政策が2つしかないことが判明した。（1）福祉給付水準と、（2）メディケイドによる家族計画サービスへのアクセス拡大である。しかし、女性全体の出生率と同様に、これらの要因の変化は全体的な出生率の低下の多くを説明できなかった。私たちの計算によると、福祉給付水準の低下とメディケイドによる家族計画サービスへのアクセス拡大が、1991年以降に観察された10代の出生率の低下のおよそ13%を説明できる可能性がある。[*10]低下の残りは、同様の目的を持つ他の政策によるものではなかった。

それよりも、90年代初頭以来の10代の出産数が劇的に減少したのは、危険な性行動や若い親になる可能性と危険性に対して、10代の態度の変化が広がったことの反映のようだ。10代の子育てに対する態度に、重要な役割を持つと考えられるのが、MTVのリアリティ番組『16&Pregnant～16歳での妊娠～』とそのスピンオフシリーズ『ティーン・マム～ママ1年生～』だ。これらの番組への反応から、重要なエビデンスが得られている。[*11]

レヴァインと私が2010年までの10代の出生率の要因に関する研究を終えた後、米国疾病管理予防センターが公開したデータには、私たちの研究期間の終わりに10代の出生数が異常なほど大きく減少したことが示されていた。その2年前に連続で4%と6%の減少が見られ、10代の出生率は2009年から2010年の間に実に10%も減少した。ジャーナリストたちは、出生率減少の理由について専門家の意見を求めようと、私たちに電話をかけてきた。私たちは確信を持って答えることはできなかった。というのも、以前の研究から、性教育の拡大や福祉給付の突然の目立った削減のような単純なものではないと知っていたからだ。では、その年に何か新しいことがあったのか?

その年に導入された新しい要素が1つあった（私たちはまさかと思っていた）。それが、16歳での妊娠をテーマにしたMTVの新しいリアリティ番組だ。2010年に実施された、10代と計画外の妊娠防止全国キャンペーン（2005年に「計画外の妊娠」のミッションを含めて名称を更新）の調査では、『16 & Pregnant ～16歳での妊娠～』を視聴した10代の若者の82%が、「妊娠と子育ての課題を10代の若者が理解するのに役立つ」と回答している。[*12]「10代の妊娠を美化している」と回答したのはわずか17%だった。この番組が影響を与えたのだろうか?

私たちは、どのテレビ番組がどの年齢層で視聴されているかなどを追跡するメディア組織「ニールセン研究所」からMTV視聴率のデータを手に入れた。そして、番組に関連する検索に関するグーグルとツイッターのデータにアクセスし、その後の数年間、データの点と点を結び付ける作業を行った。MTV視聴率の地理的変動を利用し、MTV視聴率が異なる地域で『16 & Pregnant ～16歳での妊娠

〜』が放映された後の10代の出産の変化を比較する、という分析を主に行った。[*13] 分析の結果、リアリティ番組が始まった2009年6月から2010年末までに10代の出産数が合計で4・3％減少し、この期間の10代の出産数の減少全体の24％を占める可能性があることが判明した。グーグルとツイッターのデータの確実な分析により、エピソードの放映によって「避妊方法」などの検索や「『16 & Pregnant 〜16歳での妊娠〜』を観終わった。この番組は最高の避妊法だ！」といった書き込みが増えたことを示すエビデンスが得られた。

以前の研究で、レヴァインと私は、10代の若者が若い母親になるという決断には、経済・教育機会の認識（または認識の欠如）が影響していると結論付けていた。[*14] 私は今でもそれが事実だと信じている。しかし、MTV番組の調査からわかったのは、ティーンエイジャーは、妊娠と出産が自分の生活に直ちに影響する（たとえば、友だちと遊ぶのが難しくなる、赤ちゃんの身体的・精神的・経済的責任のないティーンエイジャーにできることをやりにくくなる）という理解にも反応するということだ。

初めはMTVの純粋なエンターテインメント番組として紹介された『16 & Pregnant 〜16歳での妊娠〜』シリーズは、妊娠と出産、赤ちゃんを育てる大変さ（夜中に要求する赤ちゃんのお世話、おむつやベビーフードの費用、協力的ではなく、あまり姿を見せないティーンエイジャーの父親との関係など）に苦しむ実際のティーンエイジャーの姿を描いており、一種の公共メディアキャンペーンとして機能した。そして、ティーンエイジャーの親になることに相反する感情や喜びさえ抱いていたかもしれない多くのティーンエイジャーに、再考をうながすようにと効果的に説得した。MTVが20年以上にわたるティーンエイジャーの出産数の継続的な減少をもたらしたと言うのではない。それよりも、私がこの研究によって示したいのは、ティーンエイジャーの態度に影響を与える「何らかのもの」が重要だということだ。それが行動を変えることができ、10代の妊娠率や出産率の低下につながるのだ。

1990年代初頭以来、10代の出産が劇的に減少したのは、数字的には性行為の減少と避妊の増加が原因だ。しかし、こういった変化は行動の変化を反映するものであり、行動の変化は10代の若者自身の態度や好みを反映している。したがって、出生率の低下は、考え方の変化の結果である可能性が高いのだ。

未婚の母による出産の割合は増加

前述したように、30歳未満、特に10代の女性の出生率は低下している。30歳以上の女性の出生率は上昇している。その結果、新しく母親になる人の年齢構成は上向きになっている。2019年には、米国での出産のほぼ半分が30歳以上の女性によるものだった。教育水準が最も低い母親の出生率の低下や大学進学者の全体的な増加といった、他の傾向と相まって、新しく母親になる人の学歴構成も上向きになっている。2019年には、出生の30%以上が4年制大学卒の女性によるもので、高卒未満の母親による出生はわずか12%だったが、これは、1990年はそれぞれ18%と24%であった。

それなのに、結婚していない女性の出生率については、1980年から2019年の間の増加は2倍以上だ！　1980年の18%から2000年の33%、2019年の40%へと増えている。図7・2にこの割合を示した。

説明はおおむね、非常に単純だ。母親は年齢が高く、教育水準が高いにもかかわらず、以前の数十

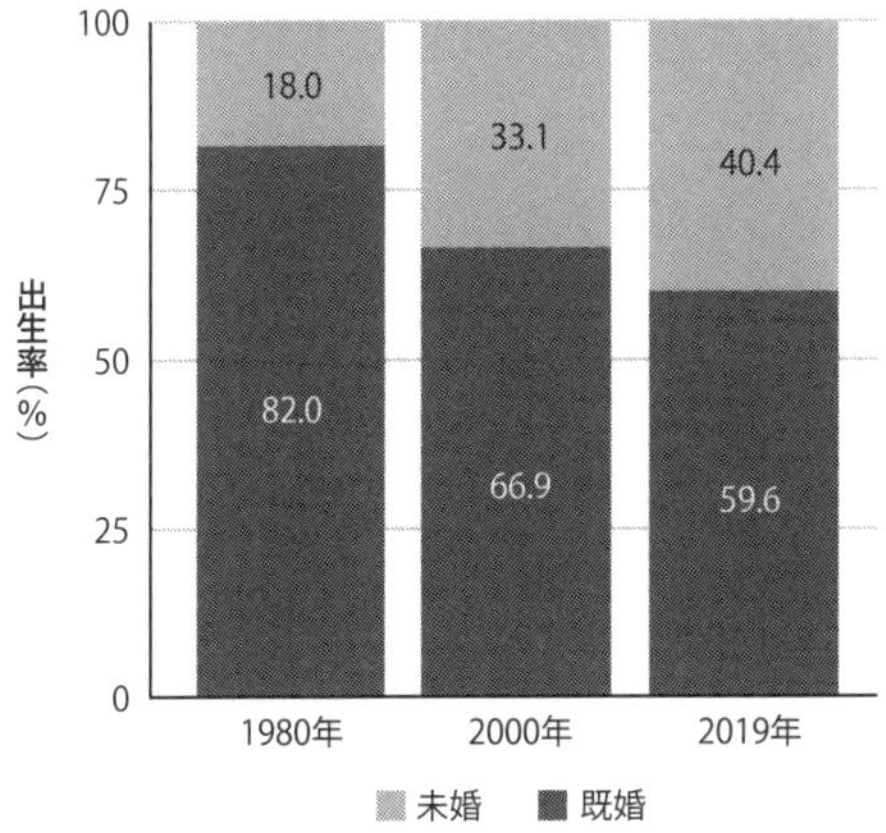

図7.2　1980年、2000年、2019年の未婚および既婚の母親の出生率

出典：国立衛生統計センターの1980年、2000年、2019年の出生率データを使用した著者の計算。

年よりも結婚する可能性が低くなっているのだ。もちろん、女性は全体的に以前の数十年よりも結婚する可能性が低くなっている。出産年齢（15～44歳）の女性のうち、結婚している女性の割合は、1980年の54％から2000年の48％、2020年の39％に減少した。

実際に、追跡対象となったすべての主要人口グループ（5つの年齢グループ、3つの教育グループ、4つの主要な人種および民族グループ）の女性において、出産時に未婚である女性の割合が増加している。この傾向については、図7・3にまとめた。注目してほしいのは、25～29歳で出産した女性のうち、出産時に未婚であった女性の割合が、1980年から2019年の間に18％から40％に2倍以上に増えていることだ。出産時に高校卒業資格を持っていた女性では、未婚の割合が25％か

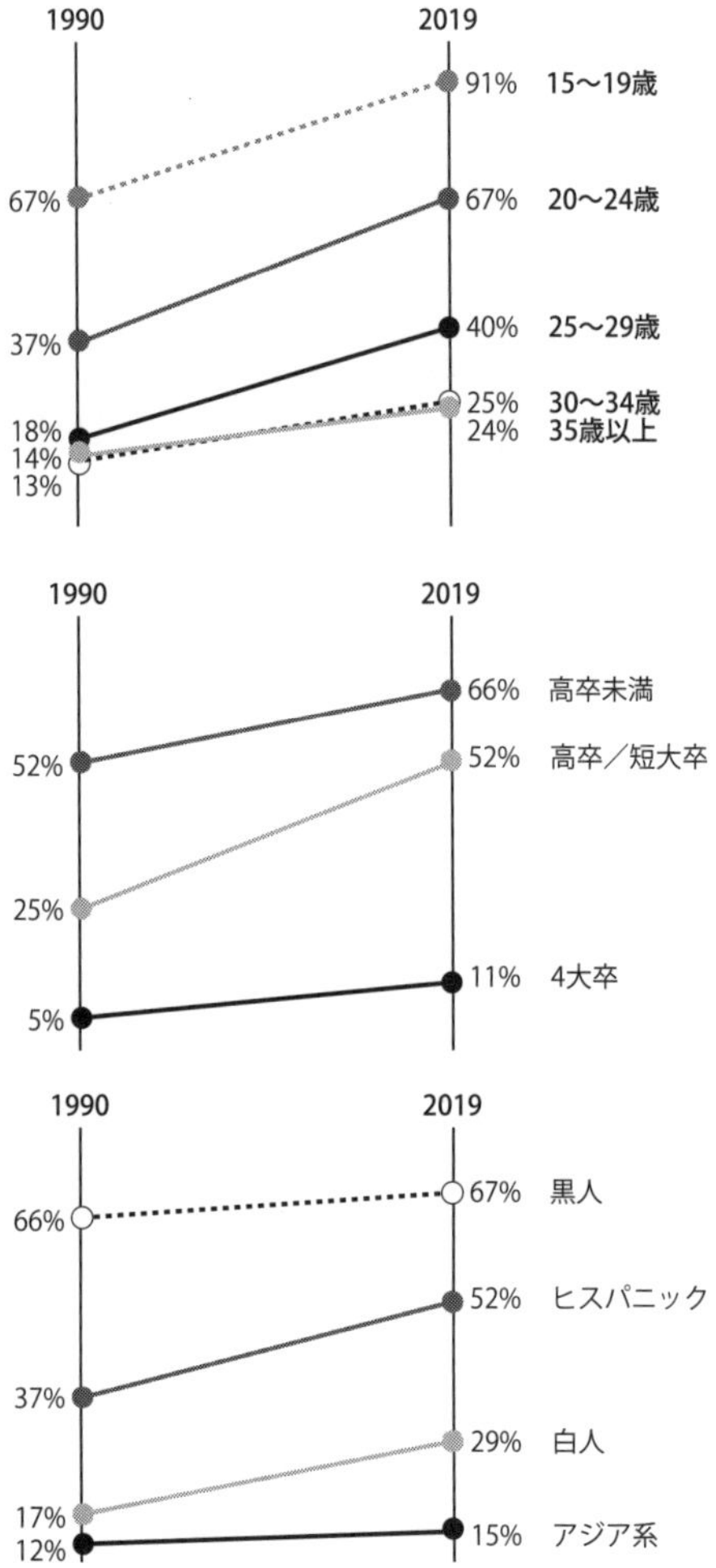

図7.3　1990年と2019年の出生における未婚女性の割合、年齢、教育水準、人種・民族別

出典：国立健康統計センターの1990年と2019年の出生データを使用した著者の計算。

ら52％に増加した。大学教育を受けた母親の間でも、この期間に5％から11％に倍増したが、出産時に未婚で大学卒業資格のない母親の割合と比べると、まだはるかに低い。白人女性が出産時に未婚である可能性は、黒人女性やヒスパニック女性に比べて依然としてはるかに低いが、その割合は1980年から2020年の間に大幅に増加し、17％から29％に上昇した。

著名な社会政策学者であり、「10代の妊娠防止全国キャンペーン」の創設者で代表でもあるイザベル・ソーヒルは、2014年の著書『解き放たれたジェネレーション』で、婚姻関係外の出産の増加率と子どもの貧困との関連性について詳しく述べている。未婚の母親の出産の多くが計画外の妊娠の結果であることに注目したソーヒルは、結婚後まで親になるのを遅らせる「計画者」が、早くに婚姻関係外で計画外の子どもを持つ「計画性のない者」よりも多ければ、子どもの有利に働くと主張した。そして実現のために、長期作用型可逆的避妊法（LARC、IUDを含む）へのアクセスの拡大と、計画的な妊娠を奨励する社会規範の促進を求めた。手頃な価格で効果の高い避妊手段を利用できることは重要だという見方には私も賛成だが、この問題にそれほど重点を置いていない。その理由は、今日母親のみの世帯が多発している主な要因が、若くて低所得の女性が手頃な価格の避妊手段を利用できないことではないからだ。結局のところ、低所得の母親から生まれる子どもの数も含めて、出生数は減少傾向にある。母親のみと暮らす子どもが増えているのは、結婚する大人が減っているからだ。そして、たとえ子どもを一緒にもうけても、結婚しない大人が増えているのだ。

出産パターンの変化が格差を拡大

出生率のこうした傾向は、子どもの幼少期のリソースにとって何を意味するのか？　他の条件が同じであれば、母親の構成割合が年上で教育水準の高い女性へとシフトすれば、リソースの豊かな家庭に生まれる子どもが増えることになる。しかし、こうした傾向に逆行しているのが、婚姻数の減少、非婚姻出産の増加、その結果としての母親とのみと暮らす子どもの割合の増加である。こうした世帯のリソースが比較的少ないのは、未婚の母親が世帯主の世帯と、既婚カップルが世帯主の世帯の貧困格差に見られる通りだ。2020年、政府の公式貧困基準を満たす世帯に暮らす乳児は、未婚の母親と暮らす場合で46％、既婚カップルの世帯に暮らす場合は6％だった。

ここで、結婚と所得と稼ぎに関する以前の議論に戻る。一般的に、2人の成人は、1人の成人よりも総所得と総資源が多くなる。これは、一般的に親同士の結婚が子どものためになる理由の多くを占めている。また一般的に、職があり多くの所得を得ている男性（父親を含む）は、結婚相手にふさわしいと見られる傾向があり、結婚している可能性も高くなる。また彼らは、子どもの母親と結婚していない場合や家族と一緒に住んでいない場合に、子どもと関わり養育費を支払う可能性が高くなる。結婚した両親から生まれる子どもの割合を増やし、家族を強化するためには、この国の多くの男性、特に4年制大学の学位を持っていない男性の経済状況を改善する必要がある。

まとめ

過去40年間で、二人親ではない家庭で暮らす米国の子どもの割合が増加した。10代の出産が劇的に減少し、40年前よりも年齢と教育水準が高い母親が増えているという傾向から、婚姻率が一定であれば、非婚での出産やシングルマザーの家庭の発生率は低下していたはずだ。米国の子どもの家族構造の変化は、婚姻率の低下と、「結婚」と「子どもを産み育てる経験」との分離を反映している。歴史的にシングルマザー率が高い人口統計グループの出生率の増加を反映しているわけではない。

他のすべてが一定であれば、母親の構成が高年齢かつ高学歴の母親へと移行したことで、子ども時代のリソースと子どもの経済的利点が増加していただろう。しかし、他のすべてが一定だったわけではない。子どもの親同士が結婚している確率が低下したということは、未婚の母親から生まれ、母親のみの家庭で育てられる子どもの割合が増加したということだ。こういった条件は、家庭環境が有利ではないという意味につながる傾向にある。

第8章　家族は重要である——何をすべきか

家族の経済分析

現代の米国の慣習では、家族や家族構成の問題については、徹底した不可知論（物事の本質は知り得ず、認識は不可能とする立場のこと）として扱い、あるタイプの家族が他のタイプの家族よりも何らかの点で好ましいかもしれないという示唆は避けている。これは善意から来る判断かもしれないが、そのせいで、家庭に関する問題について、政策観察者や多くの提唱者が「どう話せばいいのか、話すことが許されていると感じられるのか」というところにおいて大きな盲点が生じている。とりわけセンシティブさが際立つのは、科学的な考え方が批判的であるとき、たとえば一部の家庭の「内訳」が他よりも有益である傾向を主張する場合だ。

そのため、家族というテーマに経済分析のような容赦のないツールを持ち込むのは失礼または無礼だと考える「善意の人」からの反発を、ある程度は予想している。しかし数十年にわたり、さまざまな分野を横断して蓄積されたデータとエビデンスを見るにつけ、私は米国の人々が話し合う必要があることを確信している。

これらのデータが示すのは、圧倒的に、子どもの人生の成果が家族や家庭での経験に大きく左右されるということだ。家庭に両親がいるという恩恵を受けた子どもは、比較的リソースに恵まれ、充実し、安定した幼少期を過ごす傾向があり、その結果、学校での成績も良く、問題行動も少なくなる。こうした子どもは、比較的長い年数の教育を受け、労働力としてより多くの収入を得て、結婚する可能性も高くなる。もちろん、こういったことは人生の成功を測る唯一の尺度ではないが、到達度とウエルビーイングを測る有用な指標だ。データは明白なストーリーを物語っている──家族は重要なのだ。

家族格差

このような背景に反して、両親が揃った家庭の恩恵を受けて育つ子どもの割合は、米国史上最低となっている。2019年には、米国の子どもの約40%が、結婚した両親と暮らしていなかった。子どもの約20%は、家庭に2人目の親がいないまま、母親だけと暮らしていた。これらの割合は、人口全体に比例しているわけではない。親の教育水準によって決まる大きな家族格差は、大学の学位を持っていないことで生じる明らかな不利益に加えて、さらに複合的な影響を及ぼした。大学教育を受けていない親の子どもは、結婚している親（と結婚している親が与えるすべての恩恵）を持つ可能性まで低いのだ。

この家族格差は、子ども時代のリソース、経験、成果における階級格差の一因となっている。これは同時に不平等を反映し、悪化させる。社会的流動性を弱める。社会の断片化と亀裂を引き起こしている分裂を永続させる。そういった悪循環は、階級格差を縮小して、あらゆる背景を持つ子どもたちが前進し繁栄し最高の人生を送るべく、ほぼ平等な機会を得るためには、断ち切らなければならない。

断ち切るためには、手ごわく不愉快でさえある問題について話し合うことが求められる。その目的のために、家族構成の問題に関する政策対話と、誰が大学に行くかに関する公の対話を対比させることは有益だろう。本書で何度か述べたように、大卒の人は、大学の学位を持っていない人よりも雇用の安定性と収入が高い。データからそうわかっている。政策立案者、ジャーナリスト、学者、提唱者は、公の場で、違いが存在しないふりをしていない。彼らは、そう認めることが大学に行っていない人を非難したり恥じ入らせたりするという理由で、この問題を避けてはいない。むしろ、この問題に関する政策対話において、私たちは事実を正しく受け入れている。それは、現代経済においては大学の学位と経済的安定との関連性が高いという事実だ。大学進学と卒業を拡大する政策が推進される一方で、大学の学位を持っていない人が良い仕事に就くための代替手段を開発し推進しようともしている。そして同時に、思想的リーダーや政策立案者は、賃金補助、最低賃金の引き上げ、公的医療保険の資格拡大などを通じて、低賃金の米国人の経済的安定を強化する方法を模索している。

二人親の重要性

公の場での会話でも、政策対話でも、家族構造について同様のアプローチを取ることができる。まずは、二人親の安定した家庭が子どもにとって恩恵が非常に多いという認識から始めたい。認識があれば、（健全な）両親のいる家族の普及を促進する方法を模索することができるし、そうすべきだ（この問題についての私の記述や発言は、人間関係の性質を無視して二人親家庭を支持するものと誤解されるべきではない。たとえば私は、虐待や暴力があっても同居を持続させるという主張はしていない）。同時に、代わりとなる家族構造を強化するための取り組みを共に進めることができる。そうすれば、両親がそろって同居していない家庭の子どもたちが、もっと、二人親からの積極的なサポートと関与の恩恵を受けることができる。また、自分のせいではなく恵まれない家庭環境にいる子どもたちに、豊かな経験を与えるための対策も講じることができる。

要約すると、本書で私が提示した課題に対処するために、私たちがすべきことは、次の通りである。

○　子どものために二人親家庭の規範を回復し、促進するよう取り組む
○　大学レベルの教育を受けていない男性が、信頼できる結婚相手や父親になれるように、経済的地位を改善するよう取り組む
○　政府とコミュニティのプログラムを拡大し、家族の強化と恵まれない環境の親子の成果を向上させる
○　家族構成の内容に関わらず、家族のためのもっと強力なセーフティネットを用意する

すべきではないと思うことは次の通り。

× 教育水準が低く低収入の米国人にとって二人親家庭は過去のもの、という新しい現実を受け入れる
× 女性の経済的自立を嘆く
× シングルマザーを非難したり、不健全な結婚を奨励したりする
× 成功しない政府の結婚プログラムを運営する
× 結婚や二人親家族が増えるという誤った思い込みのもと、政府の補助金を低く抑える

二人親家庭を見直す

数年前、ボストンでタクシーに乗っていたとき、私は運転手がダッシュボードに飾っていた女の子の写真に目をとめた。

「あなたの娘さんですか？」と私は尋ねた。

「ええ」と彼は嬉しそうに誇らしげに言った。「もっと写真がありますよ。見たいですか？」

もちろん。彼は携帯電話を手渡し、写真をスクロールするようにうながした。４歳の娘さんの愛らしさに、私は感嘆の声を上げた。おしゃべりをしているうちに、「娘は母親と住んでいるんです」と運転手が告げた。

「一緒に住んでいないんですか？」

「そうだけど」

「理由を伺ってもいいですか？」と私は話を続けたが、首を突っ込みすぎだとわかっていたので、急いで言い訳をした。「実は私は経済学者で、専門分野が家族の研究なんです。だからそういうことに関心がありまして……」

「なぜなんだろう」と、彼は肩をすくめた。「話し合ってはいるんですよ。お互い貯金ができたら結婚するかもしれません」

私は我慢できずに、さらに問い詰めた。「詮索するつもりはないんです……」と、ゆっくりとした口調で言った。「でも、仲が良くて、2人とも娘を愛しているなら、家族として一緒に住んでみたらどうですか？」

彼はうろたえた。いらだったり怒ったりしたのではなく、純粋に困惑したのだ。うっかり車の出口を逃してしまい、肩越しに私をじろりと見て、「あなた、うちの母の回し者ですか？」と尋ねた。

こういった家庭内の取り決めは何百万と存在するが、そのことは重要な疑問を提起する。二人親家庭以外での子育てが社会の中で標準化しているために、ひとり親の家庭で育てられる子どもが増えたのか？　私はそうだと思う。そして、この傾向は子どもの最善の利益につながっているだろうか？　エビデンスに基づいて、私は明確にノーと言うだろう。したがって社会の課題は、二人親家庭のメリット（父親が子どもの人生に重要な役割を果たすことも含めて）を、シングルマザーを辱めたり非難したりする印象を与えずに、承認して受け入れる方法を探すことだ。両親がそろっている家庭が子どもに有益であると率直に認めることで、社会不可知論によって「すべての世帯を子どもに同等の恩恵を与えるものとして扱う」というパターンを打破することができる。

子どもは、この世に生を受けて育てられることについて、意見を言うことができない。両親が同居するか、一緒に子育てをするかについても、口を出すことができない。いったい、ひとり親家庭のどれほどの子どもが、両親と一緒に住むことを望んでいるのだろうか。1980年代に子どもだった私は、両親が喧嘩するたびに離婚するのではないかと心配していたことを覚えている（離婚は80年代の方が今よりも一般的だった）。両親はいつも仲が良いわけではなかったが、そろって家にいてくれることに、私は幸せを感じていた。この感覚が、すべての家族に当てはまるわけではないし、両親が一緒にいてもうまくいかない家族もあるとはわかっている。しかし、統計を思い出してほしい。もはや、子どもが未婚またはパートナーのいない親に育てられるのは、特別なケースではない。米国で、結婚している両親がいる家庭で育つ子どもはわずか63%だ。米国の子どもは、5人に1人より多くの確率で、結婚も同居もしていない母親と暮らしている。今や、パートナーのいない母親の半数以上は、一度も結婚したことがないのだ。

これほど多くの子どもたちの父親が、世帯の一員でありながら家族に積極的に貢献しない、ということは、本当にあり得るのだろうか？　これが現在の米国の男性の現実に近いとしたら、私たちは本当にひどい危機に直面している。二人親家庭の減少は、男性たちの苦境が原因の一部であり、それが今度は少年たちの苦境を招いている。この悪循環は、絶対に断ち切る必要がある。米国は、信頼できる結婚相手を、養育ができて支えとなる父親にふさわしい男子を育てる必要がある。私たちは、父親が子どもたちの生活に参加し、経済的にも精神的にも支えになってくれるという社会的期待を育む必要があるのだ。

メディアにおける「二人親」

先ほどのボストンのタクシー運転手が良い父親／夫／長期の同棲相手／共同の親になるかどうかは、私にはまったくわからない。彼はいい人のようだし、娘とその母親を本当に愛しているようだった。それで十分だろうか？　いや、全然足りない。しかし私が指摘したいのは、彼も娘の母親は、娘のウエルビーイングに関して、親の同居と別居は「ほぼ同程度に良いこと」と考えていたことだ。データはそうは示していない。

社会規範と一般的な態度の形成において、学術的エビデンスが教えてくれることがいくつかある。1つは、ロールモデルが重要であること。若者は、人生で信頼できる大人からインスピレーションと教訓を得る。[*1] 子ども、ティーンエイジャー、若者は、周囲の大人から得た事例と教訓を反映させながら、自分の家族形成についてアプローチする。

また、家族形成という複雑な分野においてさえ、人々の態度（そして最終的には行動）はメディアの内容によって影響を受けるという説得力のあるエビデンスもある。たとえば、複数の経済学者が、1965年から1999年の間に、ブラジルで放映されたドラマにおける家族構造の描写が、同国の家族と出生率に変化（出生率の低下、離婚と別居の増加）をもたらしたことを文書化している。[*2] 同様に、MTVのリアリティ番組『16 & Pregnant ～16歳での妊娠～』でティーンエイジャーの母親の困難が描写されたことが、米国の10代の出産率の低下につながったのは、第7章で説明した通りだ。エンターテインメントやSNSの形で自然発生的に発信される社会的メッセージが、家族と出生率に関する決定についての考え方や行動に影響を与える可能性がある。

ここでの私の意図は、家族構造の変化を促進する上で、ＴＶやメディアのメッセージが果たした役割を高く評価することではない。また、米国社会における「二人親家庭離れ」というパラダイムシフトについて、メディアを非難するつもりもない。しかし、メディアが重要な役割を果たしているのは確かだ。メディアの重要性についてのエビデンスに基づいて、私は、現代社会が発信するメッセージが、結婚と子育てを分離する方向性を強化しているのでは、とにらんでいる。

好んでひとり親になる人はいない

ひとり親世帯の増加に大きく寄与しているのが、社会規範である。しかし、社会規範の影響が大きいからといって、配偶者や献身的なパートナーを望まないひとり親が多くはない、という意味にはならない。実際に、民族誌的研究によるこんな裏づけがある。２０００年代初頭に、ペンシルベニア州フィラデルフィアとニュージャージー州カムデンの都市部に住む１６５人の低所得のシングルマザーを対象にインタビュー形式で行われた研究で、対象となった女性の多くが、「最終的には結婚したいが、結婚で成功する見込みが感じられない、とりわけ子どもの実の父親との結婚については難しいと感じている」と告白したのだ。[*3] この結果は「結婚適性のある男性」の問題に関連している。子どもの片方の親が、経済的・精神的に安定し支えてくれるパートナーではなさそうだとしたら、理論の上では結婚が魅力的であっても、そうしたいとは思わないということだ。

これに関連して、社会学者サラ・ハルパーン・ミーキンは２０１９年の著書で、31組の低所得の未婚カップルへの取材について報告している。対象者は、無料の「ファミリー・エクスペイションズ」プログラムを通じて人間関係の授業に参加したカップルだ。このプログラムは、妊娠中から出産直後にかけてのカップルの関係を強めるために設計された、包括的なカリキュラムベースのプログラムだ。[*4]調査から判明したのは、カップルの多くが受講する主な動機は、子育てのために健全な関係と良い環境を構築するためだということだ。31組のカップルのうち、安定した二人親家庭で育ったのは1組だけで、ほとんどのカップルが混沌とした、または虐待的な家庭環境で育ったと報告した。そうしたカップルは、家庭の不安定さが自分の人生に影を落としていることを痛感しており、コミュニケーションと問題解決に苦戦しているという自覚があった。参加者の多くは、人間関係の助けや一般的なサポートについて頼れる人が生活の中にいないとも話していた。これは、ハルパーン・ミーキンが「社会的貧困」と呼ぶものの要素の1つである。調査によってわかったのは、未婚の親は問題のある関係をうまくやり遂げたいと望みながらも、実現するためのスキルや個人的な体験がない、ということだった。これは重要な観察である。必ずしも（むしろ多くの場合）、みずからの選択でひとり親家庭になるわけではない。時には、障害や制約の結果、そうなってしまうのだ。

低所得の未婚カップルが苦難に直面するのは、経済不安と機会が限定されているところが大きい。それに続く行動と選択は、一般的な社会規範と経済的現実を反映している。根底にある経済的課題への取り組みは、米国の家族を強化し、二人親家庭で育つ子どもの割合を増やすための真剣な取り組みの一部でなければならない。課題は多面的だ。ならば対応も多面的でなければならない。

信頼できる父親を増やすには

人口の大部分における二人親家庭の減少は、社会的にメッセージを発信するだけでは逆転できる傾向ではない。また、税法や所得移転プログラムの資格規則（現在、結婚を阻むさまざまな要素が含まれている）を微調整しても、この傾向を逆転させるのに十分ではない。ただし、ぜひともこのような政策改革は追求すべきだ。現在の取り組みは一部の限られた人に影響を与える。しかし現時点では、問題の規模は限定的なケースをはるかに超えている。今話し合うべきなのは、大学教育を受けていない両親から生まれた子どもの約半数が未婚の両親から生まれており、そのほとんどは一緒に暮らしていないということだ。この傾向を逆転させるには、大きな変化が必要だ。

多くの米国人男性、特に大学を卒業していない男性の経済状況が広範囲にわたって悪化していることが、結婚の減少と母親だけと暮らす子どもの割合の増加につながっている。25歳から54歳の男性の15％が労働力に属していない。60年代には、この年齢層の男性の95％が働いていた。その割合は80年代後半に88％に低下し、2020年のコロナ禍前に85％になった。この傾向には、中国からの輸入の増加や産業オートメーションの導入といった、大学の学位を持たない男性の労働需要を減少させた変化をはじめ、さまざまな要因が寄与している。[*5] 他の多くの要因も、大学教育を受けていない労働者の賃金を押し下げているが、その一方で、4年制大学の学位を持つ労働者の賃金を押し上げている。これには、技術の進歩により異なるスキルレベルの労働者に与えられるタスクや職務の種類が変化したことや、労働組合の参加人数の減少、最低賃金の実質価値の低下などの要因がある。[*6]

研究では、大学教育を受けていない男性の雇用と収入を抑制した経済的要因と、婚姻率の低下と未婚出産・シングルマザー家庭の増加との間に因果関係があることが確認されている。広い範囲での婚姻率の低下とそれに伴う未婚の出産・シングルマザー家庭の増加を逆転させるには、大学教育を受けていない男性に不利な影響を与えた、強大な経済的要因の影響を逆転させる必要があるだろう。課題に大規模に取り組むには、多大な政治的意志と何年もの時間が必要だ。さもなければ、問題は硬直化し、悪化し続けるだけだ。

雇用が安定しない、または低収入の労働年齢の成人の経済的成果を向上させるにはどうすればよいのだろう? 明白な解のひとつが、高い賃金を要求できるようにスキルを身につけさせることだ。そのような取り組みは K–12教育〔幼稚園から高校卒業まで〕の改善から始まるが、それ以降の取り組みとして私が支持したいのは、年間何百万人もの米国人を教育し訓練する公立大学やコミュニティカレッジに、連邦政府の資金を大量に投入することだ。多くの人が高給の仕事を確保するのに役立つ補完的な取り組みは、たとえば、適切に設計された見習いプログラム、雇用に直接つながる訓練プログラム、良質な職業・技術教育プログラムの拡大など、数多く存在する。公共部門と民間部門のスキル取得の取り組みに加えて、たとえば勤労所得税額控除の拡大などを通じて、収入補助を拡大することも重要だ。刑事司法改革と受刑者の社会復帰の取り組みも、刑務所で過ごす米国人男性の数を減らし、犯罪歴のある人々が社会や労働力に復帰するのを助けるために必要となるだろう。[*7]

私は次のことを明確に述べておきたい。女性の収入と経済的機会の増加は、間違いなく社会の好ましい傾向である。私が男性の相対的な経済的地位に焦点を当てていることは、多くの女性が教育や経済的機会を制限され、結婚して男性の収入に頼るしかなかった過去数十年の伝統に対する嘆きと解釈されるべきではない。米国において結婚を促進したいのであれば、「なぜこれほど多くの男性が、自身や将来の配偶者の目から見て、理想的な結婚相手とは言えないのか」の理由にアプローチするよう努めるべきである。そして、多くの女性が結婚して夫に経済的に支えてもらうことを期待する以外に、基本的に経済的な選択肢がない社会経済的パラダイムに戻ろうとすべきではない。

今ある家族を強化する

また米国は、既存の家族を強化する方法を探さなければならない。そのためには前述のように、親同士の健全な結婚を奨励し支援するだけでなく、両親が結婚できない・すべきでない・または結婚したくない、というケースにおいて、家族が強くて健全なチームになれるように促すことも必要だ。結婚や同居が適切な選択肢ではない場合、2番目の現実的な選択肢は、カップルが協力して共同養育を行い、それぞれの親が子どもを支えて育てることだ。カップルのこの目標達成を支援するには、結婚していない親に、さらに多くの制度的支援や法的支援を提供する必要があるかもしれない。また、父親の権利と養育費の執行体制の再検討が必要になるかもしれない。私は、これらの制度の具体的な変更を支持するつもりはない。制度は複雑で、一方向の改革が他のどこかで意図しない結果につながることがしばしば起こるからだ。しかし、社会政策を、長年行われてきたシングルマザーと子どもに焦点を当てて他をほぼ排除する政策から方向転換し、もっと総合的な方法で家族を強化する必要があるのは明らかだ。

家族を強化する最もわかりやすい方法は、安定した結婚生活を奨励するプログラムを実行することだ。しかし、そのような取り組みは、これまで一般的にうまくいかなかった。2000年代の初め、連邦政府は、この目標を掲げた地域プログラムに資金を提供することで、健全で安定した結婚生活を奨励しようという大義を形にした。それが、2001年にブッシュ政権が始めた「健全な結婚イニシアチブ」である。子どもがいる低所得のカップルの結婚を促進するために、地方政府や州政府、コミュニティ組織が運営する自主的なプログラムに連邦政府の資金を提供したのだが、この試みの結果は、期待通りではなかった。プログラムは、何らかの人助けにはなったが、参加したカップルの結婚生活の安定性を有意に高めることはなかったのだ。[*8]

こうした取り組みが完全に放棄されたわけではないが、現在では強い家族（必ずしも結婚ではない）と父親の関与を促進するプログラムが主流となっている。第6章で論じたように、父親育成プログラムは全国で企画・実施されている。内容は、父親を対象に子育てテクニックやコンフリクト・マネジメントスキルを指導するものもあれば、不安定な雇用や投獄歴といった個人的な障壁に対処するものもある。こうしたプログラムを有意義な改善を生み出すような形で設計する方法については、まだ学ぶべきことがたくさん残っているが、父親を関与させ、両親の協力や積極的な共同養育の向上を図るプログラムを構築し・実践することが、結婚そのものを奨励または維持することに焦点を当てたプログラムよりも成功する可能性が高いことは明らかだ。実際的な問題として、子どもと同居しない多くの父親を見限ることはできない。子どものウェルビーイングを高めるには、子どもの人生に父親の役割が重要であることを認識し、母親と父親の両方への支援を強化する必要がある。

第6章のエビデンスを思い出してほしい。父親の不在と男子のつまづきには関連性があり、逆に、父親がいることが、男子のプラスの成果に関連しているのだ。今日の男子は遅れをとっている。女子よりも学校内や法的な問題を起こす可能性が高く、大学に行く確率も低いのだ。エビデンスによると、このような結果は、家に父親がいない男子に起こりやすい。近所に黒人の父親が多いと、黒人の男子の社会的地位が向上する可能性が高いこともエビデンスが示している。たとえ家族と一緒に住んでいなくても、父親や男性が子どもの人生に肯定的な役割を果たすことが極めて重要なのだ。

恵まれない親子の支援プログラム

全国で何千もの組織やプログラムが、恵まれない環境にある家族と子どもの成果の改善に取り組んでいる。プログラムには子育てへの介入が含まれるが、その内容については、低所得でリソース不足の親がより良い親になるのに役立つことが証明されたものである。通常、介入は家庭訪問の形をとる。特別に訓練された看護師が、妊娠初期から子どもの生後2年間にわたって、初めて出産する低所得の母親を定期的に訪問するのだ。[*9] 看護師は母親に赤ちゃんの安全な世話の仕方を教え、安全で安定した安心できる幼少期の環境を整えるためのアドバイスを提供する。このプログラムにより、ネグレクトや虐待の割合が減少し、子どもの幼少期の問題行動や学業の問題が減少することが実証されている。他のプログラムには、低所得の親が幼い子どもと読書をする割合を高めることを目的にしたものがある。親子の読書は、高学歴で高所得の親が行う確率が高く、幼児期の認知発達における階級間の格差や就学準備の格差の一因となっている。[*10] 費用対効果のエビデンスがあるプログラムは、規模を拡大して広めるべきだ。

効果的なメンタープログラムが、低所得のひとり親家庭で育つ子どもやティーンエイジャー、特に男子の成果を改善できるというエビデンスもある。第6章で説明した、困難に直面している子どもの支援の成功が実証されている「ビッグブラザーズ・ビッグシスターズ」や「ビカミング・ア・マン」などのプログラムの拡大は、慈善団体にできることであり、そうすべきである。もちろん、メンター制度だけが、ひとり親家庭やリソース不足の家庭の子どもの不利に対処する方法ではない。低所得層の子どもに、放課後の補習プログラムや課外活動やスポーツ、充実したサマーキャンプなどへのアクセスを提供するプログラムは、高所得世帯と低所得世帯の子どもの機会格差を解消するのにいくらか役立つ可能性がある。

どんなに効果的であっても、単一のプログラムだけで競争の場を平等にすることはできない。しかし、100通りの小さな方法で変化を積み重ねて子どもたちの生活を向上させられるのであれば、できる限りの手を尽くすべきだ。

子ども自身への公的支援の強化

大人がどのような選択をしようと、どのような障壁に直面しようと、子どもを放置して、リソース不足で不安定な家庭生活の不利に苦しませるべきではない。それは、子どもにとって不公平であると同時に米国にとって最善の利益ではない、損な選択である。連邦政策と国家支出の問題として、私は、子どもの物質的ニーズを満たす提供を増やすべきだと考えている。具体的には、所得支援の増額、安全な住宅、適切な医療、栄養のある食事、質の高い幼児教育だ。子どもへの支出を増やすことは、子どもの将来、ひいては国の将来に投資することである。つまり、人間としての潜在能力を発揮できる子どもが増えることを意味するのだ。エビデンスが示すように、低所得家庭への所得支援は、子どもの成果の改善につながる。健康面も学業成績も良くなり、大人になってからの所得と健康状態の向上にもつながるのだ。

これは因果関係に基づく提言である。複数の研究者によって、低所得世帯の収入増加と、その世帯の子どもの成績向上に関連性があることがわかっている——これは重要なことだ。たとえば税法が変更され、一部の世帯がより多くのEITC（勤労所得税額控除）の支払いを受ける資格を得ると、乳児と子どもの健康状態と母親のメンタルヘルスの改善が見られた。[*11] また、EITC給付額の増加が、子どもの成績学業達成度の向上につながるというエビデンスもある。[*12]

同様のエビデンスは、まったく異なる文脈でも得られている——インディアン・カジノ〔アメリカ先住民の居留地で運営されているカジノ〕の利益分配だ。経済学者ランドール・アキーと共著者らによる研究論文には、1998年にノースカロライナ州の東チェロキー居留地にインディアン・カジノがオープンし、部族政府が成人部族メンバーに1人当たりのカジノ利益支払いを開始すると、低所得世帯の子どもがさまざまな形で恩恵を受けたことが記されている。[*13] 対象世帯は、カジノ支払いにより年間収入が約3500ドル、およそ15％増加した。対象世帯の子どもは、追加収入によって高校卒業率が上昇し、犯罪で逮捕される可能性が減少した。家庭収入の増加により、子ども精神的幸福と行動的健康の測定値が改善し、誠実さや協調性などの肯定的な性格特性が増加した。注目すべきことに、影響を受けた家庭で親の精神状態と親同士の関係が向上し、親と子どもの関係も改善したこともわかった。

このエビデンスは、第5章で論じた子育ての問題に直接関係している。つまり、リソースが不足すると親のストレスが強くなり、親がストレスを感じると子どもと積極的に関わる感情的な余裕を持つことが難しくなるのだ。研究から、低所得世帯の所得制約をいくらか緩和すると、親のストレスが軽減し、親の行動が改善し、家庭での意思決定が改善され、最終的には子どもの精神的・感情的な健康状態が改善され、教育成果も改善するという因果関係のエビデンスが示されている。

米国はあまりにも長い間、シングルマザー家庭に物質的な支援をほとんど提供してこなかった。政府が、女性が「簡単に」1人で子どもを育てられるようにすると、父親のいないところで子どもを育てる選択をする母親が増えるのを恐れたからだ。しかし、福祉給付の寛大さと家族形成との関連についてのエビデンスが示唆するのは、福祉給付の増加が家族形成に与える影響は、たとえあったとしてもごくわずかであることだ。確かに、現金給付や公的健康保険という形での物質的支援は、過去のプログラムがそうであったように、シングルマザー家庭に限定されるべきではない。それでは結婚に対する明白な阻害要因が生まれる（実際には小さいとしても）。そして、経済的に苦しい二人親家庭も所得支援を与えられるべきだ。しかし、過去40年間に見られた子どもの生活環境の変化の原動力は福祉ではなかったため、その関連性への心配が政策立案を導く主要な懸念事項であってはならない。政府の支援が婚姻率を大幅に低下させるという誤った懸念から、低所得の家族（多くはシングルマザーが世帯主）に生まれた子どもがますます取り残され放置されるのは、とんでもない間違いである。

支援は子どもの成果を向上させる

エビデンスは明白だ。低所得世帯向けのセーフティネット・プログラムの拡大は、影響を受けた子どもたちの成果の向上につながっている。研究から、幼少期の一部またはすべての期間にフード・スタンプやメディケイド健康保険にアクセスできた低所得世帯の子どもは、そうでない低所得世帯の子どもに比べて、成人後の健康・教育・経済面での成果が優れているというデータが得られている。[*14] 米国の低所得世帯向け物質的支援システムには、子どもがいる低所得世帯向けの有意義な現金手当または子ども税額控除に加えて、公的健康保険、食糧支援、住宅支援、公的に提供または補助された高品質の幼児教育プログラムなどの現物支援の組み合わせが含まれるべきだ。低所得世帯の子どもは、5歳になるまで教育を受ける権利がないことで、多大な不利益を被っている。エビデンスから、低所得世帯の子どもが公的な幼児教育プログラムを得られることが、教育と労働市場における成果の向上という点で、持続的かつ大幅な利益をもたらす可能性がある。[*15]

子どもがいる低所得の家庭に相当な物質的支援を提供しても、子ども時代のリソースが平等になるわけではなく、すべての子どもが最終的に同等の健康・教育・経済的成果を得ることも保証されない。デンマークでさえ――大学の授業料や質の高い医療と就学前教育が無料で、子育て・産休政策が充実しているなど、公共福祉の砦であるにもかかわらず――家庭環境が多くの子どもの成果に与える影響は、米国と同じくらい強いのだ。[*16] 最近の調査によると、福祉国家デンマークの制度が寛大であるにもかかわらず、子どもの成果には社会・経済階層の間で相当の不平等が残っている。親は子どもの生活に影響を与え、独特のやり方で子どもの成果を形成するので、政府が完全に補うことができない。私たちはこの現実をはっきりと認識する必要がある。たとえ米国のセーフティネットが今よりはるかに強力であったとしても、両親がいて十分なリソースのある家庭の子どもは、依然として人生で相対的に有利になるであろう。しかし、公的支援制度の強化は、ひとり親家庭を含む恵まれない家庭環境にある何百万人もの子どもの生活を大幅に改善し、より良い人生を歩むきっかけを作ることだろう。

流れを逆転させよう

過去40年間に二人親家庭で暮らす米国の子どもの割合が減少したことは、子どもにとっても、家族にとっても、国家にとっても良いことではない。家族間の格差が大幅に拡大し、二人親家庭は、大学教育を受けた層が不釣り合いに享受するさらなる人生のアドバンテージになってしまった。4年制大学の学位を持たない二人親家庭が減少していることは、子どものウェルビーイングと、米国における経済的機会の拡大、不平等、社会的流動性に関心を持つ人なら誰でも懸念すべき人口動態の傾向である。この傾向は不平等を反映するだけではなく、不平等を悪化させている。経済的要因と社会的要因の両方が動力になっており、この傾向を逆転させるには、経済と社会の両方の分野での大きな変化が必要になる。

この傾向を逆転させないとすれば、そして何百万人もの米国の子どもが二人親家庭から得られる恩恵を得られず、家族間の格差が拡大し続けるとすれば、子どもたちは苦しみ、不平等は拡大し続け、社会的流動性は損なわれる。その結果、この国は脆弱になり、分断が進み、繁栄が陰ってしまうだろう。こういった事実を認めず対処を怠ることは、残念な無策の第一歩である。

謝辞

この本で取り上げたテーマについて、私と一緒に研究し、理解を深めてくれた多くの学者、学生、友人、知人に深く感謝しています。これらの問題を私が理解するにあたって貢献してくれた人々のリストはここに書ききれないほど長いのですが、このプロジェクトに直接貢献してくれた数名の方のお名前を上げたいと思います。

Victoria Perez-Zetuneは、この本のあらゆる側面について専門的な研究支援を提供してくれました。本当に感謝しています！ Taylor Landonもまた、膨大なデータ作業で貴重な研究支援を提供してくれました。McCall Pitcherは、データ視覚化の専門知識を活かして図を作成してくれました。Dwyer Gunnは、最初の草稿を専門的に編集し、私が含めたいコンテンツをどのように構成して書き上げるについて、理解するのを助けてくれました。Thomas Jespersonは、プロジェクトのさまざまな要素に貢献してくれました。

頻繁に共著を出しているフィル・レヴァインは、20年以上にわたる素晴らしい協力者であり友人です。本書では、一緒に取り組んだ複数の研究を引用しています。フィルは寛大にも最初の原稿にすべて目を通し、詳細なフィードバックをくれました。Rebecca Ryan と Kristin Butcher も、各章の初期の草稿に詳細かつ包括的なフィードバックをくれました。私は、こうした素晴らしい学者たちの洞察力と深い専門知識から大きな恩恵を受けました。シカゴ大学出版局の Chad Zimmerman は、このプロジェクトの優れた編集者でした。最初の会話から、彼は私がやりたいことと明確にやりたくないことを理解してくれました。辛抱強く、あまり学術的すぎない語り口を見つけるのを手伝ってくれ、それでも時折起こる学術的な問題に付き合ってくれました。このプロジェクトを信じ、最初から最後まで私を励まし、導いてくれたＣｈａｄに心から感謝します。

他の多くの学者と同僚、セミナー参加者、友人からも、有益で建設的なフィードバックをいただきました。初期の草稿を読んでコメントをくださった Lisa Dettling、Chanel Dority、Amy Finkelstein、Amanda Loveland、Heather Reynolds、Mark Steinmeyer、Melinie Wasserman に感謝します。また、次の方々との会話や交流からも多大なる恩恵を受けました。

David Autor、Lonnie Berger、Leah Brooks、Jeff Denning、Craig Garthwaite、Lisa Gennetian、Jeff Grogger、Sarah Halpern-Meekin、Bradley Harding、Mara Lederman、Orion Martin、Adriana Lleras-Muney、Bruce Meyer、Michael Nutter、Christine Percheski、Valerie Ramey、Lesley Turner。私は、散歩や読書クラブの会合で、有益な意見や励ましをくださった近所の素晴らしい女性たち、Alicia Abell、Hilary Bednardz、Chrisy Jelen、Brooke Thomas、Jill Pellettieri、Kathy Stallings をはじめとする多くの方々に感謝し、愛情を感じています。

最終原稿には、私が出版社に提出した最初の草稿にコメントを寄せてくれた４人の匿名の査読者の、非常に役に立つ意見の数々が反映されています。その方々の具体的で思慮深く、批判的で建設的なフィードバックにより、私は本書の物語を研ぎ澄ませることができました。

また、そもそも本を書くよう私に勧めてくれた人たちにも感謝したいと思います。この人たちの励ましがなければ、私はこのプロジェクトを引き受けなかったかもしれません。Richard Reeves、Belle Sawhill、Sergio Urzua、Jacob Vigdor、そして数年前にワシントンＤＣのシンクタンクのイベントで私が社会的流動性について発言した後に近づいてきて、「ご著書を出されたことはありますか」と尋ねた女性。私がありませんと答えると、「ぜひ書くべきです」と言ってくれました。その出会いから間もなく、私はボッコーニ大学が主催するアルプポップ（Alp-Pop）会議で基調講演に招待されました。私は、講演内容を準備しましたが、その際に、本書の原型となる内容をまとめていたことを、当時は知る由もありませんでした。招待してくれた会議の主催者に感謝します。

メリーランド大学は、このプロジェクトに取り組むために、２０２０年秋学期にサバティカルを与えてくれました。そしてパンデミックが起こり、私が計画していたサバティカル旅行の計画は、改装した屋根裏部屋の仮設デスクとキッチンテーブルの行き来へと変わりましたが、その学期をＺｏｏｍ授業に慌てて取り組むのではなく、執筆に割くことができたのは非常に助かりました。それ以上に、メリーランド大学、特に経済学部に、過去16年間、学び、教え、働く素晴らしい場所を提供してくれたことに感謝しています。

最後に、私が育った家族と、夫と一緒に築いた家族に、変わらぬ感謝の気持ちを表します。妹のアリソン、クリッシー、ビッキーに、私は永遠に感謝しています。私と、今では私の子どもたちのために、常に愛とサポートと笑いを与えてくれてありがとう。私の両親メアリーアンとルー・シェッティーニは、今も昔もかわらず、利他的に子育てに身を捧げ、家族に熱心に関わってくれます。この2人にどれほど感謝しているか、とても言い尽くせません。夫のダンに心から感謝しています。本書のプロジェクトに役立つコメントを与えてくれたこと、そして普段から、私と子どもたちにしてくれるあらゆることに。彼は私たちにとってすべてです。義理の両親グロリアとダン・カーニーの愛とサポートに心から感謝します。パトリシア・キロズは、私たち家族にとって天使です。彼女がいなければ、この本を書くことも、もっと大きく言えばキャリアを続けることもできなかったでしょう。

そして、私の子育ての失敗を許し、はかり知れない喜びと愛を与えてくれた3人の子どもたち、ウィリアム、ソフィア、アデレードに心から感謝しています。3人は私の太陽、月、そして輝く星です。この子たちの母親になれるという甚大な特権以上に、この世で感謝していることは何もありません。この本をこの子たちに捧げます。

訳者あとがき

『なぜ子どもの将来に両親が重要なのか――家族格差の経済学』は、結婚制度の衰退がいかに多くの経済格差を招いているかを、データの分析と解釈によって明らかにした内容だ。

原題は *The Two-Parent Privilege*（二人親の特権）。平たく言うと、「両親がそろっている家庭で育つ子どもには、明らかなアドバンテージがある」ということだ。そのことを、道徳観や価値観、宗教観、アメリカンドリーム的な理想論を排除して、経済学者として冷徹にデータ分析から導き出したのが本書である。

現在、米国の子どもの5人に1人以上が、パートナーのいない母親と暮らしている。1980年以降の過去40年で、結婚している両親と同居する子どもの割合が激減しているのだ。1980年には両親の揃った家庭で育つ子どもが77％だった。ひとり親世帯がこれほどまでに増加した理由や社会的背景は複合的だが、著者は一貫して経済学のレンズを通じて「子どもの将来」にフォーカスをあて、自身の研究も含めた大量のデータを分析し、「二人親の特権」を示す数字を次々に見せてくれる。そして、私たちが目をそむけたり、婉曲表現を使ってお茶を濁したりする風潮にも警鐘を鳴らす。「子どもの幸福に関して言えば、二人親家庭がきわめて優れた家族構造である」という統計が証明する事実を、まずは私たちが率直に認めなければ社会を変えることができないのだと、勇気をもった提言をする。

いったいなぜ、この数十年の間に、これほど多くの親が結婚しない選択をしているのか？　ひとり親、とりわけシングルマザー家庭に育てられることが、子どもの将来にどのような影響を与えるのか？　結婚した両親がいる家庭の子どもは、どのような理由で将来的に有利なのか？

データによって導き出された指摘は明快だ。

二人親家庭で育つ子どもが増えることが、より公平な未来への最善の道である可能性が高い、というのが著者の主張だ。結婚にはあらゆる課題と欠点があるにもかかわらず、である。

著者メリッサ・S・カーニーはメリーランド大学の経済学教授であり、米国の貧困と不平等と家族構成について、四半世紀近くにわたって研究している。子育てがどれほど大変かを身を持って知る3児の母でもある。インターン生だった20代の頃に職業訓練センターで出会った、生活保護を受けている母親たちと心を通わせた経験が、カーニーのキャリア初期の研究動機となった。懸命に働き、真面目で子ども思いの聡明なシングルマザーが、居住区と少ないリソースが理由で、息子の近い将来のギャング化が予見できても打つ手がない、というケースを目の当たりにしてきた。

本書の執筆プランについて他の経済学者に話したときに最も多い反応は、「内容については全面的に同意する――でも、本当にあなたはこれを一般に向けて発信しても大丈夫なのか？」というものだったそうだ。「家庭の問題には立ち入らない」「彼女／彼の選択を尊重する」として、学識者が公に議論したがらないテーマに、敢えて踏み込んだ理由について、カーニーはこう述べている。

「社会の変化は学術誌のページや識者の会議のテーブルの上では起こせないからだ。社会の変化は、一般の人々が問題に取り組み、政策立案者が事実とエビデンスを手にしているときに起こる。私は、このテーマについて長年にわたり研究し、アカデミックな場で論じてきたが、そろそろ数々のエビデンスと周辺情報を広く聴衆に伝える時期が来たと案じているのだ」。（iv-v頁）

本書のタイトルから、非難めいた強い意見を抱く人がいることもカーニーは織り込み済みだ。もちろん読み始めるとすぐに、カーニーがシングルマザーを非難しているわけではないことが分かる。何よりも、多様な家庭で育つ子どもたち一人ひとりの将来の幸福を心から望んでいる。では、より多くの子どもが、優位な立場を確実に得られるために、社会ができることは何だろう？　データから、何が不足していることが読み取れるのだろうか？

ここ数十年の間にアメリカ国内で行われてきた、様々な社会福祉政策が、どの程度の効果をもたらしたかについての分析が、非常に興味深い。たとえば、シングルマザー家庭への現金給付についてのメリットとデメリット。注力すべきは、その家庭に存在していない「もう片方の親」へのサポートなのであれば、何をするのが効果的なのか。実施されてきた福祉対策によって、子どもの将来は、どの程度変わったのか。社会政策を施してもなお埋められないギャップがあるとすれば、どのようにアプローチを変えるべきなのか。

「結婚する選択」は個人の意思であり、「子どもの機会」は社会の成熟や公共の福祉によって平等に近づいているのか？

残念ながら、おそらく答えはノーである。

くり返すが、著者のフォーカスは常に、「その家庭で育った子どもの将来」にある。主人公は子どもだ。そのうえでカーニーは、子どもだけではなく成人（親）のウェルビーイングを高める手法が存在することを、研究から導き出している。そうであるならば、大多数の人が見ないようにしている現実（＝結婚している両親がいる家庭で育つ子どもが将来的に圧倒的に有利になる可能性が高い）を、まずは直視することが必要なのだ。

カーニーは結婚を「2人の個人がリソースを合算し、世帯を維持して子どもを育てる責任を共有するための長期契約」だと説明する。

親のリソースとは、お金のことだけを指すのではない。子どもに注ぐ時間とエネルギーも大切なリソースだ。わが子に無限の愛を注いでいるとしても、親が愛情「以外」に子どもに注げることには限度がある。また、母親の教育水準（学歴）が、子どもの学歴を予測する上での重要な要素であることも浮き彫りになる。カーニーは、大学教育を受けた女性のその後の人生選択と男女の賃金格差について研究してきたハーバード大学のクラウディア・ゴールディン教授の言葉を引用し、カーニー自身はゴールディンが「キャリアも家庭も」と名付けた世代のグループにあてはまることを認めつつ、キャリアや教育への投資を増やす若者の増加が婚姻率を引き下げているのではないこともデータを使って証明する。むしろ全体的に、大卒の男性と女性はどちらも、大学を卒業していない人よりも結婚する可能性が高くなっている。

では、なぜ大卒未満の男女の結婚が減っているのか？　子どもをひとりで育てようとする母親が増えているのか？

後半の章で、いよいよ著者は核心に迫る。「父親（候補）」の存在の経済状況の危機と、「父親のいない家庭で育つ男子」についての憂慮する点を指摘しているのだ。

データは、単なる数字ではない。その背景に、膨大な数の人々の生活があり、その国その地域の歴史的・社会的背景が存在する。データを直視することから全体像が浮き彫りになり、データを認めて社会政策に生かすことが、より多くの子どもが将来的な幸福を得られる国をつくっていく。カーニーはそのことを本書でくり返し訴えている。

「学歴格差」「階級格差」「家族格差」「経験格差」……本書にはさまざまな「格差」が登場する。公平で平等な社会を目指しているはずなのに、格差は広がる一方だ。日本もまた他人事ではない。本書を、冷静に立ち止まり、格差を埋めていくために何ができるのか？　と一考する手がかりにしてもらえればと願っている。

日本では、母子世帯１１９万世帯、父子世帯15万世帯（「令和3年全国ひとり親世帯等調査」推計値）という数字が直近のデータである。全国５０００万世帯中ということを考えると、米国に比べてその割合はかなり低い。しかし、ひとり親世帯の平均年収や家庭状況を考えると、当然ながら座視することはできない。日本でも子どもの貧困や子育て支援の議論は10年以上前から活発に行われている。しかし、本書のように二人親とひとり親世帯の格差の具体的な数字の調査や分析、支援策については十分とは言い難いようだ。

子どもの教育や子育てへの関心が、少子化の進行に反比例するように高まっている。それ自体は本書で述べられるように子どもへの支出が増大していることの反映であるが、裏返すと、教育格差や家族格差についてもまた、懸念が高まっているということである。この問題は金銭的な「経済問題」に還元されがちであるが、経済的な余裕のある・なし以上に、「家族」という基本的な共同体の重要性に今一度目を向けることを、本書は教えてくれている。

今回も慶應義塾大学出版会の永田透氏からのご依頼で、またしても重厚な本を訳させていただいた。経済的インセンティブが子育てアプローチの違いを説明できることを国際比較を用いて示した『子育ての経済学』（マティアス・ドゥプケとファブリツィオ・ジリボッティの共著）、先に触れたゴールディン教授による『なぜ男女の賃金に格差があるのか』に続く3冊目となったが、本書に上記2冊への言及があったことが嬉しく、励まされる思いで翻訳した。貴重な機会を与えていただいたことに、心より感謝を申し上げます。

2025年3月

鹿田昌美

し、最大の上昇は、より恵まれない家庭の子ども、年少の子ども、および男子に見られたことを発見した。次を参照のこと。Dahl and Lochner (2012) マノリとターナーによる2019年の研究では、(税額控除の計算式の特殊性のため) 高校3年生の春に追加のEITC収入を得た低所得家庭の子どもは、大学に入学する可能性が高いことがわかった。手元に余剰現金があったおかげで、そうでなければ子どもを大学に行かせる余裕がなかった家族も、そうすることができたようだ。次を参照。Manoli and Turner (2018)

13) Akee et al. (2010); Akee et al. (2018)

14) 例えば、次を参照のこと。Hoynes et al. (2016); Bailey et al. (2020); Miller and Wherry (2019); Brown et al. (2020)

15) 例えば、次を参照。Ludwig and Miller (2007); Johnson and Jackson (2019); Thompson (2018)

16) Heckman and Landersø (2022)

第8章

1) この主張に関するエビデンスのレビューについては、次を参照のこと。Melissa S. Kearney and Phillip Levine, "Role Models, Mentors, and Media Influences," *Future of Children* 30 (June 2020): 83-106.
2) La Ferrara et al. (2012); Chong and La Ferrara (2009)
3) Edin and Kefalas (2005)
4) Halpern-Meekin (2019)
5) 次を参照。Abraham and Kearney (2020)
6) 例えば次を参照のこと。Acemoglu and Autor (2011); Fortin et al. (2021); Farber et al. (2021)
7) 2019年のAspen Economic Strategy Groupの年次政策書籍には、こうした様々な方向に沿った政策提案が掲載されている。次を参照。Kearney and Ganz (2019)
8) MDRCの研究者らは、2003年から全国8ヵ所で健全な結婚生活の支援(SHM)プログラムのRCT評価を実施した。SHMプログラムは、主に人間関係と結婚に関する教育ワークショップから構成される1年間の任意のプログラムで、合計24～30時間の定められたカリキュラムの講座を提供した。ワークショップのテーマには、人との対立の管理、効果的なコミュニケーション、支援的な行動の増加、親密さの築き方といった戦略が含まれていた。また、SHMプログラムでは、補足的に社交・教育イベントを開催し、カップルと専門スタッフをペアにして連絡を取り合い、必要に応じて参加者を他のサービスにつなぐ家族支援サービスも提供された。RCT評価では、プログラム開始から2年後、一緒にいるカップルは結婚生活の幸福度が高く、結婚生活のストレスが低いことが報告された。プログラムに参加した女性たちは、悲しみや不安の気持ちが軽減したと報告した。しかし、SHMプログラムに参加するよう無作為に割り当てられたカップルは、対照群のカップルよりも一緒にいる割合が高くはなかった。治療群と対照群の両方において、30ヵ月の追跡調査の時点でカップルの18%がもはや結婚していない、または真剣な関係にはなかった。次を参照のこと。Lundquist et al. (2014)
9) プログラムのモデル、実施、研究や実施環境における成功の様々なエビデンスの詳細については、次を参照。US Department of Health and Human Services, Administration for Children and Families, (2022)
10) このようなプログラムの研究については、次を参照のこと。Mayer et al. (2019)
11) Hoynes et al. (2015): Evans and Garthwaite (2014)
12) ダールとロックナーによる2012年の研究では、EITCの計算式の変更によって一部の家庭が1年間でより多くの収入を得た場合に何が起こるかを調べた。研究者らは、EITCの変更による世帯収入の1000ドルの増加により、標準化された数学と読解テストのスコアが標準偏差の6%上昇

use4.archives.gov/WH/New/other/preg.html.

3) William Jefferson Clinton, State of the Union address, US Capitol, Washington, DC, January 23, 1996, https://clintonwhitehouse4.archives.gov/WH/New/other/sotu.html.

4) 米国における中絶に関する2つの主なデータソース（どちらも完全ではない）は、どちらも米国の中絶率がかなり低下していることを示している。ガットマチャー研究所は、2020年には15歳から44歳の女性1000人当たりの中絶件数は14.4件で、1981年の1000人当たり29.3件から減少していると報告している。CDCは、ジェフ・ディアマントとベシェール・モハメド著「米国における中絶に関するデータからわかること」によると、2019年には米国で15歳から44歳の女性1000人当たりの中絶件数は11.4件で、1980年の1000人当たり25件から減少していると報告している。ピュー研究所, June 24, 2022, https://www.pewresearch.org/fact-tank/2022/06/24/what-the-data-says-about-abortion-in-the-u-s-2/.

5) 次を参照のこと。Kearney and Levine (2022)

6) 「研究から、米国の女性が母親になるのを遅らせている理由は、すべてが台無しになるからだと判明した」"Study Finds American Women Delaying Motherhood because the Whole Thing Blows," *Onion*.

7) Kearney and Levine (2015a)

8) Abma and Martinez (2017)

9) Kearney and Levine (2015a) "Investigating Recent Trends in the U.S. Teen Birth Rates."

10) ジェイソン・リンドとアナリサ・パックハムによる2017年の論文によると、コロラド州が2009年に開始した2300万ドルの家族計画イニシアチブによりLARCへのアクセスが拡大され、資金提供を受けたクリニックがある郡では10代の出生率が5年間で6.4%減少したという。この研究は、LARCへのアクセス拡大が10代の出生率に大きな影響を与える可能性があることを示しているが、このような大規模なイニシアチブは全国で多数実施されておらず、全体的な傾向の意味のある部分を説明することはできない。次を参照のこと。Lindo and Packham (2017)

11) Kearney and Levine (2015b)

12) Albert (2010)

13) 10代の妊娠を扱った番組の人気が10代の出生率の傾向と相関している可能性に対処するため、私たちは計量経済学で操作変数（IV）戦略と呼ばれる手法を使い、以前の期間の MTV 視聴率を幅広く測定して『16 & Pregrant ～ 16歳で妊娠～』の視聴率を予測した。この計量アプローチの特徴的な仮定は、『16 & Pregrant ～ 16歳で妊娠～』のコンテンツの導入がなければ、番組が放映される前の期間のMTV視聴率はその後の10代の出産の傾向とは無関係であっただろうというものだ。

14) 例えば次を参照のこと。Kearney and Levine (2014)

17）例えば、ハーバード大学発達児童センターが提供している「レジリエンス」ガイドを参照のこと。https://developingchild.harvard.edu/science/key-concepts/resilience/, accessed July 20, 2021.
18）Bruce and Bridgeland（2014）
19）メンタリングプログラムと評価についてのさらに徹底したレビューについては次を参照のこと。Levine（2014）
20）Mitchell（2020）
21）Tierney et al.（1995）
22）Bush（2002）
23）Big Brothers Big Sisters of America（2021）
24）次を参照。Trickey（2017）
25）Trickey（2017）
26）Heller et al.（2017）
27）Trickey（2017）, the My Brother's Keeper（MBK）Alliance became an initiative of the Obama Foundation, per MBK Alliance, "We Are Our Brothers' Keepers," Obama Foundation, accessed April 14, 2021, https://www.obama.org/mbka/.
28）Guidance（2020）
29）この章で男子に重点が置かれているのは、女子が抱える、異なるとはいえ同時に起こっている苦悩を曖昧にしたり、無視したりする意図はない。今日の男子と比べると、女子は外在化行動と呼ばれる外向きの行動問題を示す可能性が低い。これは、女子が学校や法律上での問題を起こす可能性が低いことを意味するが、苦しんでいないというわけではない。女子は苦悩を内に向ける傾向があり、この傾向はBAMの姉妹プログラムであるWorkingon Womanhood（WOW）で認識されている。2011年にシカゴでWOWディレクターのゲイル・デイが率いる女性ソーシャルワーカーのグループによって設立されたこのプログラムは、多面的な、学校1年間にわたるグループカウンセリングと臨床メンタリングプログラムであり、高リスクでリソースの少ないコミュニティでトラウマ的なストレス要因にさらされてきた7年生から12年生の女の子の社会情緒的コンピテンシーを向上させることを目指している。本書執筆時点では、シカゴ大学アーバンラボがWOWの評価を実施している。

第7章

1）「研究から、米国の女性が母親になるのを遅らせている理由は、すべてが台無しになるからだと判明した」*Onion*, June 18, 2021, https://www.theonion.com/study-finds-american-women-delaying-motherhood-because-1847112786.
2）William Jefferson Clinton, "Statement on Teen Pregnancy," White House Office of the Press Secretary, January 29, 1996, https://clintonwhiteho

14) Price and Kalil (2019)
15) Fiorini and Keane (2014)
16) Lareau (2003)
17) Ramey and Ramey (2010)
18) Doepke and Zilibotti (2019)
19) Dearing et al. (2006)
20) Lindo et al. (2018)
21) Mani (2013)
22) US Department of Health and Human Services, Office of Child Care (2022)
23) Kalil and Ryan (2020)
24) Mayer et al. (2019)
25) Evans and Garthwaite (2014)

第6章

1) Obama (2008)
2) これらの統計は次より引用した。US Department of Education, Office for Civil Rights, Civil Rights Data Collection (2018)
3) これらの統計は、個別の標本重みで重み付けされた2019年の全米コミュニティ調査データを使用して著者が推定したものである。
4) Bertrand and Pan (2013)
5) Autor et al. (2019)
6) Charles and Luoh (2010)
7) Chetty et al. (2020)
8) Kindelan (2021)
9) Kindelan (2021)
10) Fishback et al. (2020)
11) US Department of Health and Human Services, Office of Family Assistance (2021)
12) Avellar et al. (2018)
13) Eberstadt (2016)
14) Kearney and Levine (2020) に掲載された統計。私たちは、2011 ～ 2015年の全米コミュニティ調査の国勢調査区レベルのデータを用いてこれらの統計を生成した。「低所得」とは、家族収入が貧困ラインを下回る人、「高所得」とは、家族収入が連邦貧困ラインの5倍以上である人、と定義している。私たちは、全国の各所得カテゴリー内の様々な国勢調査区の特性の人口加重平均を取ることで「典型的な」子どもを構築した。
15) Watson (2009)
16) この実証研究のレビューとしては、次を参照のこと。Kearney and Levine (2020)

る情報の中で最も包括的な情報源である。標本は、2万3297の夫婦世帯と7030のひとり親世帯で構成され、BLSの加重方法を使用して米国の対象人口を反映するように加重された。この報告書の著者は、家計支出を次のように子どもに割り当てた。子ども固有の費用は子どもに直接割り当てた。食費と医療費は、子どもの予算分担に関する連邦調査の結果に基づいて子どもに割り当てた。家族関連の交通費と雑費は、1人当たりの方法を使用して割り当てた。

4) Kornrich and Furstenberg (2013)

5) ニーラジ・カウシャル、キャサリン・マグナソン、ジェーン・ウォルドフォーゲルによる2011年の論文では、1997年から2006年の消費者支出調査のデータを使用して、現在の期間の格差について同様の結果が得られた。論文では、教育に充てられる総家族支出の割合が、支出の五分位ごとに上昇することが示されている。最下位五分位の家族は総支出の3%を教育項目に割り当てているが、五分位の上位2つの家族は9%を子ども教育項目に費やしている。絶対額での格差はさらに広がっている。次を参照のこと。Kaushal et al. (2011)

6) この調査は、18歳未満の子どもを持つ米国の親1807人を対象に実施された。Pew Reseach Center (2015)

7) Whitaker et al. (2019)

8) Guryan et al. (2008)

9) この格差は次の論文に示されている。Kalil et al. (2012)

10) この章で使用した分析標本には、18歳未満の子どもが少なくとも1人いて、24時間の完全な時間日記を記録している21歳から55歳までの成人が含まれている。この全国を代表する標本には、1552人の母親と1187人の父親が含まれている。「総育児時間」は、4つの主要な時間使用要素の合計として定義される。基本的育児とは、授乳、子どもを揺らして寝かしつけること、食事を与えること、おむつ交換、医療(直接的または間接的)、身だしなみなど、子どもの基本的なニーズに費やされる時間である(食事の準備は育児ではなく、家事としてカウントされる)。教育的育児とは、子どもに本を読み聞かせること、子どもに教えること、子どもの宿題を手伝うこと、子どもの学校のミーティングに出席すること、その他同様の活動に費やされる時間である。レクリエーション的育児には、子どもとゲームをすること、子どもと屋外で遊ぶこと、子どものスポーツイベントやダンス発表会に参加すること、子どもと動物園に行くこと、子どもと散歩することが含まれる。移動育児とは、他の3つの育児カテゴリーのいずれかに関連する移動である。例えば、子どもを学校や病院やダンスの練習に連れて行くことは、すべて移動育児に含まれる。

11) Kalil et al. (2014)

12) Reardon (2011)

13) Reardon and Portilla (2016)

所有者はより多くの子どもを持つようになることが研究からわかっている。この相関関係は、経済学者のリサ・デトリングと私が書いた2014年の研究論文、および経済学者のマイク・ローヴェンハイムとケビン・マンフォードが2013年に書いた論文に示されている。経済学者のジェイソン・リンドが2010年に書いた論文では、夫が職を失うと、その後、夫と妻が持つ子どもの数が減ることを示している。

21) 賢明な読者なら、結婚が少ないのは、シェールガスの採掘の仕事に就いている男性の多くが、その地域の出身ではない移民だからではないかと疑うかもしれない。シェールガスの採掘の仕事への移民労働者の流入は、実際にはノースダコタ州とその近隣地域の話である。ノースダコタ州はシェールガスの採掘と移民労働者に関して独特の経験があるため、この分析から除外する。テキサス、オクラホマ、ペンシルベニア、コロラドなど、国内の他の州でのシェールガスの採掘について考えてみよう。ここでは、シェールガスの採掘ブームは移民の大量流入とは関係がなく、むしろ地元住民の雇用と所得の増加と関連していた。

22) Black et al. (2013)

23) 次を参照のこと。Ziliak (2015)

24) Moffitt (1998)

25)「1996年個人責任と就労機会調整法」(Personal Responsibility and Work Opportunity Reconciliation Act of 1996), Pub. L. No. 104-193, 110 Stat. 2105 (1996), https://www.congress.gov/104/plaws/publ193/PLAW-104publ193.pdf.

26) 1970年から2012年の間にAFDC/TANFの受給者に何が起きたかを確認するには、次を参照のこと。Ziliak (2015) "Temporary Assistance for Needy Families,"

27) 2005年にジェフリー・グロッガーとリン・カロリーが実施した福祉改革の影響に関する研究の包括的なレビューでは、福祉改革が結婚や出生率に顕著な影響を及ぼしたという考えを支持する説得力のある証拠は見つかっていない。次を参照のこと。Grogger and Karoly (2005)

第5章

1) この政府報告書では、「中間所得」とは、税引き前の世帯所得が5万9200ドルから10万7400ドルの間であると定義されている。

2) ひとり親家庭の80%以上がこの低所得グループに属しており、子ども1人当たりの支出は、この低所得グループの夫婦家庭の支出と同程度だった。

3) これらの推定値は次より引用。Lino et al. (2017) この報告書は、米国労働省労働統計局 (BLS) との契約に基づき、米国国勢調査局と米国商務省が実施した2011~2015年の消費者支出調査インタビュー (CE) のデータに基づいている。この調査は、全国レベルで入手可能な家計支出に関す

Meezan and Rauch (2005); Black et al. (2007)
24) Norris et al. (2021); Arteaga (2021)

第4章

1) Goldin (2006)
2) "Tenement Apartment Tours," Tenement Museum, accessed November 7, 2022, https:// www.tenement.org/apartment-tours/.
3) 2012年に政治学者チャールズ・マレーが出版した*Coming Apart: The State of White America 1960–2010* (New York: Crown Forum) は、教育や所得の面からみた米国人の文化的相違を描いている。この本は白人米国人に焦点を当てており、人種の違いとは別に階級の違いを強調している。マレーの本と同様に、本書は大学教育を受けた米国人と大学教育を受けていない米国人の婚姻率の違いに焦点を当てている。ただしマレーの本とは異なり、本書は家族構造の傾向を、それが子どもにどのような意味を持つか、そして世代間で経済的優位性や不利性がどのような形で受け継がれるかという観点から示している。
4) Wilson (1987)
5) Raspberry (1985)
6) Edin and Kefalas (2005)
7) Vance (2016)
8) この「男女賃金格差」の根強さは、数多くの記事の主題となっている！この格差については、女性は賃金の低い職業に就く傾向がある、女性は仕事を休むことが多い（通常は家族の世話のため）、女性に対する明らかな差別など、様々な説明があることを述べれば十分であろう。
9) Bertrand et al. (2015)
10) Autor et al. (2019)
11) Anelli et al. (2021)
12) Cherlin et al. (2016)
13) Gould (2021)
14) Charles and Luoh (2010)
15) Becker (1974)
16) Browning (1994)
17) Shenhav (2021)
18) Kearney and Wilson (2018)
19) 私たちが使用する地域単位は、国勢調査 PUMA（公共利用マイクロデータ地域）である。これは地理的に連続しており、米国全体をカバーし、少なくとも10万人の人口を含むように定義されている。私たちが調査した年には、米国の2057 PUMAのうち611 PUMAで、新しい井からのシェールガスの採掘生産がプラスだった。
20) 例えば、住宅価格の全体的な上昇によって住宅資産が増加すると、住宅

3) US Census Bureau (2020)
(注：2019年の公式国勢調査による貧困ラインは、親1人と子ども2人からなる世帯では2万598ドル、親2人と子ども2人からなる家族では2万5926ドルだった。)
4) Becker (1981)
5) Garfinkel and McLanahan (1986)
6) McLanahan and Sandefur (1994)
7) Lopoo and DeLeire (2014)
8) Gruber (2004)
9) 経済学者のベッツィ・スティーブンソンとジャスティン・ウォルファーズは、無責離婚法が家庭内暴力と女性の自殺率に与える影響を研究し、無責離婚法の導入によって、男性と女性の両方で家庭内暴力が大幅に減少し、パートナーに殺害される女性の数と女性の自殺が減少したことを発見した。この発見は、一方的離婚法が決定的な利益をもたらしたことを明らかに示している！ Stevenson and Wolfers (2006)
10) Ananat and Michaels (2008)
11) Blandin and Herrington (2022)
12) Hill et al. (2009)
13) Carlson (2006)
14) McLanahan et al. (2013)
15) Kearney and Levine (2017)
16) これらの統計は、カーニーとレヴァインの論文「非婚姻出産の経済学(Kearney and Levine, 2017)」から引用したもので、著者らによる2013年のPSIDデータの集計に基づいている。世帯所得は、個人消費支出価格指数を使用して、すべての年について2013年のドルに換算されている。0歳から16歳までの収入は、その年齢のすべての利用可能な年における子どもの年間世帯収入の平均であり、中央値が報告されている。分析標本には、既婚の母親4983人と未婚の母親3620人が含まれている。
17) ビョルクランド・ヤングは、2002年に高校2年生だった生徒の全国的な代表標本である教育縦断調査のデータを引用し、世帯所得の最低四分位の生徒の大学修了率は14%であるのに対し、世帯所得の最高四分位の生徒の大学修了率は60%であると報告している。次を参照のこと。Bjorklund-Young (2016)
18) このデータはKearney and Levine (2017) 表5より引用。
19) Cross (2020)
20) Case and Paxson (2001)
21) Carlson (2006)
22) Amato (2005)
23) Manning et al. (2014). 同性間の子育てと家族形成に関する社会科学的なエビデンスのレビューについては、以下も参照のこと。Reczek (2020);

れた子どもの平均交代回数（0.5回）のほぼ3倍である。これらの指標を解釈する際の課題は、これらの指標が結婚への遷移と結婚からの遷移を対称的にカウントしていることである。リソース（私が次の章で強調する結婚に関する観点）については、結婚への遷移と結婚からの遷移は、子どもの家庭環境に対称的な影響を及ぼさない。次を参照のこと。Brown et al. (2016); Kearney and Levine (2017)
3) Cherlin (2010)
4) 次を参照。Carlson (2022)
5) 次を参照。McLanahan et al. (2003)
6) McLanahan and Beck (2010)
7) これらの統計は、パートナーのいない母親と暮らす子どもの視点から得たものである。パートナーのいない母親の視点から生活状況を調べると、パートナーのいない母親の61%が他の大人なしで暮らしていることがわかる。この統計の違いは、パートナーのいない複数の子どもを持つ母親は、パートナーのいないひとりっ子の母親よりも、他の大人のサポートなしで１人で暮らす可能性が高いことを示している。
8) アメリカの家族構造における人種間の歴史的な格差については、奴隷制度時代に家族が引き離された悲劇的な遺産、黒人の貧困率が歴史的に高いこと、根強い組織的差別など、多くの説明が提唱されている。また、家族構造における人種間の差異の一部は、ヨーロッパと比較してアフリカでは（結婚ではなく）血縁関係がより重視されていることが起源であると示唆する学者もいる。
9) US Department of Health Services (1984); US Department of Health, Services (1963)
10) Carlson (2006)
11) 2018年のSIPPのデータによると、離婚したパートナーのいない母親の子どもの40%が養育費収入のある世帯に属しているのに対し、一度も結婚しておらずパートナーのいない母親の子どもの場合は19%である。母親の離婚または未婚の状況別に養育費を受け取っている世帯の子どもの割合は、大学教育を受けた母親の子どもでは47%対29%、高校卒業の母親の子どもでは39%対18%、高校卒業未満の母親の子どもでは24%対15%である。
12) Grall (2018)
13) このデータはルクセンブルク所得調査から得たもので、ストックホルム大学の社会学者ユホ・ハルコネンによる2017年のワーキングペーパーの付録に掲載されている。Harkönen (2017)

第3章

1) Page (2020)
2) Obama (2008)

原注

第1章

1) 本書では定義を明確にするように努めている。結婚している親と結婚していないの親の定義には、一般的に同性カップルも含めている。データ上、同性カップルが世帯主となっている世帯は、子どもの世帯のごく一部を占めており、全体的な傾向を牽引しているわけではない。

2) この論文は、1999年にマサチューセッツ工科大学経済学部の2年生の計量経済学プロジェクトとして執筆した。論文は、2004年に"Is There an Effect of Incremental Welfare Benefits on Fertility Behavior? A Look at the Family Cap(「福祉給付の増額は出生行動に影響を与えるか? ファミリー キャップの考察」)"というタイトルで、*Journal of Human Resources* 誌に掲載された(経済学における出版のタイムラグは途方もなく長い)。

3) Autor et al. (2019); Case and Deaton (2020)

第2章

1) これらのカテゴリーを次のように定義する。**結婚している両親**がいる世帯:性別を問わず2人の親がおり、互いが婚姻関係を結んでいる。このカテゴリーには、実の両親、継父母、養父母が含まれる。**未婚のカップルの世帯**:性別を問わず、2人の親がいるが、互いが婚姻関係を結んでいない。**パートナーのいない母親**:母親はいるが、父親のような存在も、2番目の母親もいない。**パートナーのいない父親**:父親はいるが、母親のような存在も、2番目の父親もいない。**親の不在**:子どもの世帯に母親も父親も特定されていない。2019ACSの結婚している両親がいる世帯の子どものうち、99.5%は異性の両親がおり、0.37%は2人の母親がおり、0.12%は2人の父親がいる。

2) フィル・レヴァインと私が2017年に執筆した論文では、2013年の所得動向パネル調査(PSID)のデータによると、同居している両親のもとに生まれた子ども(1980年から1999年の間に生まれた子どもの約8%を占める)のうち、14歳までに実の両親と暮らしていた子どもは半数以下だったのに対し、結婚している両親のもとに生まれた子どもの場合は75%だったと報告している。社会学者のスーザン・ブラウン、ウェンディ・マニング、バート・スタイクスによる2016年の論文では、2006年から2010年にかけて実施された全国家族成長調査(NSFG)の母親に関する全国的な代表データを用いて、子どもの家族の不安定さについて報告している。彼らの報告によると、パートナーのいないシングルマザーまたは同棲中の母親から生まれた子どもは、12歳までにそれぞれ平均1.7回と1.4回の親の家族交代を経験しており、これは結婚している母親から生ま

November 15, 2022. https:// homvee.acf.hhs.gov/.

US Department of Health and Human Services, Office of Child Care. "Home Visiting." Last updated May 19, 2022. https://www.acf.hhs.gov/occ/home-visiting.

US Department of Health and Human Services, Office of Family Assistance. "About Healthy Marriage and Responsible Fatherhood." Updated April 8, 2021. https://www.acf.hhs.gov/ofa/programs/healthy-marriage/about.

US Department of Health, Education, and Welfare. *Vital Statistics of the United States 1960: Volume 1—Natality*. Washington, DC: US Department of Health, Education, and Wel- fare, 1963. https://www.cdc.gov/nchs/data/vsus/nat60_1.pdf.

Vance, J. D. *Hillbilly Elegy: A Memoir of a Family and Culture in Crisis. New York*: Harper, 2016. Watson, Tara. "Inequality and the Measurement of Residential Segregation by Income in American Neighborhoods." *Review of Income and Wealth* 55, no. 3 (2009): 820–44.〔『ヒルビリー・エレジー』関根光宏・山田文訳、光文社、2022年〕

Whitaker, Anamarie A., Garrett Baker, Luke J. Matthews, Jennifer Sloan McCombs, and Mark Barrett. *Who Plays, Who Pays? Funding for and Access to Youth Sports*. Santa Monica, CA: RAND Corporation, 2019. https://www.rand.org/pubs/research_reports/RR2581.html.

Wilson, William Julius. *The Truly Disadvantaged: The Inner City, the Underclass, and Public Policy*. Chicago: University of Chicago Press, 1987.〔『アメリカのアンダークラス』青木秀男監訳、明石書店、1999年〕

Youth Guidance. *Annual Report 2018–2019*. Chicago: Youth Guidance, 2020. https://www.youth-guidance.org/wp-content/uploads/2022/11/Youth-Guidance-Annual-Report-2018-2019.pdf.

Ziliak, James. "Temporary Assistance for Needy Families." In *Economics of Means-Tested Transfer Programs,* vol. 1, edited by Robert Moffitt, 303–93. Chicago: University of Chicago Press, 2015.

Sawhill, Isabel. *Generation Unbound: Drifting into Sex and Parenthood without Marriage*. Washington, DC: Brookings Institution Press, 2014.

Shenhav, Na'ama. "Lowering Standards to Wed? Spouse Quality, Marriage, and Labor Market Responses to the Gender Wage Gap." *Review of Economics and Statistics* 103, no. 2 (2021): 265–79.

Stevenson, Betsey, and Justin Wolfers. "Bargaining in the Shadow of the Law: Divorce Laws and Family Distress." *Quarterly Journal of Economics* 121, no. 1 (February 2006): 267–288.

"Study Finds American Women Delaying Motherhood because the Whole Thing Blows."Onion, June 18, 2021. https://www.theonion.com/study-finds-american-women-delaying-motherhood-because-1847112786.

"Tenement Apartment Tours." Tenement Museum, accessed November 7, 2022. https://www.tenement.org/apartment-tours/.

Thompson, Owen. "Head Start's Long-Run Impact: Evidence from the Program's Introduction." *Journal of Human Resources* 53, no. 4 (2018): 1100–1139.

Tierney, Joseph P., Jean B. Grossman, and Nancy L. Resch. *Making a Difference: An Impact Study of Big Brothers/Big Sisters*. Philadelphia, PA: Public/Private Ventures, 1995.

Trickey, Erick. "What Works: Group Therapy Is Saving Lives in Chicago." Politico, September 21, 2017. https://www.politico.com/magazine/story/2017/09/21/chicago-violence-crime-psychology-cognitive-behavioral-therapy-215633/.

US Census Bureau. *Income and Poverty in the United States: 2019*. Current Population Reports P60–270. Washington, DC: United States Census Bureau, September 2020. https://www.census.gov/content/dam/Census/library/publications/2020/demo/p60 70.pdf.

US Department of Education, Office for Civil Rights, Civil Rights Data Collection. "2013– 14 Discipline Estimations by Discipline Type" and "2013–14 Estimations for Enrollment." In National Center for Education Statistics, "Percentage of Students Receiving Selected Disciplinary Actions in Public Elementary and Secondary Schools, by Type of Disciplinary Action, Disability Status, Sex, and Race/Ethnicity: 2013–14." *Digest of Education Statistics*, table 233.28, January 2018. https://nces.ed.gov/programs/digest/d19/tables/dt19_233.28.asp.

US Department of Health and Human Services. *Vital Statistics of the United States 1980: Volume 1—Natality*. Hyattsville, MD: National Center for Health Statistics, 1984. https:// www.cdc.gov/nchs/data/vsus/nat80_1acc.pdf.

US Department of Health and Human Services, Administration for Children and Families. "Home Visiting Evidence of Effectiveness." Accessed

fatherhood-speech-011094.
Okun, Arthur M. *Equality and Efficiency: The Big Tradeoff.* Washington, DC: Brookings Institution, 1975.
Page, Sydney. "This 11-Year-Old Sells Cups of Lemonade to Buy Diapers for Single Moms."Washington Post, August 21, 2020. https://www.washingtonpost.com/lifestyle/2020/08/21/this-11-year-old-sells-cups-lemonade-buy-diapers-single-moms/.
Personal Responsibility and Work Opportunity Reconciliation Act of 1996. Pub. L. No. 104-193, 110 Stat. 2105 (1996). https://www.congress.gov/104/plaws/publ193/PLAW-104publ193.pdf.
Pew Research Center. *Parenting in America: Outlook, Worries, Aspirations Are Strongly Linked to Financial Situation.* Washington, DC: Pew Research Center, 2015. https://assets.pew research.org/wp-content/uploads/sites/3/2015/12/2015-12-17_parenting-in-america_FINAL.pdf.
Pew Research Center. "Religion and Living Arrangements around the World." Pew Research Center, December 12, 2019. https://www.pewforum.org/2019/12/12/religion-and-living-arrangements-around-the-world/.
Price, Joseph, and Ariel Kalil. "The Effect of Mother-Child Reading Time on Children's Reading Skills: Evidence from Natural Within-Family Variation." *Child Development* 90, no. 6 (2019): 688–702.
Ramey, Garey, and Valerie A. Ramey. "The Rug Rat Race." *Brookings Papers on Economic Activity, Economic Studies Program* 41, no. 1 (Spring 2010): 129–99.
Raspberry, William. "The Men Aren't There to Marry." *Washington Post,* May 8, 1985. https://www.washingtonpost.com/archive/politics/1985/05/08/the-men-arent-there-to-marry/480cfbc7-3ff2-46f8-8a5f-54d4bf18100d/.
Reardon, Sean F. "The Widening Socioeconomic Status Achievement Gap: New Evidence and Possible Explanations." In *Whither Opportunity? Rising Inequality and the Uncertain Life Chances of Low-Income Children,* edited by R. J. Murnane and G. J. Duncan, 91–116. New York: Russell Sage Foundation, 2011.
Reardon, Sean F., and Ximena A. Portilla. "Recent Trends in Income, Racial, and Ethnic School Readiness Gaps at Kindergarten Entry." *AERA Open* 2, no. 3 (July 2016).
Reczek, Corinne. "Sexual- and Gender-Minority Families: A 2010 to 2020 Decade in Review." *Journal of Marriage and Family* 82, no. 1 (2020): 300–325.
"Resilience." Center on the Developing Child, Harvard University, accessed July 20, 2021. https://developingchild.harvard.edu/science/key-concepts/resilience/.

Evidence from Population Tax Data and the Earned Income Tax Credit." *American Economic Journal: Economic Policy* 10, no. 2 (2018): 242–71.

Mayer, Susan, Ariel Kalil, Philip Oreopoulos, and Sebastian Gallegos. "Using Behavioral In- sights to Increase Parental Engagement: The Parents and Children Together Intervention." *Journal of Human Resources* 54, no. 4 (2019): 900–25.

MBK Alliance. "We Are Our Brothers' Keepers." Obama Foundation, accessed April 14, 2021. https://www.obama.org/mbka/.

McLanahan, Sara, and Audrey N. Beck. "Parental Relationships in Fragile Families." *Future of Children* 20, no. 2 (Fall 2010): 17–38.

McLanahan, Sara, Irwin Garfinkel, Nancy Reichman, Julien Teitler, Marcia Carlson, and Christina Norland Audigier. *The Fragile Families and Child Wellbeing Study: Baseline National Report*. Princeton, NJ: Bendheim-Thoman Center for Research on Child Wellbeing,March 2003. http://www.fragilefamilies.princeton.edu/documents/nationalreport.pdf.

McLanahan, Sara, and Gary Sandefur. *Growing Up with a Single Parent: What Hurts, What Helps?* Cambridge, MA: Harvard University Press, 1994.

McLanahan, Sara, Laura Tach, and Daniel Schneider, "The Causal Effects of Father Absence." *Annual Review of Sociology* 39 (2013): 399–427.

Meezan, William, and Jonathan Rauch. "Gay Marriage, Same-Sex Parenting, and America's Children." *Future of Children* 15, no. 2 (2005): 97–115.

Miller, Sarah, and Laura R. Wherry. "The Long-Term Effects of Early Life Medicaid Cover- age." *Journal of Human Resources* 54, no. 3 (2019): 785–824.

Mitchell, Jessica. 2019 Big Brothers Big Sisters of America Annual Impact Report. Cincinnati, OH: Big Brothers Big Sisters of America, May 2020. https://www.bbbs.org/wp-content/uploads/2019-BBBSA-Annual-Impact-Report-FINAL.pdf.

Moffitt, Robert A. "The Effect of Welfare on Marriage and Fertility." In *Welfare, the Family, and Reproductive Behavior: Research Perspectives*, edited by Robert A. Moffitt and National Research Council (US) Committee on Population. Washington, DC: National Academies Press (US) , 1998. https://www.ncbi.nlm.nih.gov/books/NBK230345/.

Murray, Charles. *Coming Apart: The State of White America 1960–2010*. New York: Crown Forum, 2012.

Norris, Samuel, Matthew Pecenco, and Jeffrey Weaver. "The Effects of Parental and Sibling Incarceration: Evidence from Ohio." *American Economic Review* 111, no. 9 (2021): 2926–63.

Obama, Barack. Father's Day speech. Apostolic Church of God, Chicago, IL, June 15, 2008. https://www.politico.com/story/2008/06/text-of-obamas-

Hamilton Project, 2014.

Lindo, Jason M. "Are Children Really Inferior Goods? Evidence from Displacement Driven Income Shocks." *Journal of Human Resources* 45, no. 2 (2010): 301–27.

Lindo, Jason M., and Analisa Packham. "How Much Can Expanding Access to Long-Acting

Reversible Contraceptives Reduce Teen Birth Rates?" *American Economic Journal: Economic Policy* 9, no. 3 (2017): 348–76.

Lindo, Jason M., Jessamyn Schaller, and Benjamin Hansen. "Caution! Men Not at Work: Gender-Specific Labor Market Conditions and Child Maltreatment." *Journal of Public Economics* 163 (2018): 77–98.

Lino, Mark, Kevin Kuczynski, Nestor Rodriguez, and Rebecca Schap. *Expenditures on Chi dren, by Families, 2015*. Miscellaneous Report no. 1528-2015. Washington, DC: United States Department of Agriculture, Center for Nutrition Policy and Promotion, January 2017, revised March 2017.

Lopoo, Leonard M., and Thomas DeLeire. "Family Structure and the Economic Wellbeing of Children during Youth and Adulthood." *Social Science Research* 43, no. 1 (2014): 30–44. Lovenheim, Michael, and Kevin Mumford. "Do Family Wealth Shocks Affect Fertility Choices? Evidence from the Housing Market." *Review of Economics and Statistics* 95, no. 2 (2013): 464–75.

Ludwig, Jens, and Douglas L. Miller. "Does Head Start Improve Children's Life Chances? Evidence from a Regression Discontinuity Design." *Quarterly Journal of Economics* 122, no. 1 (2007): 159–208.

Lundquist, Erika, JoAnn Hsueh, Amy E. Lowenstein, Kristen Faucetta, Daniel Gubits, Charles Michalopoulos, and Virginia Knox. *A Family-Strengthening Program for Low-Income Families: Final Impacts from the Supporting Healthy Marriage Evaluation*. OPRE report 2014-09A. Washington, DC: Office of Planning, Research and Evaluation, Administration for Children and Families, US Department of Health and Human Services, 2014

Mancuso, Gail, dir. *Modern Family*. Season 4, episode 7, "Arrested." Aired November 7, 2012, on ABC.

Mani, Anandi, Sendhil Mullainathan, Eldar Shafir, and Jiaying Zhao. "Poverty Impedes Cognitive Function." *Science* 341, no. 6149 (2013): 976–80.

Manning, Wendy D., Marshall N. Fettro, and Esther Lamidi. "Child Well-Being in Same-Sex Parent Families: Review of Research Prepared for American Sociological Association Amicus Brief." *Population Research Policy Review* 33, no. 4 (2014): 485–502.

Manoli, Day, and Nicholas Turner. "Cash-On-Hand and College Enrollment:

Kearney, Melissa S., and Philip B. Levine. "The Economics of Non-Marital Childbearing and the Marriage Premium for Children." *Annual Review of Economics* 9 (2017): 327–52. Kearney, Melissa S., and Phillip B. Levine. "Income Inequality and Early, Non-Marital Child-bearing." *Journal of Human Resources* 49 (Winter 2014): 1–31.

Kearney, Melissa S., and Phillip B. Levine. "Investigating Recent Trends in the U.S. Teen Birth Rates." *Journal of Health Economics* 41 (2015a): 15–29.

Kearney, Melissa S., and Phillip B. Levine. "Media Influences on Social Outcomes: The Impact of MTV's 16 and Pregnant on Teen Childbearing." *American Economic Review* 105, no. 12 (2015b): 3597–632.

Kearney, Melissa S., and Phillip B. Levine. "Role Models, Mentors, and Media Effects." *Future of Children* 30, no. 1 (June 2020): 83–106.

Kearney, Melissa S., and Phillip B. Levine. "Subsidized Contraception, Fertility, and Sexual Behavior." *Review of Economics and Statistics* 91, no. 1 (2009): 137–51.

Kearney, Melissa S., and Phillip B. Levine. "Why Is the Teen Birth Rate in the United States So High and Why Does It Matter?" *Journal of Economic Perspectives* 26, no. 2 (2012): 141–66.

Kearney, Melissa S., and Phillip B. Levine. "Will Births in the US Rebound? Probably Not." Brookings Institution (blog), May 24, 2021. https://www.brookings.edu/blog/up-front/2021/05/24/will-births-in-the-us-rebound-probably-not/.

Kearney, Melissa S., and Riley Wilson. "Male Earnings, Marriageable Men, and Non-Marital Fertility: Evidence from the Fracking Boom." *Review of Economics and Statistics* 100, no. 4 (October 2018): 678–90.

Keene, Elodie, dir. *The Wire*. Season 2, episode 3, "Hot Shots." Aired June 15, 2003, on HBO. Kindelan, Katie. "Dads Form 'Dad's on Duty' Squad to Help Stop Violence at Their Kids' High School." *Good Morning America*, October 27, 2021. https://www.goodmorningamerica.com/family/story/dads-form-dads-duty-squad-stop-violence-kids-80787546.

Kornrich, Sabino, and Frank Furstenberg. "Investing in Children: Changes in Parental Spending on Children, 1972–2007." *Demography* 50, no. 1 (2013): 1–23.

La Ferrara, Eliana, Alberto Chong, and Suzanne Duryea. "Soap Operas and Fertility: Evidence from Brazil." *American Economic Journal: Applied Economics* 4, no. 4 (2012): 1–31.

Lareau, Annette. Unequal Childhoods. Berkeley: University of California Press, 2003. Levine, Phillip B. "Designing Effective Mentoring Programs for Disadvantaged Youth." In *Policies to Address Poverty in America*, edited by Melissa S. Kearney and Benjamin Harris, 47–54. Washington, DC:

Mullainathan, and Harold A. Pollack. "Thinking, Fast and Slow? Some Field Experiments to Reduce Crime and Dropout in Chicago." *Quarterly Journal of Economics* 132, no. 1 (February 2017): 1–54.

Hill, Carolyn J., Harry J. Holzer, and Henry Chen. *Against the Tide: Household Structure, Opportunities, and Outcomes among White and Minority Youth. Kalamazoo,* MI: W. E. Upjohn Institute for Employment Research, 2009.

Hoynes, Hilary, Doug Miller, and David Simon. "Income, the Earned Income Tax Credit, and Infant Health." *American Journal of Economics* 7, no. 1 (2015): 172–211.

Hoynes, Hilary, Diane Whitmore Schanzenbach, and Douglas Almond. "Long-Run Impacts of Childhood Access to the Safety Net." *American Economic Review* 106, no. 4 (2016): 903–34.

Johnson, Rucker, and C. Kirabo Jackson. "Reducing Inequality through Dynamic Complementarity: Evidence from Head Start and Public School Spending." *American Economic Journal: Economic Policy* 11, no. 4 (2019): 310–49.

Kalil, Ariel, and Rebecca Ryan. "Parenting Practices and Socioeconomic Gaps in Childhood Outcomes." *Future of Children* 30, no. 1 (Spring 2020): 29–54.

Kalil, Ariel, Rebecca Ryan, and Elise Chor. "Time Investments in Children across Family Structures." *Annals of the American Academy of Political and Social Science* 654, no. 1 (2014): 150–68.

Kalil, Ariel, Rebecca Ryan, and Michael Corey. "Diverging Destinies: Maternal Education and the Development Gradient in Time with Children." *Demography* 49, no. 4 (2012): 1361–83.

Kaushal, Neeraj, Katherine Magnuson, and Jane Waldfogel. "How Is Family Income Related to Investments in Children's Learning?" In *Whither Opportunity? Rising Inequality, Schools, and Children's Life Chances,* edited by G. J. Duncan and R. M. Murnane, 187–206. New York: Russell Sage Foundation, 2011.

Kearney, Melissa S. "Is There an Effect of Incremental Welfare Benefits on Fertility Behavior? A Look at the Family Cap." *Journal of Human Resources* 39, no. 2 (2004): 295–325. Kearney, Melissa S., and Amy Ganz, eds. *Expanding Economic Opportunity for More Americans: Bipartisan Policies to Increase Work, Wages, and Skills.* Aspen, CO: Aspen Institute Economic Strategy Group, February 2019. https://www.economics trategygroup.org/publication/expanding-economic-opportunity-for-more-americans-copy/.

Kearney, Melissa S., and Phillip B. Levine. "Causes and Consequences of Declining US Fertility." Aspen Economic Strategy Group, August 13, 2022. https://www.economicstrategygroup.org/publication/Kearney_Levine/.

Economics 32, no. 4 (2014): 787–836.

Fishback, Price V., Jessica LaVoice, Allison Shertzer, and Randall Walsh. "The HOLC Maps: How Race and Poverty Influenced Real Estate Professionals' Evaluation of Lending Risk in the 1930s." NBER Working Paper no. 28146. Cambridge, MA: National Bureau of Economic Research, November 2020. https://www.nber.org/papers/w28146.

Fortin, Nicole M., Thomas Lemieux, and Neil Lloyd. "Labor Market Institutions and the Distribution of Wages: The Role of Spillover Effects." *Journal of Labor Economics* 39, no. S2 (2021): S369–S412.

Garfinkel, Irwin, and Sara S. McLanahan. *Single Mothers and Their Children: A New American Dilemma*. Washington, DC: Urban Institute Press, 1986.

Goldin, Claudia. "The Quiet Revolution That Transformed Women's Employment, Education, and Family." *American Economic Review* 96, no. 2 (2006): 1–21.

Gould, Eric. "Torn Apart? The Impact of Manufacturing Employment Decline on Black and White Americans." *Review of Economics and Statistics* 103, no. 4 (2021): 770–85.

Grall, Timothy. *Custodial Mothers and Fathers and Their Child Support: 2015*. Current Population Reports P60-262. Washington, DC: US Census Bureau, January 2018. https://www.census.gov/library/publications/2018/demo/p60-262.html.

Grogger, Jeffrey, and Lynn A. Karoly. *Welfare Reform: Effects of a Decade of Change*. Cam-bridge, MA: Harvard University Press, 2005.

Gruber, Jonathan. "Is Making Divorce Easier Bad for Children? The Long - Run Implications of Unilateral Divorce." *Journal of Labor Economics* 22, no. 4 (2004): 799–833.

Guryan, Jonathan, Erik Hurst, and Melissa S. Kearney. "Parental Education and Parental Time with Children." *Journal of Economic Perspectives* 22, no. 3 (2008): 23–46.

Halpern-Meekin, Sarah. *Social Poverty: Low-Income Parents and the Struggle for Family and Community Ties*. New York: New York University Press, 2019.

Härkönen, Juho. "Diverging Destinies in International Perspective: Education, Single Motherhood, and Child Poverty." LIS Working Paper Series no. 713. Luxembourg: LIS Cross-National Data Center, August 2017. http://www.lisdatacenter.org/wps/liswps/713.pdf.

Heckman, James, and Rasmus Landersø. "Lessons for Americans from Denmark about Inequality and Social Mobility." *Labour Economics* 77 (August 2022).

Heller, Sara B., Anuj K. Shah, Jonathan Guryan, Jens Ludwig, Sendhil

Clinton, William Jefferson. "Statement on Teen Pregnancy." White House Office of the Press Secretary, January 29, 1996. https://clintonwhitehouse4.archives.gov/WH/New/other/preg.html.

Clinton, William Jefferson. State of the Union address. US Capitol, Washington, DC, January 23, 1996. https://clintonwhitehouse4.archives.gov/WH/New/other/sotu.html.

Cross, Christina J. "Racial/Ethnic Differences in the Association between Family Structure and Children's Education." *Journal of Marriage and Family* 81, no. 2 (2020): 691–712.

Dahl, Gordon B., and Lance Lochner. "The Impact of Family Income on Child Achievement: Evidence from the Earned Income Tax Credit." *American Economic Review* 102, no. 5 (August 2012): 1927–56.

Dearing, Eric, Kathleen McCartney, and Beck A. Taylor. "Within-Child Associations between Family Income and Externalizing and Internalizing Problems." *Developmental Psychology* 42, no. 2 (2006): 237–52.

Dettling, Lisa, and Melissa S. Kearney. "House Prices and Birth Rates: The Impact of the Real Estate Market on the Decision to Have a Baby." *Journal of Public Economics* 110 (2014): 82–100.

Diamant, Jeff, and Besheer Mohamed. "What the Data Says about Abortion in the U.S." Pew Research Center, June 24, 2022. https://www.pewresearch.org/fact-tank/2022/06/24/what-the-data-says-about-abortion-in-the-u-s-2/.

Doepke, Matthias, and Fabrizio Zilibotti. *Love, Money, and Parenting: How Economics Explains the Way We Raise Our Kids*. Princeton, NJ: Princeton University Press, 2019. 〔『子育ての経済学——愛情・お金・育児スタイル』鹿田昌美訳、慶應義塾大学出版会、2020年〕

Eberstadt, Nicholas. Men without Work. West Conshohocken, PA: Templeton Press, 2016.

Edin, Kathryn, and Maria Kefalas. *Promises I Can Keep: Why Poor Women Put Motherhood before Marriage*. Berkeley: University of California Press, 2005.

Edin, Kathryn, and Timothy J. Nelson. *Doing the Best I Can: Fatherhood in the Inner City*. Berkeley: University of California Press, 2013.

Evans, William N., and Craig L. Garthwaite. "Giving Mom a Break: The Impact of Higher EITC Payments on Maternal Health." *American Economic Journal: Economic Policy* 6, no. 2 (2014): 258–90.

Farber, Henry S., Daniel Herbst, Ilyana Kuziemko, and Suresh Naidu. "Unions and Inequality over the Twentieth Century: New Evidence from Survey Data." *Quarterly Journal of Economics* 136, no. 3 (2021): 1325–85.

Fiorini, Mario, and Michael P. Keane. "How the Allocation of Children's Time Affects Cognitive and Noncognitive Development." *Journal of Labor*

Economic Studies 87, no. 2 (March 2020): 792–821.
Brown, Susan L., J. Bart Stykes, and Wendy D. Manning. "Trends in Children's Family Instability, 1995–2010." *Journal of Marriage and Family* 78, no. 5 (2016): 1173–83.
Browning, Martin, Francois Bourguignon, Pierre A. Chiappori, and Valerie Lechene. "Income and Outcomes: A Structural Model of Intrahousehold Allocation." *Journal of Political Economy* 102, no. 6 (1994): 1067–96.
Bruce, Mary, and John Bridgeland. *The Mentoring Effect: Young People's Perspectives on the Outcomes and Availability of Mentoring.* Washington, DC: Civic Enterprises with Hart Re- search Associates for MENTOR: the National Mentoring Partnership, 2014.
Bush, George W. "National Mentoring Month, 2002: A Proclamation by the President of the United States of America." Office of the Press Secretary, January 18, 2002. https://georgewbush-whitehouse.archives.gov/news/releases/2002/01/20020118-3.html.
Carlson, Marcia. "Family Structure, Father Involvement, and Adolescent Behavioral Outcomes." *Journal of Marriage and Family* 68, no. 1 (2006): 137–54.
Carlson, Marcia. "Sara McLanahan: Pioneering Scholar Focused on Families and the Well- being of Children." *Proceedings of the National Academy of Sciences* 119, no. 16 (April 11, 2022).
Case, Ann, and Angus Deaton. *Deaths of Despair and the Future of Capitalism.* Princeton, NJ: Princeton University Press, 2020.
Case, Anne, and Christina Paxson. "Mothers and Others: Who Invests in Children's Health?" *Journal of Health Economics* 20, no. 3 (May 2001): 301–28.
Charles, Kerwin Kofi, and Ching-Ming Luoh. "Male Incarceration, the Marriage Market, and Female Outcomes." *Review of Economics and Statistics* 92, no. 3 (August 2010): 614–27. Cherlin, Andrew. "Demographic Trends in the United States: A Review of Research in the 2000s." *Journal of Marriage and Family* 72, no. 3 (June 2010): 403–19.
Cherlin, Andrew J., David Ribar, and Suzumi Yasutake. "Nonmarital First Births, Marriage, and Income Inequality." *American Sociological Review* 81, no. 4 (August 2016): 749–70. Chetty, Raj, Nathaniel Hendren, Maggie R. Jones, and Sonya R. Porter. "Race and Economic Opportunity in the United States: An Intergenerational Perspective." *Quarterly Journal of Economics* 135, no. 2 (May 2020): 711–83.
Chong, Alberto, and Eliana La Ferrara. "Television and Divorce: Evidence from Brazilian *Novelas.*" *Journal of the European Economic Association* 7 (2009): 458–68.

Educational Outcomes." *American Economic Journal: Applied Economics* 11, no. 3 (July 2019): 338–81.
Avellar, Sarah, Reginald Covington, Quinn Moore, Ankita Patnaik, and April Wu. *Parents and Children Together: Effects of Four Responsible Fatherhood Programs for Low-Income Fathers.* OPRE report no. 2018–50. Washington, DC: Office of Planning, Research, and Evaluation, Administration for Children and Families, US Department of Health and Human Services, 2018.
Bailey, Martha J., Hilary W. Hoynes, Maya Rossin-Slater, and Reed Walker. "Is the Social Safety Net a Long-Term Investment? Large-Scale Evidence from the Food Stamps Program." NBER Working Paper no. 26942. Cambridge, MA: National Bureau of Economic Research, April 2020. https://www.nber.org/papers/w26942.
Becker, Gary S. "A Theory of Marriage." In *Economics of the Family: Marriage, Children, and Human Capital,* edited by Theodore Shultz, 299–351. Chicago: University of Chicago Press, 1974.
Becker, Gary S. *A Treatise on the Family.* Cambridge, MA: Harvard University Press, 1981. Bertrand, Marianne, Emir Kamenica, and Jessica Pan. "Gender Identity and Relative Income within Households." *Quarterly Journal of Economics* 130, no. 2 (May 2015): 571–614.
Bertrand, Marianne, and Jessica Pan. "The Trouble with Boys: Social Influences and the Gender Gap in Disruptive Behavior." *American Economic Journal: Applied Economics* 5, no. 1 (2013): 32–64.
Big Brothers Big Sisters of America. "Get Involved." Accessed March 10, 2021. https://www.bbbs.org/get-involved/.
Bjorklund-Young, Alanna. *Family Income and the College Completion Gap.* Baltimore, MD: Johns Hopkins Institute for Education Policy, March 2016. https://jscholarship.library.jhu.edu/bitstream/handle/1774.2/63021/familyincomeandcollegegapmastheadfinal.pdf.
Black, Dan A., Natalia Kolesnikova, Seth Sanders, and Lowell J. Taylor. "Are Children 'Normal'?" *Review of Economics and Statistics* 95, no. 1 (2013): 21–33.
Black, Dan A., Seth G. Sanders, and Lowell J. Taylor. "The Economics of Lesbian and Gay Families." *Journal of Economic Perspectives* 21, no. 2 (2007): 53–70.
Blandin, Adam, and Christopher Herrington. "Family Heterogeneity, Human Capital Investment, and College Attainment." *American Economic Journal: Macroeconomics* 14, no. 4 (2022): 438–78.
Brown, David, Amanda Kowalski, and Ithai Lurie. "Long-Term Impacts of Childhood Medicaid Expansions on Outcomes in Adulthood." *Review of*

参考文献

Abma, Joyce C., and Gladys M. Martinez. "Sexual Activity and Contraceptive Use among Teenagers in the United States, 2011–2015." *National Health Statistics Report* 104 (June 2017): 1–23. https://pubmed.ncbi.nlm.nih.gov/28696201/.

Abraham, Katharine, and Melissa S. Kearney. "Explaining the Decline in the U.S. Employment-to-Population Ratio: A Review of the Evidence." *Journal of Economic Literature* 58, no. 3 (September 2020): 585–643.

Acemoglu, Daron, and David Autor. "Skills, Tasks and Technologies: Implications for Employment and Earnings." *Handbook of Labor Economics* 4 (2011): 1043–171.

Akee, Randall, William Copeland, E. Jane Costello, and Emilia Simeonova. "How Does Household Income Affect Child Personality Traits and Behaviors?" *American Economic Review* 108, no. 3 (2018): 775–827.

Akee, Randall, William E. Copeland, Gordon Keeler, Adrian Angold, and E. Jane Costello. "Parents' Incomes and Children's Outcomes: A Quasi-Experiment Using Transfer Payments from Casino Profits." *American Economic Journal: Applied Economics* 2, no. 1 (January 2010): 86–115.

Albert, Bill. With One Voice 2010: *America's Adults and Teens Sound Off about Teen Pregnancy*. Washington, DC: National Campaign to Prevent Teen and Unplanned Pregnancy, 2010. Amato, Paul R. "The Impact of Family Formation Change on the Cognitive, Social, and Emotional Well-Being of the Next Generation." *Future of Children* 15, no. 2 (2005): 75–96. Ananat, Elizabeth, and Guy Michaels. "The Effect of Marital Breakup on the Income Distribution of Women with Children." *Journal of Human Resources* 43, no. 3 (2008): 611–29. Anelli, Massimo, Osea Giuntella, and Luca Stella. "Robots, Marriageable Men, Family, and Fertility." *Journal of Human Resources*. Published ahead of print, November 15, 2021. https://doi.org/10.3368/jhr.1020-11223R1.

Arteaga, Carolina. "Parental Incarceration and Children's Educational Attainment." *Review of Economics and Statistics*. Published ahead of print, October 15, 2021. https://doi.org/10.1162/rest_a_01129.

Autor, David, David Dorn, and Gordon Hanson. "When Work Disappears: Manufacturing Decline and the Falling Marriage-Market Value of Men." *American Economic Review Insights* 1, no. 2 (September 2019): 161–78.

Autor, David, David Figlio, Krzysztof Karbownik, Jeffrey Roth, and Melanie Wasserman. "Family Disadvantage and the Gender Gap in Behavioral and

ハ行

マ行

ヤ行

ラ行

レ行

サ行

タ行

ナ行

索引

【著者】

メリッサ・S・カーニー（Melissa S. Kearney）

メリーランド大学カレッジパーク校のニール・モスコウィッツ経済学教授。プリンストン大学で学士号を取得、MITでPh.D.（Economics）を取得。全米経済研究所（NBER）の研究員、ブルッキングス研究所の非常勤シニアフェロー。MITアブドゥル・ジャミール貧困アクションラボ（J-PAL）の奨学生アフィリエイトを務める。専門分野は社会政策、貧困、不平等の実証分析。トップ学術誌に注目される論文を多数掲載している。

【訳者】

鹿田昌美（しかた・まさみ）

国際基督教大学卒。翻訳書に、ドゥプケ＆ジリボッティ『子育ての経済学——愛情・お金・育児スタイル』、ゴールディン『なぜ男女の賃金に格差があるのか——女性の生き方の経済学』（以上、慶應義塾大学出版会）、アレキサンダー＆サンダール『デンマークの親は子どもを褒めない』（集英社）、ドーナト『母親になって後悔してる』（新潮社）など多数。翻訳経験と子育ての経験を生かした著書に『翻訳者が考えた「英語ができる子」に育つ本当に正しい方法』（飛鳥新社）がある。

なぜ子どもの将来に両親が重要なのか
——家族格差の経済学

2025年4月15日　初版第1刷発行

著　者————メリッサ・S・カーニー
訳　者————鹿田昌美
発行者————大野友寛
発行所————慶應義塾大学出版会株式会社
〒108-8346　東京都港区三田2-19-30
TEL〔編集部〕03-3451-0931
〔営業部〕03-3451-3584〈ご注文〉
〔　〃　〕03-3451-6926
FAX〔営業部〕03-3451-3122
振替　00190-8-155497
https://www.keio-up.co.jp/
装　丁————米谷豪
DTP————アイランド・コレクション
印刷・製本——中央精版印刷株式会社
カバー印刷——株式会社太平印刷社

Printed in Japan ISBN 978-4-7664-3019-6

慶應義塾大学出版会

子育ての経済学

愛情・お金・育児スタイル

マティアス・ドゥプケ、ファブリツィオ・ジリボッティ 著／
鹿田昌美 訳／大垣昌夫 解説

先進国の子育てが全体的に「過保護」に変容してきたのはなぜか？

基本となる3つの育児スタイル、経済学的な仮説をベースに、世界各国のデータ・歴史資料等を駆使して分析する。「教育の経済学」のスタンダードとなる一冊。

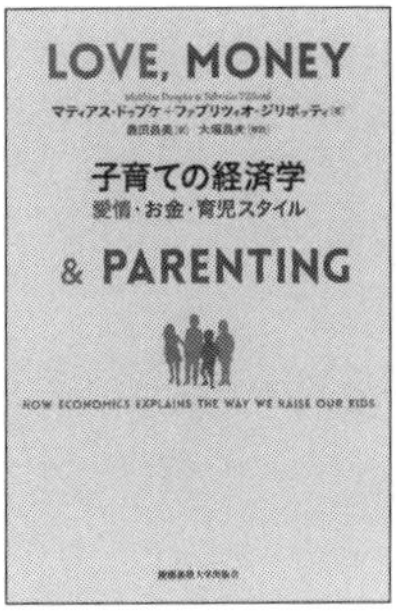

四六判／並製／426頁
ISBN 978-4-7664-2711-0
定価2,640円（本体2,400円）
2020年12月刊行

◆主要目次◆